国家级社会实践一流课程《社区服务实务》阶段性成果;教育部2022年第二批产学合作协同育人项目《社区服务协同育人实训平台建设》阶段性成果;2020年度浙江省省级社会实践一流课程《社区服务实务》阶段性成果;浙江省普通本科高校"十四五"首批"四新"重点教材项目《社区服务实务教程》结项成果;本教材获浙江师范大学教材建设基金立项资助。

社区服务
实务教程

尹木子 著

上海三联书店

图书在版编目(CIP)数据

社区服务实务教程/尹木子著.—上海：
上海三联书店,2024.11
ISBN 978 - 7 - 5426 - 8444 - 8

Ⅰ.①社… Ⅱ.①尹… Ⅲ.①社区服务-中国-教材
Ⅳ.①D669.3

中国国家版本馆 CIP 数据核字(2024)第 072361 号

社区服务实务教程

著　　者 / 尹木子

责任编辑 / 方　舟
装帧设计 / 一本好书
监　　制 / 姚　军
责任校对 / 王凌霄
校　　对 / 莲　子

出版发行 / 上海三联书店
　　　　　(200041)中国上海市静安区威海路 755 号 30 楼
邮　　箱 / sdxsanlian@sina.com
联系电话 / 编辑部: 021 - 22895517
　　　　　发行部: 021 - 22895559
印　　刷 / 上海惠敦印务科技有限公司

版　　次 / 2024 年 11 月第 1 版
印　　次 / 2024 年 11 月第 1 次印刷
开　　本 / 655mm×960mm　1/16
字　　数 / 310 千字
印　　张 / 25.25
书　　号 / ISBN 978 - 7 - 5426 - 8444 - 8/D・631
定　　价 / 98.00 元

敬启读者,如发现本书有印装质量问题,请与印刷厂联系 13917066329

目　录

第一编　社区垃圾分类

第二编　社区融入服务

第三编　社区老年人服务

第四编 社区妇女服务

第五编　社区留学生服务

第一编

社区垃圾分类

随着社会经济发展，垃圾增加是必然。单一的填埋和焚烧永远跟不上垃圾增长的速度，减少生活垃圾才是首要任务，也是缓解垃圾围城、解决末端处置土地紧缺难题的根本。垃圾分类收集是破解"垃圾围城"、推动资源再循环利用的关键一环，它指的是根据不同垃圾处理要求在垃圾产生的源头进行分类收集，再通过相应方式进行回收或处置，从而达到垃圾减量、资源再利用、减少环境污染等目的。垃圾分类问题是一项关乎民生和社会可持续发展的社会问题，有效的垃圾分类管理和优美的环境是每个公民期待的社会治理结果。

近年来，各种制度相继出台，希望能够提升居民的环保意识，让全民参与到建设美丽中国中来。然而不环保的行为却屡有发生，社区虽然建设了多个垃圾分类站点，但这些站点却成为社区中最脏乱的地方。在此背景下，调研小组走访了许多社区，综合社区特色与存在的问题，在昂星社区与娄金社区开展了两个与垃圾分类相关的服务案例，其中一个是基于社区内缺少垃圾投放站点的现象出发设计的服务案例，另一个是基于垃圾分类工作者的不同层面的需求出发设计的倡导案例。

第一章 初始社区

第一节 昂星社区

一、社区历史与人口

昂星社区地处 ZJ 省 JH 市 WC 区北面的城乡接合部,占地 297 亩,东至金盆街与金东区相邻,南靠玉泉东路,西与浙江高峰集团相邻,北靠桃源路。由翁宅、上头塘、昂星 3 个自然村组成,于 2003 年 10 月撤村改居。2005 年进行了村庄规划设计调整。

昂星社区现有住户 352 户,人口 3 000 人以上,其中本地人口 1 021 人,外来人口 2 000 人左右。未成年人大约 200 人,占总人口比重 6.66%,60 岁以上人口有 190 人,占总人口比重 6.33%,两者总计占总人口比重为 13%。18 至 60 岁的青壮年劳动人口约为 2 610 人,占总人口比重为 87%。由于外来人口较多,青壮年人口占比较高。

该社区中,大多数居民从事个体工商经营或为产业工人,如:工厂工人。一部分居民通过经营玉壶街沿线的商铺获取经济收入,另一部分居民则通过在社区内的来料加工厂务工或者外出务工获取收入。居民的另一项收入来源则是房屋出租。因大部分居民的住宅都有闲置空房,所以几乎每一户人家都有这份额外的收入。这项收入可以为居民提供生活上的保障,提高其抵御风险的能力。

二、社区环境设计与土地使用

昂星社区总建设用地为 132 500 平方米,人均 149.54 平方米。社区内没有农业用地,土地使用类型主要为住宅用地、商业用地、交

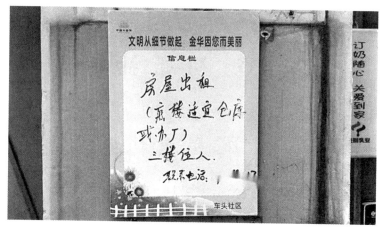

图 1-1 房屋出租告示

通用地、公共设施用地和环境用地,其中住宅用地占地面积最大。社区内的住宅大多已经过改造,如今基本上都是居民新建的三层楼房,仅有少数上世纪六七十年代遗留下来的老旧危房,尚未改造的但都被闲置处理,无人居住。环境用地主要为穿过社区的通源溪以及河道沿线的绿化带和有氧跑道。为配合 ZJ 省的"五水共治"河道生态治理工程,工程项目部在通源溪上建设了氮磷生态拦截工程,并在沿线铺设了一定面积的草坪,种植了大量的树木,同时铺上塑胶跑道,以供居民锻炼健身之用。另外,项目部在建设工程的同时拓宽了河道,解决了昂星社区以往每逢梅雨季节河水便溢出形成洪涝灾害等问题的情况。

三、社区交通

该社区虽地处城乡接合部,但距离 JH 市中心仅仅 6 公里,距离 JH 市火车站仅 4.3 公里,距离 JH 市火车南站 8.8 公里,距离汽车西站 5.1 公里。社区内部道路平坦,相互交错,贯通整个社区,且还有两路公交车经过。一路为 12 路公交车,间隔为 15 至 30 分钟;另一路为 38 路公交车,发车间隔为 11 至 20 分钟。两路公交车沿线都有

图1-2　昂星社区氮磷生态拦截工程指示牌

政府部门、医院、学校等社会服务中心。社区内部和周边还有部分共享单车供居民使用。总之,昂星社区的内外交通都十分方便。

四、社区基础设施

昂星社区的基础设施较为完善。社区内部有集体所有的菜市场1个,菜市场内部设有办公室以维护市场秩序。此外,还有私人幼儿园1家(因有政府管制,学费对于普通居民来说尚可接受,大约为每学期3 000元)、垃圾投放处6个、快递点2个、公共卫生间若干、私人诊所1家、药店3家(其中有两家为医保定点药店)、农商银行ATM机1处、超市4家、网络通信营业处1家、党群服务中心1个、小广场1处、停车位众多、社区老年活动中心1个以及若干种类的商业店铺。老年活动中心为集体所有,设施较为完善,有桌椅、暖水壶、电视机和食堂。每天有固定人员定时烧水。另外,食堂专门为社区内的老年人提供早午两餐,并规定:60岁以上老人每人每餐4元,70岁以上老人每人每餐2元,80岁以上老人免费。社区内虽没有医院和中小学,但与社区距离最远的医院仅4.2公里,距离最远的小学仅4.5公里,中学也仅为3公里。社区的街道清理工作由社区居委会外包给A公司,A公司再雇用社区居民进行卫生清洁。

图 1-3　昂星社区内基础设施图集

图 1-4　长者们在社区老年活动中心看电视或下棋

五、社区商业服务与经济

昂星社区的商业经济主要由三部分组成。一是分布在贯穿社区的主干道——玉壶街两侧的商铺,其中饭店 19 家、早餐店 3 家、服装店 1 家、糕点店 1 家、养生馆 1 家、零食小铺 1 家、酿酒店铺 1 家,水果店、超市、理发店各 4 家、还有菜市场内的卖鱼摊 1 家、猪肉摊 2 家、杂货摊 1 家以及菜摊若干家等。早餐店和饭店主要服务于务工人员。因疫情影响,其中有 9 家店面处于关闭以及转租状态。二是来料加工厂,为劳动密集型产业,规模微小,员工数量大都在 30 人以下,雇佣社区内的青壮年劳动力进行加工,线上销售成品。三是房屋出租。社区内的新建三层楼房在满足本地居民的居住需要之外,往

图 1-5　调研团队采访社区居民

往还有剩余的空房以出租给外地务工人员。出租形式为月租,租期至少 3 个月,租费为每间房每月 300 至 400 元,租赁双方在达成交易前会签订责任承诺书,以保证双方利益不受损害。

六、社区政府组织与非政府组织

昂星社区的政府组织只有党群服务中心。其权力架构分为 4 部分。最高一级设有 1 名联村领导和 2 名联村干部,次级设有 3 名支委,再次一级设有 3 名村委,另有一个监事会以监督其他三级权力机构,设有 3 名监事会委员。昂星社区的党群服务中心承办了社区内的大部分事务,如组织邻居节等文化活动、组织垃圾分类汇演等演练活动以及承办政府和街道下达的任务等。

图 1-6 昂星社区的宣传栏部分图示

昂星社区的非正式组织较少,主要为社区女性居民自发组织的广场舞活动、浙江师范大学学生自发组织的志愿者服务队以及较有成就的乡贤。志愿者服务队主要的任务是帮助社区进行垃圾分类的知识宣传、引导、管理和协助引导居民有序停车以及协助社区维护环境整洁。根据社区干部的说法,社区的乡贤在疫情期间向社区捐赠了一定数量的口罩、消毒液等防护和清洁用品,但在平常则几乎与社区没有联系。

七、社区资源点存表

结合调研情况,昂星社区的资源可以划分为社区内部资源与社区外部资源两部分,绘制表 1-1。

表 1-1　昂星社区资源表

	社区内部资源		社区外部资源	
	正式资源	非正式资源	正式资源	非正式资源
人力资源	街道领导、驻村干部、居委会	志愿者、清洁工、保安	交警、城管	志愿者
物力资源	党群服务中心、垃圾分类站、公共交通、居家养老服务中心、公共厕所、农商银行 ATM 机、药店、小广场	快递站、培训班、私人幼儿园、菜市场、私人诊所、超市、网络通信营业处	卫生站、浙江师范大学	

第二节　娄金社区

一、社区历史

JH 市 WC 区娄金社区成立于 2003 年 8 月。现阶段常住居民有 3 445 户,总人口 7 083 人,流动人口 8 000 多人。

二、社区的自然环境

（一）社区的区位与边界

娄金社区总面积 0.53 平方公里,辖区范围:东临新汽车南站,西联 JH 职业技术学校,南至 330 国道,北接和信路。该社区由五个小区(保集半岛,嘉恒格林,米兰苑,永盛新阳光,永利华都)和四个自然村(娄金,朱村,全村,水角)组成。

（二）环境设计与土地使用

在水角、全村以及永盛新阳光等西面区域中,可以发现巷子纵横交错,楼房紧凑排列。这些楼房里既有老楼房也有新楼房,其中大多新楼房是可出租的公寓。环境整洁,但有些小路过于狭窄,导致相向而行的车辆难以通过。该区域没有河流、湖泊之类的自然资源,并且基本无绿化带。在土地使用方面,我们观察到的有一小区域的平房周围被用来种植蔬菜和花卉。

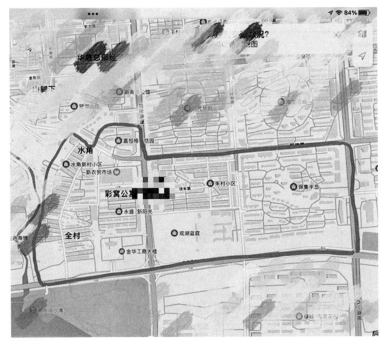

图1-7 娄金社区区域截图

图1-8 楼房与楼房边的菜地

在娄金与朱村小区等东面区域中,住房类型属于村改居的住房,类似城中村。从社区外观而言,环境还算整洁,楼房排列整齐,车辆有序停放。同样,这些区域也缺乏河流、湖泊之类的自然资源。

在土地使用方面,主要有建设用地、居住住宅用地以及社会基础设施用地,诸如学校、图书馆等。

三、社区交通

(一)社区外部

在娄金社区中,设有停车场,且同时拥有便利的公交、地铁以及加油站、充电桩等资源;在全村中,主要交通方式包括步行、自行车、摩托、电瓶车和汽车,如需乘坐公交需到 400 至 1 000 米外的站点。调研小组还注意到"路长制"的实施,其范围覆盖从和信路到海棠路,由马平园(化名)负责,该制度的工作任务包括巡查路段内市容市貌、环境卫生整治等;指导并督促相关职能部门及时整改创建工作问题;负责对路段内整改重点、难点问题进行统筹调度、协调解决。

经过此地的公交有 13 路、18 路、13 路区间、定制公交专线 D5 路、BRT、52 路以及轨道交通金义段等。

在社区周边,分布有多个加油站,包括金盾石化,金盾加油站,中国石化加油站,南站加油站,中国石油加油站等。此外,国家电网充电站和特斯拉充电站在此地设有站点。

在市工商大楼附近,有一个绿化充足的小公园,公园出入口设有共享电瓶车的专用场地。村民们可以步行到此处使用共享电瓶车,这基本满足了 15 分钟生活圈的交通需求。

图 1-9　共享电瓶车(图左)与十五分钟生活导向图(图右)

（二）社区内部

在西面区域中，虽然巷子众多，但总体而言，该社区主干道平坦宽敞，且社区内部道路两侧有停车位分布。

总体而言，该社区交通条件便利，交通出行选择多样，但由于商户密集，流动人口数量大，可能存在因违规停车而产生的矛盾。我们将在下次调研中着重调查这一问题。

四、基础设施

（一）教育

全村设有朵朵幼儿园，可以满足全村儿童的学前教育需求；在永盛新阳光有永盛幼儿园，在水角有新新幼儿园；临近娄金小区和朱村小区的宾虹小学是一所大型小学，能满足整个社区儿童的小学教育需求，小学旁还设有自助图书馆。此外，社区内还有一些私人经营的培训班。可以说，从幼儿园到小学期间的教育设施十分充足，幼儿园和小学的连接可以在社区内完成。

图 1-10 宾虹小学校门

（二）社区服务设施

第一，社区内设有垃圾分类投放点、垃圾资源回收和旧衣物回收箱，环境整洁，资源回收利用设施相对完备，但是实际上产生的作用有待进一步调查。

第二,社区内设有快递驿站,物流服务便捷。时代的发展让快递行业迅速发展,快递渐渐走进了居民的日常生活。充足、临近的快递驿站给居民带来了很大的便利。

第三,社区内有大药房、诊所,医疗条件良好。

第四,娄金小区内有大型地下停车场,外有较集中的室外停车位,部分宽敞的街道也设有分散的停车位。

五、社会服务

全村内有社区养老服务照料中心,室内为老年人提供一些锻炼的器材和棋牌桌。与照料中心相连的还有爱心食堂,可以为老人提供营养餐品。在社区工作中,爱心食堂是一个比较重要的设施,它可以解决一些老人日常的用餐问题。调研小组曾尝试与其中老人进行交流,但因为方言的障碍,调研小组无法完全理解老人们要表达的意思,所以无法进一步获取相关信息。

图 1-11 娄金社区养老服务照料中心

在党群服务中心后面设有娄金社区社会工作室,同时这里也是娄金社区的避灾安置点、公共法律服务点以及"扫黄打非"工作联络站。该工作室的工作内容涵盖社区党务、居务、财务等方面。关于具体开展的活动和效益,没有进行访谈,有待后期了解。

六、商业服务和经济

娄金小区附近不仅有非常大型的农贸市场和购物广场(东欧购物广场),而且各类商铺一应俱全。农贸市场的制度化管理相当先进,市场大厅内设有一个查询平台,顾客可以了解各个商家的信息(包括照片、姓名、联系方式、售卖内容、评价等),查询路线导向,投诉反馈,以及查看管理层人员的公示。此外,市场走廊干净整洁,灯光明亮,还设有无障碍厕所。在市场周围,还有许多农副产品以及小商品的批发商户,并且小区楼下分布着许多便利店,为居民提供了极大的便利。

图 1-12　市场大厅查询平台商户展示截图

在社区内有"彩虹"公寓、"友缘"公寓、"爱情"公寓等大大小小的公寓,许多公寓大门外都写着"租房",因此推断社区内可能有许多租户,而社区内的经济收入应该有很大部分来自房租。

同时,在宾虹小学周围,依托小学发展,涌现出不少兴趣班,诸如书法、绘画、编程等,为孩子们提供了丰富的课外学习选择。

七、政府组织和非政府组织

市工商大楼内,设有中共JH市市场监督管理局、JH市知识产权局、JH市市场监督综合行政执法队等政府组织。在社工站,有防汛防台工作小组,设置易受灾转移重点12户20间9人,地下停车库5处和水雨情检测站点一个。

在调研期间,团队成员频繁见到捡垃圾小队,经过询问得知有些是老年人自发组织的捡垃圾活动,还有一些是宾虹小学里的家长参加的,由学校组织的捡垃圾志愿活动。

八、社区文化

社区内制定了居民公约,内容涵盖婚姻家庭、邻里关系、公共秩序、美丽家园、民主参与、财务等方面,旨在解决社区治理中的实际问题。党员居民带头遵守公约,发挥了先锋模范作用。此外,社区内还广泛地设有社区文化宣传墙,对社区居民有潜移默化的影响。

图1-13 社区文化宣传墙

九、娄金社区资源点存表

结合调研情况,娄金社区内部资源可以划分为社区内部资源与社区外部资源两部分,绘制表 1-2。

表 1-2 娄金社区资源表

	社区内部资源		社区外部资源	
	正式资源	非正式资源	正式资源	非正式资源
人力资源	街道领导、驻村干部、防台工作组、居委会	志愿者、清洁工、保安	交警、城管	志愿者
物力资源	垃圾分类站、公共交通、居家养老服务中心、自助图书馆、小学、幼儿园、银行、卫生站	快递站、农贸市场、培训班、私人诊所、菜地、药店	医院、JH职业技术学院、金十五中、湖海塘公园	建材市场

第二章　社区问题与需求

第一节　昂星社区问题与需求

在完成第一次社区调查后,调研小组总结出以下 6 个问题:1.居民楼下的加工厂可能产生的污染、噪声问题;2.河道治理问题;3.垃圾投放点过少;4.停车位不足;5.共享单车与电动车数量少,使用率低;6.少量危房有待改造。进一步分析后,以上问题大多不成立。首先聚焦第一个问题,居民楼下的工厂是来料加工厂,不从事布匹的染印,只负责将布料加工成成品,所以不存在污染问题;主要的加工机械是纺织机,而且规模很小,只能称为作坊,且工作时间一般在白天和夜晚休息之前,所以不存在噪声问题。通源溪经过昂星社区的河段,在 ZJ 省"五水共治"河道生态综合治理的战略下建设了氮磷生态拦截工程,治理了污水问题,水质长期保持在三类水这一水质范围内;另外,在建设工程的同时还拓宽了河道,解决了昂星社区以往每逢梅雨季节通源溪水上涨溢出河道造成洪涝灾害的问题。所以第二个问题也不成立。至于第三个问题,昂星社区现有 6 个垃圾分类投放点,这足以容纳整个社区一天的垃圾产生量。若在街道的两旁增设垃圾桶以方便行人随时可以扔垃圾,那么这些垃圾桶可能会逐渐成为垃圾堆,垃圾分类也将难以继续执行。第四个问题纯属子虚乌有,产生这个问题的原因是小组的调查方法存在漏洞。第五个问题,若共享单车数量少,但使用率高,那么这些共享单车便无法满足居民出行最后一公里的需求。但现状是数量少且使用率低,说明社区居民并没有这个需求,所以这个问题并不存在。至于第六个问题中的危房,社区内确实存在上世纪六七十年代遗留下来的老旧危房,但考虑到昂星社区将在两到三年内(原计划在 2020 年拆迁,但受疫情影响,计划被暂时搁置)被划入城区并进行拆迁改造,那么在现阶段改造老旧危房则实属浪费资源。所以根据问题的紧迫性与服务的可行性,调研小组最终确定以垃圾分类作为主要问题并尝试分析和解决。

一、对象分析

(一)居民

1. 时间

对垃圾投放时间的规定,是垃圾分类执行环节中老生常谈的问题。全国各地的垃圾分类投放时间通常都为早上和晚上,虽然垃圾投放时间符合社会大众对早上上班和下午下班的常规作息时间认知,但忽略了部分人群的特殊需求。在上海等城市,就出现了居民难以在规定投放时间投放垃圾的问题。JH 市的垃圾投放时间为上午 6—9 时,晚上 18—21 时。根据管理人员描述,在早上还未到达规定投放时间之际,垃圾站门口往往已经堆积了大量垃圾。

2. 距离

居民居住在面积约 0.13 平方公里的扇形范围中,而社区管辖范围内,仅有 6 个垃圾投放站。这意味着,部分居民需要步行较长的距离才能到达垃圾投放站,其中最远的要步行 240 米(约 4 分钟)。这种情况客观上对居民去投放站投放垃圾有抑制作用。

3. 观念

① 流动人口

严格落实的垃圾分类政策对于全国都是一个较新的概念,是现代社会发展的关键一环。由于流动人口大多来自经济水平较为落后的地区,社会发展度不高,文化教育相对落后,他们难以完全适应现代社会组织与文化,导致其对垃圾分类的接受度和执行能力较弱。

② 对政策组织认识不足

我国当前正处于转型期,传统的社会规则被打破,新的社会规则又没有普及,而在高速经济增长背景下,居民对公共事务缺乏关心,以及组织化程度不高,这成为推进垃圾分类的现实障碍。城市生活垃圾强制分类需要社会的广泛参与和有效执行,但目前难度大,主要原因还在于人们长期以来形成的不良习惯一时难以改变以及参差不齐的社会公德心。从政策的制定到执行再到监督都缺乏公众的有效参与。目前,垃圾管理在中国仍然被认为是专家和政府的职责,公众特别是弱势群体参与十分不足。

(二)企业与商铺

玉壶街周边 55 家正常营业的店铺中,24 家为餐饮店铺,这对垃圾分类工作的顺利进行是一个艰巨的挑战。

1. 供求关系

在玉壶街周边有 24 家餐饮店铺,它们共用两个垃圾投放站。24家店铺在就餐时间必然产生大量垃圾,且时间集中,这给垃圾投放站带来了压力。

2. 距离

与居民面临的情况类似,餐饮店铺的经营者也面临着与垃圾投放站距离过远的问题,其中最远的一家需步行 235 米(约 4 分钟)才能到达垃圾投放站。且餐饮店铺产生的垃圾量大且携带困难,与居民垃圾相比,更容易引起感官上的不舒适。较远的距离客观上对餐饮店铺经营者去投放站投放垃圾有抑制作用,也间接导致了街边垃圾桶溢满的现象。

3. 垃圾源

在餐饮店的日常运营周期内,由于食材处理、食品制备、顾客用餐以及店铺日常清洁等多种活动,会产生大量且多元化的废弃物。这些废弃物种类繁多,除占据主导地位的有机垃圾(即我们通常所说的易腐垃圾)之外,还混杂着干垃圾(如塑料包装、纸制品等)、湿垃圾(如厨余中的非易腐部分)以及有害垃圾(如废弃的清洁剂容器、电池等)等其他类别的固体废弃物。

然而,经过对多家餐饮店进行的实地巡查,调研小组发现许多餐饮店主并未展现出对废弃物进行主动分类的积极态度和行为。他们往往将各种废弃物混杂在一起,缺乏分类投放的意识和操作,这一状况显然严重违背了废弃物分类管理的基本原则,即减少污染、资源回收和环境保护。

更为严重的是,一些餐饮经营者为了省事,甚至采取将所有废弃物未经任何分类处理就直接倾倒入指定的有机垃圾收集容器的做法。这种做法不仅导致有机垃圾收集容器的污染和混淆,更是对废弃物分类投放制度的严重破坏。它使得原本旨在实现废弃物有效分类和资源化利用的系统变得形同虚设,严重影响了城市环境管理和资源回收的效率。

二、社区管理制度

(一)监督纠察机制

在每一个垃圾分类站点前,都有一个管理人员对投放行为进行监督和劝导。据居委会人员描述,一旦发现不规范的投放行为,管理人员会对投放者进行劝导,并主动帮其进行分类,以此引起投放者的羞愧感。但这类机制也存在着相应问题。

1. 时间限制

管理人员的工作时间为垃圾投放时间,这就意味着其管理的范围仅为在正规时间内的投放行为,对正规时间外的投放行为无法发挥效用。

2. 标准模糊

每一个垃圾分类站都贴有垃圾分类标准的示意图,其严谨性与垃圾分类细则相差甚远,主要目的为宣传垃圾分类的精神。因此,如果管理人员将这些示意图作为监督和分类的工作标准,则可能增加工作错误的风险。但是,据调查,所遇到的管理人员确实将这些示意图作为他们工作的主要标准,这就使得其工作中出现错误的可能性显著增加。

3. 分拣过程繁琐

在遇到不规范的投放行为时,管理人员会主动帮投放者进行分拣。但不规范投放的垃圾通常以袋为单位,每一袋中的垃圾数量多,种类繁杂,分拣过程较为繁琐。缓慢的分拣过程、恶劣的感官刺激会对管理人员工作的积极性和准确性造成负面影响。

4. 人情因素

纠察垃圾投放行为使得管理人员与投放者处于矛盾对立关系。由于管理人员与被管理的垃圾投放者同住一个社区,双方可能存在的人情关系可能会使得管理人员不愿意加剧管理过程中的对立性,对投放者降低要求,对垃圾分类的最终效果造成负面作用。

5. 劳动力利用率低

在规定垃圾投放时间内,每一个垃圾投放站都有专门的管理人员进行管理,他们不能离开垃圾投放站,也不能进行其他活动。在没有垃圾投放行为时,管理人员往往无所事事,浪费了本应有所作用的劳动力。对于一些老年的退休者担任的管理人员,较低效率则影响了他们的老年娱乐与生产生活。

(二)奖惩制度

在每一个垃圾分类投放站中,都设有监控探头,对投放者的投放行为进行记录。但居民人数多且杂,外来人口占 2/3 左右,仅靠人力对探头捕捉到的违规行为识别效率低。即便找到了投放者,也只能对其进行劝导和教育,缺少有效的惩罚机制。同时也缺少奖励机制,对投放者的积极性无法产生正面影响。

三、社会宏观体制

不仅仅是JH市昂星社区,在全国乃至全世界的垃圾分类实施中,各地都面临着某些相似的问题。

（一）垃圾分类标准

用静态的垃圾分类细则,来框定动态的社会运行方式,必然会出现各种不适应。

1. 垃圾分类细则难以适应社会

当今社会物质发达,即便垃圾分类细则再庞大,更新频率再高,也无法赶上随着社会发展而指数级增长的垃圾种类,必然会出现未被列出的新垃圾。垃圾分类细则是指导垃圾分类行为的文件,在指导文件不适应的情况下,分类行为必然会出现与社会期望相违背的结果。

2. 公民难以适应垃圾分类细则

细则中垃圾种类繁多,难以依靠记忆记住细则中所有的垃圾分类标准。虽然垃圾分类的标准大部分有迹可循,但发现并掌握其背后的规律对人员素质的要求过高,难以实现,尤其对于某些较为特殊的垃圾种类处理起来更困难。现有垃圾分类的软件虽然可以缓解问题,但这个解决方法也存在着相应问题。

（1）垃圾分类软件的普及率滞后,在国民中的认知度和使用率尚未达到理想的普及程度。许多居民仍然依赖传统的分类方式或仅凭个人经验进行垃圾处理,未能充分利用现代科技手段来简化并提升垃圾分类的效率与准确性。这种低普及率不仅制约了垃圾分类工作的整体进展,也反映了在推广环保理念与技术创新应用方面仍需加大力度。

（2）随着垃圾分类软件的推广不均,一个不容忽视的问题是它无形中加剧了社会内部的数字鸿沟。对于那些不熟悉或无法熟练使用智能手机及互联网技术的弱势群体而言,这类软件无疑成为了他们参与垃圾分类活动的障碍。缺乏必要的数字技能和信息获取渠道,使他们难以享受到科技进步带来的便利。

（3）软件公司作为垃圾分类软件的主要提供者,其市场主体地位决定了其产品和公司运营不可避免地受到市场环境、技术革新及政策调整等多重因素的影响,从而呈现出一定的不稳定性。这种不稳定性可能表现为软件功能的频繁更新、分类标准的调整以及服务质量的波动等,给用户带来不便。

总之,随着社会经济的快速发展和居民生活方式的不断变化,垃圾分类的标准也需要随之调整以适应新的需求。然而,分类标准的频繁变动往往超出了一般公民的适应能力,导致公众在面对复杂多变的分类规则时感到困惑和无所适从,从而增加了分类错误和投放错误的风险,最终影响垃圾分类的整体效果。

（二）法律权力来源

每一座城市,在垃圾分类细则规定中,都对不规范的投放行为制定了处罚标准。例如昂星社区遵循 ZJ 省政府颁布的《ZJ 省城镇生活垃圾分类管理办法》和 JH 市政府颁布的《城市生活垃圾分类管理办法》。按照《ZJ 省城镇生活垃圾分类管理办法》第十五条:单位和个人应当将生活垃圾分类投放到对应的收集容器或者将生活垃圾中的有害垃圾、可回收物等交给专门的回收经营者。根据第二十六条:责令改正,拒不改正的,对个人处 200 元以下罚款;对单位处 500—5 000 元罚款。按照《城市生活垃圾管理办法》第十六条第四款:禁止随意倾倒、抛洒或者堆放城市生活垃圾。根据第四十二条:限期改正,对单位处 5 000—50 000 元罚款;个人处 200 元以下罚款。

然而,依据《ZJ 省城镇生活垃圾分类管理办法》第四条:县级以上人民政府市容环境卫生行政主管部门负责本行政区域内生活垃圾分类管理工作。县级以上人民政府发展和改革、经济和信息化、教育、民政、财政、人力资源和社会保障、环境保护、交通运输、商务、工商行政管理、质量技术监督、旅游、机关事务管理等行政主管部门，应当根据职责做好生活垃圾分类管理工作。街道办事处负责本辖区内生活垃圾分类投放的指导、宣传、培训工作，并配合市容环境卫生行政主管部门做好生活垃圾分类收集、运输的监督管理工作。居民委员会协助有关部门和街道办事处做好生活垃圾分类管理相关工作。

以昂星社区为例，垃圾分类工作由 JH 市住房与城乡建设局负责建设，由综合行政执法局进行监督管理。虽然昂星社区居委会的法律地位仅仅是协助机构，却要承担起日常运营、秩序维持的责任。面对违规投放的行为，没有执法权，只能进行引导和教育。综合行政执法局掌握行政处罚权，但没有足够的能力也不愿意对日常生活中的违规投放行为进行有效监管，及时处罚。这种权责不统一的现象，致使法律在垃圾分类工作中难以发挥其应有的作用。

（三）行政权力结构

在目前的垃圾分类工作中，过度强调政府在垃圾分类中的主导地位，对政府的运作造成困扰，也导致垃圾分类工作难以长期维持。

1. 政府职能设置和人员配置

当前垃圾分类是由"市-区-街道-社区"的四级组织共同推动的。就各级人员安排来看，一般市级负责垃圾分类的工作人员 20 名左右，区级 5 名左右，街道 1—2 名，社区则一般没有专职人员负责垃圾分类。以昂星社区为例，他们的垃圾分类管理人员主要是面向社区招募的志愿者，比如离退干部。负责垃圾分类的专职人员，从市到社区是逐级减少的，尤其是街道和社区很少有专职负责垃圾分类的工作人员，基本上是身兼数职。

2. 政府各部门履行职能

社区工作人员需要配合自上而下的各个部门发挥其职能。例如,社区工作人员一人承担多项工作,承担垃圾分类宣传和推进的工作人员往往还肩负宣传、文化、教育等方面的工作。就社区所承担的职能来看,垃圾分类只是政府职能之一,而社区工作人员数量十分有限,因此很难及时有效地完成自上而下的政府职能。

权力分配的金字塔形与人员配备的倒金字塔形之间极不平衡,严重制约基层组织的行动能力。因此,从政府职能部门设计以及社区工作人员的执行能力来看,城市生活垃圾分类是众多自上而下项目中的其中一项,无形中加大社区工作人员的负担。而且,自上而下各级政府的加压力度越大,基层工作人员的压力也就越大,这进一步加深了上下级政府之间的鸿沟。

垃圾分类标准、法律权力来源、行政权力结构的问题决定了垃圾分类工作往往成为下级政府响应上级政府号召的"运动式"治理,向上过于依赖政府行政威望,向下过于依赖居委会、村委会的非常规性劳动。政府监管、支持着居委会、村委会,而居委会、村委会则监管、支持着民众。一旦缺少相应的政策、资金支持和行政监管,居委会、村委会的工作积极性便会大幅下降,回归至常规工作的节奏之中,民众参与率也随之下降,导致工作往往无疾而终。最终造成财政资源和行政资源的浪费,政府公信力受到损害。

综上,昂星社区的垃圾分类工作存在着各类问题,对于居民、企业参与垃圾分类行为存在着大量障碍,管理制度本身也存在着大量问题。这些问题中既有因社区条件而形成的特殊问题,又有各地均有发生的普遍问题。目前亟须找到其他的长效机制,使垃圾分类工作得以长久实施,发挥作用。于是,调研小组聚焦社区垃圾分类工作亟待解决的这一需求,为昂星社区设计了具有针对性的服务。

第二节　娄金社区问题与需求

经过前期的调查走访,调研小组对娄金社区的基本概况已经形成了一个初步的了解,从社区概况、历史、基础设施、居民等方面进行了分析,并利用资源检查表对我们观察到的资源进行了整理和分析。在此基础上,调研小组对社区居民进行了访谈。在访谈的过程中调研小组无意中访谈了一位作为垃圾分类站志愿者的老人。她向我们倾诉了垃圾分类站工作以及她自己生活的困境,这促使我们将目光聚焦到垃圾分类站志愿者的需求上来。在后续的社区走访中,调研小组访谈了全村小区共计八个站点的志愿者,着重了解了他们的需求。

图 2-1　调研小组访谈工作者图集

在对于志愿者的访谈中,我们了解到了以下困境:

(一)志愿者的年龄结构失衡

志愿者多为老人,八位志愿者中有七位是年过七十的老人,仅有一名是四十岁左右的妇女。垃圾分类站的工作性质决定了它是一项既繁琐又辛苦的任务,需要志愿者们具备较好的身体素质和持久的耐力。从清理站内环境到向居民宣传垃圾分类知识,每一项工作都需要投入大量的体力和精力。然而,对于年事已高的老年人来说,这样的工作强度无疑是一种巨大的考验。他们的身体机能逐渐衰退,难以长时间承受高强度的体力劳动,这不仅可能影响到垃圾分类工作的效率和质量,更可能对他们的身体健康造成潜在威胁。

（二）志愿者的工作量大

垃圾分类站的工作时间为早上六点至九点、晚上十八点至二十一点。看似时间较短,仅有六个小时,但实际上,志愿者早晨需要提早到达,对每个垃圾桶进行清洗,对垃圾分类站的地面进行打扫,同时也需要对居民随意扔在垃圾分类站门口的垃圾进行处理。

在工作的过程中,居民拒绝对垃圾进行分类的现象时常发生,这时就需要志愿者来进行分类。对于分类不完全的,志愿者也要进行二次分类。

事实上,志愿者的职责仅仅是起到垃圾分类的监督作用,居民对于垃圾分类不自觉的态度,变相加重了志愿者的工作量。

（三）志愿者之间的工作量差异

在社区内,虽然均匀地设置了八个垃圾分类站点,但每个站点的运营状况却大相径庭,这主要源于它们各自所处的地理位置和周边环境的差异。

部分垃圾分类站点因地理位置偏僻,被设置在社区的边缘地带或远离主要居住区的角落,这些站点服务的居民数量稀少、需要处理的垃圾量有限。因此,这些站点的志愿者们相对轻松,垃圾桶数量少,清理工作不繁重。而另一些垃圾分类站点则位于社区的中心地带或人口高度密集的区域,如商业街、居民区中心等。这些站点每天都需要面对大量的生活垃圾,垃圾桶数量众多,且因人流量大,垃圾产生的速度也相应加快。在这样的站点工作的志愿者们,面临着巨大的工作量挑战,在高峰期时甚至需要依靠其他人的协助,才能勉强维持站点的正常运营。

这种工作量差异的存在,不仅影响了志愿者队伍的整体工作效率和积极性,还可能在一定程度上造成资源分配的不均衡。

（四）志愿者之间物资分配不均

首先,在不同的垃圾分类站点的工资是不同的。市政府拨给垃圾分类志愿者的月工资为 3 000 元,但真正到志愿者手里的只有 2 700 元。而在我们在访谈中了解到,志愿者的工资在 2 000 至 2 400 不等。社区对此的解释是,将扣除的三百元分给了其中一位志愿者,要求其在中午其他志愿者不工作的时间点来管理所有的垃圾站点,这导致了工资分配上的不公平现象。

其次,不同的垃圾分类站点的垃圾桶数量不同,但社区发放的物资是一样的,且数量较少。当清洗垃圾桶的洗洁精用完时,甚至还需要志愿者自己贴钱购买。志愿者平常的工作服也仅有一件,不能换洗。工作时要求必须佩戴的口罩也需要志愿者自己购买。同时,部分分类站出现了雨天漏水现象,志愿者上报后却得不到维修。

（五）志愿者不合理的罚款制度

在志愿者的工作过程中,如果出现不清洗垃圾桶、不穿工作服、垃圾桶内有垃圾未分类、离开工作岗位超过十分钟、地面上有垃圾等情况,志愿者都会被罚款,一次罚款 50 元。这样的罚款制度并不利于垃圾分类工作的落实。对于垃圾不分类的处罚全由志愿者承担,志愿者为那些不自觉分类的居民进行垃圾分类,长此以往就会使居民认为垃圾分类是志愿者的工作,反而成为垃圾分类工作落实的阻碍。

根据我们对于志愿者的访谈,调研小组对垃圾分类志愿者的需求进行了一些总结。

（一）工资明细公开化

志愿者的工资出现了较大的分层，他们希望社区可以根据志愿者的基本工资以及罚款情况开出明确的工资条。志愿者的工资由社区发放，但这不该成为社区一言堂的理由，工资发放多少不该任由社区来决定。并且在工作量不同的站点，轻松的志愿者和整日繁忙的志愿者拿着相同的工资，这存在不公平的现象。因此，工资明细公开化是一个迫切的需求。

（二）提高居民垃圾分类意识

在社区中，仍有部分居民没有对垃圾进行分类，尤其是社区中的年轻人，往往是将点的外卖一起打包扔掉，完全没有垃圾分类的意识。社区中还有居民拒不进行垃圾分类，当志愿者进行劝说时，居民会与其发生争执甚至会大打出手。

然而，垃圾分类是全民的责任，居民这种将垃圾分类的工作推到志愿者身上的行为十分不利于垃圾分类的推广。因此，提高居民垃圾分类意识，减轻志愿者的额外工作量十分重要。

（三）保障物资供给

虽然不能奢求社区尽可能提高志愿者的工资，但希望社区可以提供充足的物资供给，保证志愿者不需要自己贴钱来购买物资。对于家庭条件富裕的志愿者来说，购买物资无关紧要。但垃圾分类站的志愿者大多都是贫困的老人，因此，保障物资供给的问题需要尽早提上日程。

（四）罚款制度合理化

首先，将垃圾不分类的罚款落实到居民身上，而非志愿者身上。只有当处罚落实到人，才能最大程度的达成垃圾分类的效果。

其次，考虑到志愿者的年龄结构，希望处罚的力度可以适当减小。例如，离开岗位十分钟就罚款的制度，对于行动不便的老年人来说并不合理,因为他们的步行速度相对较慢,厕所也可能距离较远,很难在十分钟之内完成往返。

综上,调研小组结合社区问题与需求,将服务人群定位于垃圾分类志愿者,为其设计了倡导类服务,并多次与社区沟通,与这些志愿者们一起争取福利。

第三章 垃圾分类项目

第一节 "垃圾分一分,社区美十分"项目

一、活动概述

践行垃圾分类,共创美丽家园。垃圾混杂而不分类是我国环保产业发展中所遇到的障碍之一。目前,JH市通过立法修法,采取"撤桶并点""两定四分"等措施,积极推进垃圾分类。为响应政府政策,完善政策的具体落实过程,切实履行社会工作的专业职责与使命,进一步加强居民垃圾分类意识,让垃圾分类理念深入人心,确保社区垃圾分类工作平稳有序地进行,营造良好的社区环境。调研小组计划以团体活动的形式,为昂星社区的老年人群体开展活动,用生动趣味的方式,向居民宣扬垃圾分类的观念,普及垃圾分类的知识,解决居民所面临的切实困难,完善昂星社区垃圾分类执行流程。调研小组倡导居民树立起"垃圾分类无小事,城市文明靠大家"的环保意识,明确"人人参与"的责任意识,端正"垃圾要分类"的思想态度,积极主动的参与社会实践中来,为创建绿色环保、文明和谐城市环境献计献策。

二、活动基本资料

活动名称:垃圾分一分,社区美十分——昂星社区垃圾分类项目

活动目标:促进昂星社区的老年人增进对于垃圾分类的了解,形成垃圾分类的理念,并养成垃圾分类的行为习惯,减少分错垃圾的次数。

活动时间:12月26号(周六)下午2:00—3:30

活动地点:JH市WC区昂星社区老年活动中心

活动对象:昂星社区老年活动中心老年人

预计参与人数:30 人

出席活动人数:32 人

活动招募方法:现场招募

活动程序:活动介绍——活动主题内容——活动总结

程序执行情况:鉴于活动开始时居民的参与积极性不高,故活动介绍环节相比预期较为简略,但活动主题内容和活动总结完成度较高。

三、活动方案(总时长大约 85 min)

时间	目 标	内 容	所需物资
5 min	活动介绍	分发宣传小册子,主要通过用小册子来介绍此次活动的主要内容	宣传小册子
10 min	垃圾分类宣讲,使服务对象对垃圾分类有着基本的认知	【垃圾分类宣讲】 宣讲垃圾分类中央精神以及 JH 市垃圾分类模式,介绍垃圾分类种类	宣传小册子
10 min	以歌曲的方式学习垃圾分类,活跃气氛	【垃圾分类歌】 1. 工作者播放垃圾分类歌; 2. 工作者引导老人学唱垃圾分类歌。	音响、小册子、歌词
25 min	竞猜环节,通过趣味形式活跃气氛,让服务对象更好地融入活动	【有奖竞猜】 主持人共有 8—10 组题目,每一组题目包括 3—5 题 采取志愿回答的原则进行活动	题目道具
25 min	实操环节,引导服务对象进行正确垃圾分类	【模拟垃圾分类】 1. 将老人分成 6 个小组,每个小组 6—7 人(视具体情况而定),工作者将分类卡片随机分发给各个小组,每个小组 18 张(待定); 2. 每个小组有 5 分钟的讨论时间,讨论手中卡牌上的垃圾对应的是哪一个分类,并选出一位代表进行"垃圾投放"; 3. 每个小组选派代表上前进行"垃圾投放",投放正确 1 分,投放错误不得分,待活动结束后,工作者进行分数统计,分数最高的小组获得奖励。	大号垃圾分类游戏道具(大号垃圾桶 4 个＋分类卡片 80 张)、奖励
10 min	总 结	总结本次活动,致谢	音响

四、活动道具

物资	数量
音响	1 套
垃圾分类游戏道具	4 套
题目	32 个
垃圾袋	10 卷
纸巾	3 包
宣传小册子	50 份
老人礼品	若干

五、应急措施

（1）服务对象陆续到来，无法立即开展演出活动

应急措施：根据到场人数适时调整活动开展时间，待到场老人达到一定规模之后便开始整体的活动环节。

（2）部分服务对象提前到场

应急措施：志愿者引导老人做手指操等进行热身，同时与他们聊天度过等待时间。

（3）遇到恶劣天气等情况

应急措施：转移场地到室内，室内场地如果过小可分开同时进行。

（4）活动参与度不高

应急措施：与社区负责人进行联系，并依靠社区负责人进行组织管理。

六、活动预算

序号	支出类别	具体物资	预算金额	备注
1	活动物资	宣传小册子＊50	90	胶带＊1 纸巾＊1 包 大音响（充电）＊1 话筒＊1 垃圾袋＊2 志愿者背心＊10 相机 充电宝
		肥皂（个）＊6	6＊2＝12	
		纸巾（抽）＊10	3＊10＝30	
		垃圾分类道具＊6	10＊6＝60	
		冬季手套（双）＊30	3＊30＝90	
		洗衣粉＊6	2.5＊6＝15	
		宣传海报（张）＊6	5＊1.6＝8	

序号	支出类别	具体物资	预算金额	备　注
2	活动经费	志愿者保险	0	/
3	劳务补贴	志愿者补贴、社工补贴	0	/
4	交通费	活动执行交通费	50	出租车和共享单车等
	合计		355	元

第二节　娄金社区服务项目

经过对娄金社区的四次走访，调研小组发现娄金社区中的垃圾分类志愿者的工作制度有比较大的问题。据垃圾分类工作者反映，部分居民没有"定时、定点"投放垃圾的意识，投放的垃圾也没有分类。于是，本项目决定以"垃圾分类"作为本次社区活动的主题。在老师和督导的建议下，活动被设计为三个部分，分别是娄金社区的街头访谈、垃圾分类工作者茶话会、保集半岛文化晚会，并为垃圾分类志愿者设计了一份工作手册。三次的目标分别是了解娄金社区居民对定时定点投放垃圾政策与垃圾分类志愿者的认识程度，并收集他们对社区垃圾分类定时定点投放与垃圾分类工作人员的期望与建议；了解并收集志愿者需求，化解志愿者对社区的误解，为志愿者们增添乐趣进行解压；丰富社区的文化生活，宣传垃圾分类定时定点的相关知识及其必要性，倡导社区居民积极参与垃圾分类工作。

一、娄金社区的街头访谈

（一）访谈目的

了解娄金社区居民对定时定点投放垃圾政策与垃圾分类志愿者的认识程度并收集他们对社区垃圾分类定时定点投放与垃圾分类工作人员的期望与建议。

（二）访谈方式

面对面访谈。

（三）访谈对象

全村与保集半岛的居民。

（四）提问提纲（囿于篇幅所限，不列出）

二、茶话会活动方案

（一）活动基本情况

1. 活动时间：待定

2. 活动地点：老年会活动室

3. 参与人群：娄金社区垃圾分类站点志愿者，五名小组成员

（二）活动的目的和意义

目的：

1. 了解并收集志愿者需求

2. 化解志愿者对社区的误解

3. 通过本次娱乐活动为志愿者们增添乐趣进行解压

意义：通过茶话会来拉近志愿者之间的距离，互相分享工作经验及心得，加深对志愿工作的了解，提高垃圾分类站点凝聚力。同时，公开垃圾分类点相关费用明细，并收集志愿者意见及建议，以促进与社区的合作交流，并在强调个人使命感与责任感的同时，让他们身心得到放松。

（三）理论基础

1. 社会支持理论：社会支持网络指的是一组个人之间的接触，通过这些接触，个人得以维持社会身份并且获得情绪支持、物质援助和服务、信息与新的社会接触。依据社会支持理论的观点，本项目开展的茶话会活动正是这样一个平台，可以让志愿者通过参加活动，获得情绪支持、物质援助和服务。项目成员充当社区与志愿者之间的"中介"，化解误会，促进社区与志愿者的良好关系。

2. 人际需要理论:舒茨的人际需要理论,不仅把人际需要的满足界定为个人身心健康的重要因素,还对这些需要做了系统的分析和说明。小组工作就是借助小组中的人际互动来实现目标,因此,掌握这些人际交往的规律有助于我们悉心洞察小组中的互动情况,采用相应的技术手段,提高小组的凝聚力和生产效率,更好地达到助人自助的目标,以帮助小组工作员更好地理解组员的互动关系。

(四)活动计划

前期准备:确定场地后将横幅挂在相应位置;组员提前去布置场地:桌椅摆放、食物(瓜子、花生、水果)平均分发;清点活动所需道具及物资。

	活动主题	活动目标	活动内容	物资准备
开幕式 (5 min)	组员自我介绍与主领介绍活动流程	表明组员身份与活动主题	由主领阿同学来欢迎志愿者的到来,介绍本次活动的流程并由组员进行自我介绍	
第一个活动:新疆舞表演 (5 min)	让志愿者观赏,营造轻松气氛	使志愿者以轻松的心情对待本次活动	由那同学和阿同学表演新疆舞	民族服装及音响设备
第二个活动:击鼓传花 (15—20 min)	活跃气氛,推动活动开展	通过游戏来邀请至少八个志愿者分享个人工作心得及经验	当击鼓的人开始击鼓时,道具开始传递,当击鼓的人停止击鼓的时候,道具在谁的手里,那么接到道具的人就需要分享个人工作经验或心得,将提供礼品奖励	击鼓道具:玩偶礼品:毛巾
第三个活动:关怀志愿者 (15—20 min)	了解并收集志愿者需求	收集志愿者在工作过程中遇到的难题和需求	将到场志愿者分成四个组由小组成员进组询问并记录志愿者工作中遇到的难题发现他们的需求记录下来	记录本和笔
第四个活动:小品表演 (10 min)	让志愿者观赏,缓和气氛	缓和气氛	由张同学、悦同学、周同学进行小品表演	

（续表）

	活动主题	活动目标	活动内容	物资准备
第五个活动：志愿者工作事项说明（15 min）	说明工作制度及相关费用明细	说明国家规定的工作制度强调责任感与使命感；公开站点费用明细	以 PPT 形式说明国家规定垃圾分类点志愿者工作制度并强调志愿工作的意义及重要性。将社区提供的垃圾分类站点账目明细复印发给志愿者并公开说明以避免产生财务上的误会	多媒体账目明细打印件数张
第六个环节：感恩与祝福寄语	对志愿者表示感谢，献出祝福寄语	感谢志愿者抽出时间参与本次活动；赞扬志愿者工作的付出	由张同学总结本次活动并感谢志愿者的到来；由悦同学和阿同学朗诵志愿工作者的辛苦付出与对他们的祝福寄语	
活动尾声（10 min）	进行后测	邀请志愿者填写意见反馈表，以此观察活动成效	按照第三个环节分成的四个组，小组组员再次进组引领志愿者填写意见反馈表，并给填完意见反馈表的志愿者依次分发礼品	1. 意见反馈表28 张2. 礼品

（五）活动物资和经费预算

具体物资	数量	预算金额
瓜子/花生	各 4 斤	30 元
水果	两种	50 元
宣传横幅	1	30 元
账目明细表打印	28 份	6 元
毛巾与泡脚药包(赞助商提供)	毛巾 8 条泡脚药包 28 份	
		总计:116 元

（六）活动反馈表（囿于篇幅所限，不列出）

三、文化晚会活动计划书

（一）活动名称

娄金社区文化晚会

（二）活动基本状况

1. 活动时间：2021 年 12 月 24 日晚上 18:00—20:00

2. 活动地点：保集半岛小区东南门文化广场

3. 参与人群：保集半岛小区居民，五名小组成员

（三）活动目的及意义

目的：

1. 丰富社区的文化生活

2. 宣传垃圾分类定时定点的相关知识及其必要性

3. 倡导社区居民积极参与垃圾分类工作

意义：

此次活动以情景剧的方式展示垃圾分类工作者的工作和困难，使社区居民能更加理解垃圾分类工作者的难处，有利于和谐社区的建设；而问答游戏的形式能调动居民积极性，既能宣传知识，又能促进居民的参与和融入，强调社区中居民的个人使命感与社会责任感。此外，社区活动的开展也积极推动居民之间的交流，提升居民的幸福感。

（四）合作对象

在与社区工作者的访谈中，社区工作者多次提及保集半岛有个老年协会，老年协会的会长很有领导力，组织过很多社区活动。项目成员便前往保集半岛小区，与老年协会张会长进行面谈。在面谈中，笔者了解到保集半岛的垃圾分类工作做得比较完善，志愿队伍也很强大，当天张会长就是刚刚带领垃圾志愿者进行了小区的捡垃圾活动。而老年协会已经成立有 10 年历史了，经常开展社区活动，规模在 200—500 人之间，社区有专门的文化广场。因此，张会长提议本项目小组跟社区进行联谊活动，小组提出一定方案，社区也提出一定方案，双方相互结合。

（五）理论基础

1. 社会参与理论："社会参与"在工具书中的解释是一种关于受

众权利的理论,又称参与权,指受传者有权参与大众传播活动,即他们不仅有权从大众传播媒介上获得有关信息,而且有权作为传播者而使用大众传播媒介。通过问答环节,我们给予受众参与大众传播的机会。

2. 社会支持理论:社会支持网络指的是一组个人之间的接触,通过这些接触,个人得以维持社会身份并且获得情绪支持、物质援助和服务、信息与新的社会接触。依据社会支持理论的观点,我们开展的文化晚会正是这样一个平台,可以让社区居民通过参加活动,获得情绪支持、物质援助和服务,宣传垃圾分类知识,促进社区发展。

（六）活动计划

特别强调的是,本次活动的规划由保集半岛老年协会携手本项目组共同制定推进。保集半岛老年协会将充分发挥其资源整合能力,精心筹备京剧、合唱等一系列丰富多彩的活动,旨在为参与者带来难忘的文化盛宴。活动所需的场地及大部分关键设备,均由老年协会细心筹备,确保活动能够顺利进行,为每一位参与者创造最佳的体验环境。

活动主题	活动目标	活动内容	物资准备
开幕式(8 min)	介绍活动的流程和受邀嘉宾	由老年协会会长进行活动开场介绍	
第一个活动:京剧表演(15—20 min)	活跃气氛,丰富社区文化	(具体由老年协会安排)	
第二个活动:合唱表演(15—20 min)	调动居民情绪,丰富社区文化	(具体由老年协会安排)	
第三个活动:情景剧表演(15 min)	展现垃圾分类工作者的工作和困难,引进主题	由浙江师范大学表演队进行情景剧表演	情景剧剧本、垃圾分类工作服、垃圾分类工具(垃圾钳子、扫帚、垃圾桶)

活动主题	活动目标	活动内容	物资准备
第四个活动：垃圾分类定时、定点倡导（15 min）	普及垃圾分类定时、定点的必要性	配合 PPT 由浙江师范大学法政学院演讲队进行垃圾分类定时、定点的知识宣传和倡导	PPT
第五个活动：垃圾分类知识竞答（20 min）	调动居民积极参与，进一步促进居民消化垃圾分类知识	由调研小组进行垃圾分类知识竞答。由阿同学主持和配合 PPT 进行知识提问，张同学和周同学在场内给予受邀回答的居民传递话筒，悦同学和那同学负责发放小礼品和垃圾分类志愿者手册	PPT、话筒、小礼品（20 份）、垃圾分类志愿者手册
第六个活动：街舞表演	活跃现场气氛	由浙江师范大学街舞社团进行街舞表演	
活动尾声：晚会结束致辞（7 min）	总结活动，使活动圆满结束	由老年协会会长进行结束致辞，并感谢各位的参与	

（七）活动物资及经费预算

具体物资	数量	预算金额
小礼品（蛋黄派）	20 份	60 元
宣传横幅（老年协会提供）	1 份	
话筒和音响设备（老年协会提供）		
垃圾分类工作服、垃圾分类工作工具（老年协会提供）		
		总计：60 元

（八）注意事项

1. 提前罗列好物资清单，及时采购，采购完成后需进行清点，确保物资无误；

2. 活动开展当天需提前到达活动地点进行布置，布置完成后要再次进行检查，确保横幅以及各环节活动中的道具准备到位；

3. 活动开始前一天，和相关环节参与团体联系，确保每个环节的表演者做好相应的准备；

4. 活动前提醒参与者穿着便于运动的衣物，过程中要提醒参与者注意安全；

5. 活动过程中记得及时拍照记录；

6. 活动接近尾声时，可以先让参与者填写意见反馈表，然后持已填写的意见反馈表来领取小礼品，同时要保证现场秩序稳定。

（九）活动反馈表（囿于篇幅所限，不列出）

第四章 反 思

第一节 学也有成:探索环境友好行为的促进路径
JH市昂星社区"垃圾分一分"项目的经验

《"美丽中国,我是行动者"提升公民生态文明意识行动计划(2021—2025年)》中提出"生活方式绿色转型""引导公众自觉履行环境保护责任"。可见,引导居民在生活中自觉主动实施亲环境行为是建设美丽中国的关键,而垃圾分类作为其中的重点自然是各地建设美丽中国的重要举措,近年来北京、上海等试点城市的垃圾分类工作也在稳步进行。2019年1月11日,JH市人民政府发布了《JH市区城区生活垃圾强制分类实施方案》(以下简称《方案》),并通知各区人民政府认真组织实施。《方案》提到,各级宣传部门牵头开展生活垃圾分类宣传进机关、进学校、进企业、进社区、进家庭等"八进"大型系列活动,发放生活垃圾分类宣传材料,充分利用报纸、广播电视、互联网等媒介宣传强制分类相关内容,加强新闻舆论引导,实现公益广告全覆盖。尽管出台了相关政策,号召大量志愿者开展生活垃圾强制分类宣传、劝导等公益活动,但是垃圾处理依然是目前JH市亟待解决的议题。

调研小组发现昂星社区总建设用地为132 500平方米,但仅有六个垃圾分类投放点,这一现象表明可能存在着垃圾投放点过少的问题,后续的调研和分析便由此展开。

一、垃圾投放站供不应需谁之失

昂星社区现有6个垃圾分类投放点。若在街道的两旁增设垃圾桶以方便行人随时可以扔垃圾,基于垃圾分类刚开始施行,知识尚未内化为观念,居民没有垃圾分类的意识这一前提,那么这些垃圾桶可能会逐渐成为垃圾堆,垃圾分类也将难以继续执行。但是现有的6个投放点确实不能满足社区内投放垃圾的需求,于是我们可以对昂星社区的垃圾分类问题进行以下三部分的分析。

(一)店铺的垃圾分类问题

昂星社区内的玉壶街上有许多小饭馆和水果摊,每天晚上店主都会不定时地推着装满几大袋垃圾的小推车到垃圾分类点投放垃圾,因为量多且分类不规整,垃圾站点的监督人又是同一个社区的居民,所以会出现垃圾分类不规范的局面。这一方面主要可细分为三个问题:

1. 店铺数量与站点数量不匹配的问题

在繁华的玉壶街上,错落有致地分布着55家各式各样的店铺。每天,随着顾客们的进进出出,这些店铺不仅贡献着丰富的商品与服务,也产生了大量形态各异的垃圾:从食品包装、废弃纸张到塑料瓶、一次性餐具,种类繁多,数量惊人。然而,面对如此庞大的垃圾产生量,玉壶街上却仅设有两个垃圾站点,这两个站点虽然位置相对合理,便于商户和居民投放,但其承载能力却远远跟不上垃圾增长的速度。尤其是在高峰时段,垃圾堆积如山,不仅散发着难闻的气味,还容易滋生蚊蝇,传播疾病,给周边环境带来了极大的压力。

2. 店铺与投放点之间的距离问题

餐饮店的经营者面临着与垃圾站点距离过远的问题,其中最远的一家需步行235米(约4分钟)才能到达垃圾投放站。且餐饮店产生的垃圾量极大,与居民垃圾相比,更难携带,更容易引起感官上的不适。同时,较远的距离客观上会使餐饮店经营者排斥垃圾分类这种繁琐的工作。

3. 餐饮店的特殊性问题

餐饮店产生的不仅仅是易腐垃圾,还有部分其他垃圾。但在店铺内部,并没有发现店主主动进行垃圾分类的迹象,这在源头上就已经违反了垃圾分类的原则,而餐饮店经营者则会将店铺内所有垃圾集中投放至垃圾站的易腐垃圾收集桶内,破坏了垃圾分类投放的秩序。不仅仅是餐饮店,其余的几乎所有店铺和来料加工厂都存在着在源头上就没有进行垃圾分类的行为。即便是实行垃圾分类的药店和诊所,也并未彻底地严格执行。如此,即便其他分类环节再完善,也是徒劳无功。

(二)居民的垃圾分类问题

1. 居民垃圾分类意识不强的问题

居民们尚未普遍养成垃圾分类的良好习惯,且相关的知识储备明显不足。许多居民在丢弃垃圾时,往往缺乏明确的分类意识,习惯于将各种废弃物一股脑地投入最近的垃圾桶中,而不考虑其可回收性、有害性或其他特定分类要求。这种"一扔了之"的行为模式,不仅增加了垃圾处理的难度和成本,也违背了环保和资源循环利用的初衷。尽管垃圾站点每天都有专人负责监管,他们不辞辛劳地引导、提醒居民正确分类垃圾,但面对众多居民的庞大基数和参差不齐的分类意识,这些努力往往显得杯水车薪,成效并不显著。

2. 社区中务工人员的问题

由于玉壶街的务工人员上班时间往往早于常人,在这样的生活节奏下,许多务工者习惯于在离家出门之际,顺手将前一晚累积的垃圾带至垃圾站点进行投放。然而,垃圾站点的正式投放时间被限定在上午6点至9点之间,这对于那些需要更早出门以应对繁忙工作的务工人员而言,无疑构成了一个时间上的挑战。面对这一时间差,不少务工者不得不采取一种权宜之计——将手中的垃圾直接遗留在站点门口,希望后续有人能代为处理。然而,这个时段恰好是垃圾站点监管力量相对薄弱的时候,缺少了专人的监督与引导,那些被随意丢弃的垃圾便逐渐堆积成山,无人问津。

(三)监督纠察机制的管理问题

最后是有关监督纠察机制的管理问题。在每一个垃圾分类站点前,都有一个管理人员对投放行为进行监督和劝导。据居委会人员描述,管理人员会在发现不规范的投放行为后对投放者进行劝导,并立刻主动帮其进行分类,这容易引起投放者的羞愧感。但这类机制也存在着相应问题:

1. 垃圾分类站点开放时间的问题

管理人员的工作时间为垃圾投放时间,这就意味着其管理的范围仅为在正规时间内的投放行为,对正规时间外的投放行为无法发挥效用。

2. 垃圾分类示意图的问题

其严谨性与垃圾分类细则相差甚远,主要目的为宣传垃圾分类的精神。若是用作管理者监督和分类的工作标准,则较难胜任。但是,据调查中所遇到的管理人员所言,垃圾分类标准的示意图,为他们工作的主要标准。这就使得其工作中出现错误的可能性显著增加。

3. 居民投放垃圾的规范性问题

在遇到不规范的投放行为时,管理人员会主动当面帮投放者进行分拣。但不规范投放的垃圾通常以袋为单位,每一袋中的垃圾数量多,种类繁杂,分拣过程较为繁琐。缓慢的分拣过程、恶劣的感官刺激会对管理人员工作的积极性和准确性造成负面影响。

4. 站点工作人员的积极性问题

每一个垃圾投放站在规定垃圾投放时间内都有专门的管理人员进行管理,不能离开垃圾投放站,也不能进行其他活动。在没有垃圾投放行为时,管理人员往往无所事事,浪费了本应有所作用的劳动力。对于一些老年的退休者所当的管理人员,较低效率则影响了他们的老年娱乐与生产生活。

毋庸赘言,垃圾分类在我国目前是一项既重要又紧迫的任务。垃圾不分类可能导致的后果其实对社区居民并没有影响,但这是一项全国性的政策,在政策开始实施之后,居民的需求也随之产生。既然有了需求,调研小组便立刻尝试设计服务方案。

二、垃圾分类意识与行为何以养成

根据让社区中的老年人增进对于垃圾分类的了解,增加垃圾分类的知识,并形成垃圾分类的行为习惯这一目标,调研小组以学习理论作为服务的理论基础,确定了主题为"垃圾分一分,社区美十分"的昂星社区垃圾分类宣传项目,并于 2020 年 12 月 26 日下午在 JH 市 WC 区昂星社区老年活动中心顺利进行。

(一)人群与服务环境的契合

在原计划中,调研小组希望参与活动的社区居民能涵盖儿童、年轻成年人、中年人与老年人。但由于小组活动开展时间为周一,即工作日和上学日,因此在活动当天,参与活动的多为老年人。小组成员在活动开展前已考虑到周一为工作日的特点,可能老年人参与人数较多,所以为兼顾老年人的身体,决定将活动开展地点定于昂星社区的老年服务中心。

尽管上述选择考虑了活动参与对象多为老人的实际情况,但这也带来了一些问题。经过前期的实地调查,我们发现昂星社区的老年服务中心场地宽敞,且配备有足够的桌椅,这是其优势所在。然而,劣势也很明显,如老年服务中心缺乏设备如 PPT 投射仪和话筒等,这导致此活动环节无法像其他项目或教学活动那样,用 PPT 作辅助。为了应对这一挑战,笔者调整了方案:将 PPT 内容制作成宣传小册子,活动开展时,每位服务对象都能得到一份小册子。主持人可以利用小册子进行宣讲,而服务对象也可以通过查看小册子更好地参与活动,从而在一定程度上弥补了缺乏 PPT 设备的不足。

（二）政策与服务设计相呼应

目前,JH 市通过立法修法,采取"撤桶并点""两定四分"等措施,积极推进垃圾分类。为响应政府政策,完善政策的在地具体落实过程,切实履行社会工作的专业职责与使命,进一步加强居民垃圾分类意识,让垃圾分类理念深入人心,确保社区垃圾分类工作平稳有序的进行,营造良好的社区环境。调研小组计划以团体活动的形式,为昂星社区的老年人群体开展活动,用生动趣味的方式,向居民宣扬垃圾分类的观念,普及垃圾分类的知识,解决居民所面临的切实困难,完善昂星社区垃圾分类执行过程。

（三）主题与服务方案的吻合

此次项目规划中并未纳入破冰环节,这主要是出于对参与活动的老年人群体体力状况的深思熟虑。尽管这一决策伴随着与服务对象初期配合可能不畅的风险,但笔者担忧无论是体力型还是智力型的破冰游戏,都可能对老年人的身体状况构成潜在挑战,从而不利于活动整体的顺利进行,因此依然选择省去传统开场。然而,在活动圆满落幕之后,笔者回顾发现,未设破冰环节并未对活动的推进及其成效造成实质性影响。

本项目共设计了垃圾分类宣讲、垃圾分类歌、垃圾分类知识竞答、模拟垃圾分类四个板块,每一个板块都牢牢扣住"垃圾分类"这一主题,由浅入深,让服务对象一步步了解和学习垃圾分类知识。不仅如此,本次活动将中心放在"知识竞答"与"垃圾分类模拟"上,对于那些正确的垃圾分类意识与行为进行正强化,对错误的意识与行为则及时纠正,引导服务对象正确的分类垃圾,并鼓励他们在日常生活中继续进行垃圾分类这一对环境友好的行为。

三、探索环境友好行为的促进路径

综上所述,调研小组考虑到多方面因素,只能在昂星社区举办一次社区活动,活动的评估与分析也是由小组内成员进行。但整体而言,调研小组完成了一个完整的社区服务过程,这对我们日后在其他社区开展活动提供了极大的借鉴意义。

(一)问题与需求分析是服务设计的基础

从确定聚焦的问题并进行分析往往需要前期花费很长一段时间。调研小组在第一次进入社区后,发现了许多的社区资源与不少的社区问题,例如居民楼下的加工厂可能产生的污染、噪声问题、河道治理问题、停车位不足等。小组最终确定将主题定为垃圾分类不仅仅是因为社区内只有 6 个垃圾分类站点,还考虑到了当下垃圾分类也是一个热点问题。昂星社区的垃圾分类问题的表层原因是少量的垃圾桶不满足社区的需求,但究其深层原因,来自商铺、居民、管理等多方面因素。这不仅为我们提供了一个多维的分析视角,也意味着小组能够从多个方向提供服务。在这一过程中,笔者体会到了问题与需求分析的重要性。对于调研小组而言,并没有试图改变所有方面,而是聚焦在居民的垃圾分类意识与行为上。因此,问题与需求分析是服务设计的基础,千万不能想当然的在走访社区后随意的设计服务方案。

(二)不怕困难的同时保持期待

不可否认的是调研小组在整个服务过程中的确遇到了一些困难。首先小组最初的服务设计是面向全体的居民,包括青少年群体、中年群体以及老年群体,但是由于时间的设计,当天只有老年人这一群体参与我们的活动。鉴于老年群体的一些特殊情况,我们很担心活动对其带来的改变微乎其微。其次在活动过程中,参与活动的老人们不擅长说普通话,小组成员也不懂当地的方言,这造成了一定程度的交流困难。但这些并没用妨碍到服务的进行,从现场的情况和后测的反馈来看,方案上的目标基本实现,此外还获得了一些意外的惊喜:不仅服务对象学有所成,调研小组成员也从中学习很多。

(三)理论与实务的高度契合

本服务的一个理论基础便是学习理论,即通过学习,任何人都可以获得某项能力,通过"垃圾分类宣讲"、"模拟垃圾分类"等环节,让服务对象学习垃圾分类方法。服务结束后,服务对象可以通过日常的垃圾分类投放继续强化这一环境友好行为。在此基础上,社区工作者欢迎任何年龄阶段的居民参与到服务活动,所有年龄段的居民参与也可以在促进环境友好行为的同时促进居民融合,可谓是一举多得。

第二节 探索垃圾投放站工作者的服务设计

JH市娄金社区的"垃圾分类工作手册"倡导经验

对如今的社区工作者而言,不仅要处理好居民的日常生活需求,还要积极组织居民参与社区事务以完成上级的各种任务,"创建全国文明城市"便是其中之一。创城工作不仅是提升城市文明的精神洗礼,更是一项全方位的利民工程。当然,创城的诸多细微之处不仅需要社区工作者的推动还需要全体市民的共同参与。每位市民既是创城的参与者,又是创城惠民、利民、为民的真正受益者。

在创城工作中,有这样一群人不得不提,他们就是垃圾投放站的工作者。虽然中国对垃圾分类已经采取了形式多样且成效显著的举措,人们的环保意识得到大幅提升,垃圾分类成为大多数居民的自觉行为,但依然存在着不分类、乱分类的情形,这暗示需要社区工作者更加细致、持续的努力。为了应对不分类、乱分类的投放行为,2019年1月11日,JH市人民政府发布了《JH市区城区生活垃圾强制分类实施方案》(以下简称《方案》),各社区纷纷在垃圾投放点安排工作者进行规劝居民正确垃圾分类。如此一来,这些投放点的工作者便参与到社区事务中来,但是社区往往只将他们视为协助日常垃圾分类的工具,而常常忽视他们的需求,这些工作者也鲜少拥有在社区事务中的话语权。

于此,2021年在JH市娄金社区的"垃圾分类工作手册倡导"项目无疑为我们提供了建设性的倡导经验,同时它也促使我们在总结项目经验的基础上进一步思考和探索"居民—社区"相融合的有效路径。当然,需要说明的是,随后在下文中所要呈现的蕴含在这一项目实施过程中的经验并非某种抽象或者带有普世性的,它们更多是建立在一个具体社区的实际与社区社会工作实践之上的,因此这也就意味着我们既不能将这些经验简单地"复制粘贴"到其他社区的社会工作实践当中,同时在进一步审视这些经验的过程中也需要结合该社区的具体情况,而不能将两者割裂开来。沿着这一思路,"进入"社区是我们接下来所要进行的第一步。

一、服务人群与问题聚焦

娄金社区总面积0.53平方公里,辖区范围:东临新汽车南站,西联JH职业技术学校,南至330国道,北接和信路。由保集半岛、嘉恒格林、米兰苑、永盛新阳光、永利华都五个小区和娄金、朱村、全村、水角四个自然村组成。小区与自然村相结合的情况,也为垃圾分类工作增添了不少难度。垃圾分类工作者的工作是每天早上清洗垃圾桶,在规定时间(早上6:00—9:00;晚上18:00—21:00)内对投放垃圾的居民进行监督和劝告,把没有进行垃圾分类的垃圾进行整理和分类。在值班期间需要穿上"垃圾分类志愿者"的工作服。我们观察到垃圾分类工作者主要由70岁以上的老年人口组成,其中也有40多岁和50多岁的稍年轻一些的工作者;他们中以本地女性居民为主,相互有一定的了解。在进一步访谈后,我们了解到社区每年仅分配一次口罩和手套,数量很少,基本需要工作者自己购买;工作服只有每人一件,没有换洗的工作服;每个月每个站点 5 包洗衣粉,用于清洁垃圾桶,但是不同站点垃圾桶数量不一样,这样的物资分配并不合理。

于是调研小组将垃圾分类工作者的需求定位到物质需求、情感需求、生理需求、继任需求和安全需求这五类。

(一)物质需求(规范性需求)

垃圾分类工作者的口罩、手套、分配不够,洗衣粉分配不均,有的站点有 14 个垃圾桶却只有 5 包洗衣粉,有的站点 8 个洗衣桶也是 5 包洗衣粉。其次是工作服,需要两套以上以供换洗,垃圾分类工作很容易弄脏衣物,没有换洗的工作服,工作者只能穿着脏衣服继续工作。

(二)情感需求(感觉性需求)

垃圾分类工作者多为老人,平常生活比较空虚,加上垃圾分类工作会有不少居民不服从垃圾分类安排,甚至还有产生纠纷的事件,工作者们也是有苦难言,无处诉说。工作者们的生活娱乐也没有机会享受,晚上 18:00—21:00 刚好是老年人娱乐的时间。在调研小组访问过程中,讲到情深处,工作者们都是眼睛里噙满泪水,所以,她们的情感也在积累着,需要宣泄的机会。

(三)生理需求(规范性需求)

当前垃圾分类工作者,以老年人为主。他们面临着较为繁重的任务量,这无疑对老年工作者的身体状况构成了不小的挑战。鉴于垃圾分类工作劳动强度大,且能够预留的休息时间相对有限,长此以往,无疑会加重老年工作者的身体负担,不利于他们的健康与福祉。因此,为了体现对老年工作者的人文关怀,并保障其身心健康,建议采取更为人性化的管理措施。具体而言,可以每周固定设立休息日,让老年工作者能够得到充分地休息与放松。或者,在不减少总工作时长的情况下,可以考虑在某一天适当减轻他们的工作量,通过灵活调整任务分配,实现工作与休息的更好平衡。

(四)继任需求(表达性需求)

愿意投身于垃圾分类工作的人员数量稀缺,导致在岗的工作者们难以找到合适的继任者来接替自己的职责。这一现象背后,深藏着两大主要原因:一是垃圾分类工作的薪资水平普遍偏低,难以吸引足够的劳动力;二是社会上垃圾分类的意识仍显薄弱,缺乏广泛的认同与参与热情。这种人才短缺的状况,若不加以重视并采取措施改善,将不可避免地对未来垃圾分类工作的顺利开展构成严重阻碍。

(五)安全需求(表达性需求)

工作者表示,在垃圾分类工作中,不少居民不服从安排并恶言相向,引发纠纷。这个时候需要社区进行纠纷调解,制定保护垃圾分类工作者的制度。据一位垃圾分类工作者反映,有的纠纷产生了很久也没有社区工作人员进行调解。

基于上述的深入调查与分析,"垃圾分类工作手册倡导"项目精准地锁定了社区工作者、垃圾分类执行人员以及社区居民这三类核心群体,着重强调了他们之间的紧密互动与高效协作。在项目的精心设计中,笔者特别关注了垃圾分类执行人员这一具有双重身份的特殊群体——他们既是社区工作的推动者,也是日常生活中的居民。项目从这一双重身份出发,采取了多元化的策略。一方面,通过丰富多样的形式来深化居民的垃圾分类意识,旨在减轻执行人员在日常工作中面临的分类压力与负担;另一方面,本项目积极倡导与社区间的有效沟通,不仅关注执行人员在工作中的成就,更关心他们作为普通居民的生活福祉,努力为他们营造更加和谐、舒适的生活环境。通过上述综合策略的实施,笔者期望实现社区整体的垃圾分类意识显著提升的目标,共同构建一个绿色、和谐、可持续的居住环境。

二、需求与项目相呼应

以社区实际为基,以上述理念为引,"垃圾分类工作手册倡导"项目以制作工作手册作为其核心特色,在娄金社区内计划开展街头采访、茶话会、保集半岛文化晚会等一系列服务活动。虽然从表面上看,各项服务活动的板块分隔使它们相互之间的独立性较强而联系则相对较弱,但如若能抛开表面的形式而将它们的内核串联起来,便能够从中较为清晰地发现垃圾分类工作者的需求如何满足是本项目的主线。

(一)情感性需求的满足

上述提到,垃圾分类工作者由于工作的特殊性,需要分享自己积攒的情绪。为此,本项目设计了茶话会这一活动形式,组建工作者小组以满足他们情感性需求。通过这一活动让他们互相分享工作经验及心得,加强对垃圾分类工作的了解,提高垃圾分类站点凝聚力。当然,我们也会邀请社区工作者的加入,与垃圾分类工作者互相交谈,倾听志愿者意见及建议,以促进与社区的合作交流。

(二)规范性需求的满足

至于规范性方面的需求,调研小组通过制作《垃圾分类工作手册》来满足。从垃圾分类监管主体(街道)、垃圾分类具体实施主体(社区)、垃圾分类实施者(工作者)三个主体切入,明确各主体的工作职责与日常工作内容,并且据此制作工作手册。随后,将手册提供给社区,依托社区这一媒介实现项目目标。当然,在手册制作过程中,笔者还参考了别的地区的成功做法,进一步完善手册的内容,确定将内容划分为社区简介、垃圾分类站点简介、日常行为制度与工作者福利制度四个部分。

(三)表达性需求的满足

在表达性需求方面,垃圾分类工作者与居民之间的矛盾主要来自居民对其工作的不理解。为此,本项目中设计了保集半岛文化晚会,旨在丰富社区的文化生活的同时,宣传垃圾分类定时定点的相关知识及其必要性,以便让居民对垃圾分类工作者多一分理解。此次活动以情景剧的方式展现垃圾分类工作者的工作和困难,使社区居民能更加理解垃圾分类工作者的难处,有利于和谐社区的建设;而问答游戏的形式能调动居民积极性,既能宣传知识,又能促进居民的参与和融入,强调社区中居民的个人使命感与社会责任感。此外,社区活动的开展也积极推动居民之间的交流,提升居民的幸福感。

三、探索垃圾投放站工作者的服务设计

综上所述,"垃圾分类工作手册倡导"项目在项目设计与具体实施的过程中还存在着不少值得称道之处,而这些亮点以及从中"提取"出来的经验也在一定程度上为社区工作者今后进一步探索垃圾分类治理的有效途径提供了新的思路。

（一）三方联动——用理解化解矛盾

尽管该项目的各项服务活动从其服务的内容和服务的形式而言,各有其独特之处,但是作为一支外来团队,从下至上的行动路径无疑是我们的首选。无论是茶话会还是文化晚会,都是由居民作为活动的服务对象与主要服务设计者,调研小组只作为协助者邀请社区工作者和垃圾分类工作者的加入以促进居民、垃圾分类工作者与社区工作者三者之间的相互了解。通过调研发现,垃圾分类工作者与社区工作者和居民之间会存在间隙,单单在垃圾分类工作者内部组建小组以排解压力是无法在源头处解决问题的。基于此,需要搭建让上述三方得以互动交流的平台,茶话会的想法便由此产生并得以实践。本项目以垃圾分类工作者为主体,同时邀请社区居民、社区工作者的参与,让三方在一个舒适的环境中吐露心声,将平时的想法说出来,共同商讨解决的对策。

（二）从上至下——制度倡导的尝试

在垃圾分类这一热点话题下,仅依靠居民的努力是远远不够的,

于是笔者做出了尝试,希望由上到下的改变如今垃圾分类工作者面临的困境。虽然目前鲜有社区做过此类尝试,这样一来手册的设计便缺少了可供参考的依据。但这并没有阻碍项目的推进,笔者依旧从垃圾分类工作者出发,明确垃圾分类工作中的几个责任主体,进而确定他们各自的责任与义务。当然倡导类的项目并不是一蹴而就的,倡导的成功需要契机,但就本项目做出倡导的这一步而言,无疑是极其有意义的。

第二编

社区融入服务

社区作为社会成员生活的场域和社会构成的基本单元，是实现国家良性治理的基石。随着城市化进程的加快，过去的"熟人社区"逐渐被"陌生人社区"所取代。在城市化的过程中，居民享受到了更加美好的生活，与此同时，社区中涌入的大量外来人口也导致社区中出现了新的难题。

目前我国社区居民融入的程度较低，社区居民之间的关系淡漠，参与社区活动的程度以及对社区的认同感和归属感降低。促进社区融入不仅可以促进居民参与社会治理，也会对当地居民的经济生产及生活方式等方面产生影响。就居民个体来说，通过促进居民融入社区，增加居民间的交流活动，以提升居民间的互动来提升他们对小区的认同感与归属感，并以此为基础长期培养居民参与社区公共事务的意识。就社会层面来说，居民的社区融入是社会治理核心所在，能够在一定程度上缓和社会矛盾，维系社会稳定。因此，促进居民融入社区既是新时代背景下保障和提高民生水平的客观需要，更是对我党"以人为本"社区治理政策号召的积极回应。基于此，社会工作作为一门应用型学科，是改善社区基层治理、促进社区融入的一支重要力量。在本项目中，社会工作通过专业的分析和调查研究，针对不同社区现状和问题，聚焦社区居民融入社区现象，以"情"为主题，构建新型有情互助的和谐社区，通过居民之间"异家亲"以促进居民更好地融入社区，参与社区建设，增加对社区的认同感和归属感以维护社区稳定。

第五章　初　始　社　区

第一节　轸　水　社　区

一、社区的现状

（一）轸水社区简介

轸水社区总面积约 0.3 平方公里,地处 WC 北部,辖区范围东起八一北街,南连丰亭西路,西至五星公园,北止于环城北路。该社区距 JH 市各类机关单位,如公安局、出入境管理局等距离较近。社区东侧八一路有五个公交站点,多路公交车可到达 JH 市中心和周边地区,还另设有共享单车投放点;北接环城北路南侧紧邻沪昆高铁,

图 5-1　轸水小区

距高铁站仅 3.5 km,交通网完善,居民出行方便且方式多样,可选择空间大。社区内部有楼房 57 幢,楼道 163 个,现有住户 1 913 户,共有人口 4 890 人;社区及其周边区域辖区内共有楼房 64 幢,198 个单元,2 185 户。居民宅主要户型为 70 平方米的两室一厅和 90 平方米的三室。房子售卖价格在 1.51—2.56 万元/㎡,房租价格在 1 500—2 200 元/月,租售比约为 1∶600 左右。

(二)轸水社区组织结构

1. 社区内正式结构和组织

(1)社区居委会

自 2010 年以来,轸水社区就一直被祝福居委会管辖,居委会对包括轸水社区在内的几个社区进行管理,并采取轮流驻扎治理的方式。但是由于这种方式不利于对社区内的情况进行了解与管理,因此,轸水社区居委会的筹备工作已经开始,并在 2020 年 11 月份准备成立。

(2)业主委员会

业主委员会作为群众组织,由轸水社区内民主选举产生,大部分成员为社区内退休职工,年轻人较少,它依托轸水社区发挥作用,代表业主的权益,并对社区内的大小事务进行协商与管理。

(3)物业

目前对轸水社区负责的物业公司是兴源物业,该物业仅对社区内部情况进行负责,轸水社区外部周边地区以及社区内的幼儿园与学校等不受到物业的管辖。

(4)综治警务室

综治警务室驻地在物业内部,是社区内警务室与派出所联合组成的一个组织,有片区民警驻扎,轮流排班,负责社区内的安保问题。

2. 社区权力和领导

(1)选举政治

社区内的部分机构,如业主委员会与居委会等,由社区居民选举

图 5-2　物业服务人员公示栏

产生,尽管这在一定程度上保障了社区内的民主与公平。但是由于社区内居民自身选举意识与民主意识的不足,选举政治给社区居民带来的利益有限。

（2）社区政治

轸水社区正在从祝福居委会向轸水社区居委会进行转移,业主委员会与综治警务室长期驻扎于物业办公处,四者共同构筑出轸水社区的政治体系与管理体系。

二、社区的历史

（一）成立之初

建成于 1996 年的轸水社区属于老旧社区。在成立之初,轸水社区受到轸水社区居委会管辖,并且配备有教育基地,如小学与幼儿园,以及娱乐基地,如篮球场等基础设施。

（二）社区权力机构变化

2010 年 10 月份,轸水社区与部分军民社区、原祝福社区整体合并组成祝福社区,受祝福居委会管辖。此后,轸水社区的权力机构与服务机构发生分野,以社区围墙为简单界限,社区内归物业管辖;而整体轸水社区,即轸水社区及其周边地区受到祝福居委会整体管辖。

（三）社区改造时期

2018 年，顺应 JH 市老旧社区改造工作，WC 区大力推进城市有机更新。轸水社区作为 65 个老旧社区之一，目前正在接受改进工作。改进工作主要包括：社区内基础设施的翻新与重建，如篮球场的重建、停车位的增加、管线的重新安装等工作；新设施的增加与完善，如车辆进入安全系统、雨污处理系统等的安装；社区内环境的改造，如垃圾分类工作的开展、社区内楼房的粉刷工作等。经过改造，轸水社区的面貌获得了极大地改善，正在由老旧社区向现代化城区迈进。

（四）社区内权力机构再次变化

尽管轸水社区已经受到祝福居委会长达十年之久的管辖，但是由于该居委会管辖范围较大，且采取轮流驻扎的方式，难以顾及每个社区的需求。因此，他们的服务已经难以满足轸水社区日渐发展的需要。为满足轸水社区的需求与呼声，轸水社区将于 2020 年 11 月份进行居委会选举，成立轸水社区居委会，对轸水社区进行直接管辖。截至目前，居委会成立工作仍在紧张筹备中。

三、社区自然环境与设施

（一）自然环境

1. 区位边界

轸水社区地处 WC 北部，紧邻 JH 市公安局出入境管理局。其范围东起八一北街，南连丰亭西路，西至五星公园，北止于环城北路。此外，轸水社区周边有 JH 市城市规划设计院、JH 教育学院、JH 市中心医院、JH 东站、JH 市公安局等 JH 市标志性设施，距市人民广场及中心商务区距离较近。这也就说明，轸水社区受其区位因素影响，在整个 WC 区占据较好的地理位置，与各种基础设施距离较近，经济、教育、医疗、交通乃至治安等情况发展都较为完善。

图 5-3　轸水小区周边环境图

2. 环境设计

轸水社区内绿化情况一般,绿地面积占比约为 25%。尽管不满足新区住宅建设的绿地率不低于 30% 的要求,但是满足老旧区不低于 25% 的要求,整体绿化情况符合国家要求,但是相对来说绿化程度较低。且轸水社区内绿化分为低矮灌木绿地与竹林、高大树木三种类型:低矮灌木绿地较少,大多数种植于居民楼与道路两侧的花坛内,观赏性作用明显。由于受到社区内规划与公共用地面积不足的影响,社区内无大面积绿地分布,低矮灌木绿地呈现出块状分布、面积较小、数量较多、零星分布等的特点。竹林分布最少,大多分布在公厕周围,呈现出簇状分布的特点,绿化作用较强。树木在轸水社区内占比最高,数量最多,分布也最为广泛。它们多分布在居民楼、道路以及各种各公共设施周边,与花坛错落分布,树龄较长,多为高大树木,高度可达两层居民楼,是轸水社区内绿化的主要组成部分。

3. 社区绿地规划

(1) 土地状况

轸水社区建成初期,依据轸水社区辖区内复杂的地形来进行社区规划,道路大多为坡地,平地作为楼房建筑用地与其他基础设施,如篮球场、幼儿园等用地。受地形的限制,轸水社区的楼房规划不整齐,道路崎岖,坡度较陡。此外,由于老旧社区规划较早,后期扩建与基础设施的添加都会受到原有规划的影响,因此形成了如今轸水社区内受地形与初期规划制约而导致的规划较混乱、不够整齐的特征。整体来看,社区内整体规划较混乱,楼房号码采取左偶右奇的格式,楼房排列不够整齐,依据地形而发展与建设的特点明显。受到楼房建设与规划不够整齐的影响,社区内的道路规划与停车位规划也相对混乱。

(2) 土地使用

坡地多用于道路与绿地建设,且道路狭窄,绿地仅占总面积的25%;平地多用于楼房与娱乐基础设施等建设,拥有四处健身器材与一处篮球场等,占地约800平方米,道路占比约为三分之一。

(二)基础设施

1. 社区内部

(1) 教育设施

社区成立之初即建立有两所幼儿园与一所小学,其不仅面向社区内居民,也面向社区外部儿童。目前还有一处综合艺术培训基地,然而,该社区中无中学,大部分的教育基础设施均为12岁以下小学儿童与幼儿准备。

图 5-4 轸水小区篮球场   图 5-5 健身器械

（2）娱乐设施

社区内设有四处体育器材与一处篮球场，以及一处休闲亭。此外，社区入口均有棋牌室。体育器材与休闲亭使用频度较高，体育器材多为年轻人与老人在早上与晚上使用，休闲亭多为白天老人聊天使用，棋牌室多为退休老人使用，篮球场使用频度较低，尽管会有年轻人打篮球，但是大部分情况下，儿童也会在此处玩乐。此外，篮球场还兼作晚间娱乐活动举办的场地。

（3）交通设施

轸水社区内道路多陡峭，少平坦路径；道路一侧设有停车位，另一侧可供无车位车主晚上暂停使用，因此，道路更加狭窄。居民多数拥有车辆与电瓶车，公交、电瓶车与汽车构成了社区内居民出行的主要交通方式。社区内车位仅 400 个，但是社区内现有车辆约为 1 000 辆，大量的车辆无处停放，占用道路甚至是消防通道。

（4）消防设施

社区内消防设施较为齐全，每栋楼均配备有灭火器，且物业会定期检查与更换；但是，由于不少无车位车辆会随意停放，占用消防通

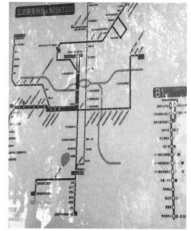

图 5-6　共享自行车　　　　　图 5-7　BRT 公交车路线图

道,再加上该社区特殊的楼房号规划与一般社区不同,普通居民也难以辨识清楚。因此,如果遇到失火等需要救援的情况,社区内居民与消防员均难以准确辨识失火地,易耽误救援时间。尽管社区内有一家消防,但是不对社区服务,社区需依靠外来消防队伍。因此,综合判断来说,该轸水社区的消防基础设施尽管完善,但是消防能力与效率一般。

（5）生活设施

有多处电动车停车位与充电桩,社区内生活用品店、超市以及汽修店乃至棋牌室等各种生活娱乐设施齐全,此外有三处蜂巢快递柜,三处公厕,多处分类垃圾桶、垃圾分类投放点与垃圾房。尽管没有医院,但是有一处医药房。道路内有 35 个摄像头,路灯分布较齐全,外卖可进,可以满足居民日常生活需求。当然,由于社区内无地下室,因此建设有辅房,此处也缺少晾衣场地与设施。尽管没有阳台,但是居民们仍旧选择自行安装晾衣架,将衣物晒在窗口。

（6）公共设施

社区内有排水设施雨污管网、垃圾分类投放点以及汽车进入监控系统等智能系统,这标志着社区内的服务逐渐完善并不断发展。此外,社区内也配备有统一的供水系统、热力系统、弱电系统、公共照明设施、设备房以及物业用房等。

(7) 商业服务与经济

轸水社区内各种较大的超市与商店约有 4 家,此外各种鲜奶店、汽修店等也都存在,轸水社区空地处日常可见卖衣物等杂货的小摊,满足居民日常购物生活等需求。

2. 社区外部

(1) 教育设施

社区周边地区有两所小学,三所中学以及四所职业学校与高等教育学校,与社区内的幼儿园和小学相辅相成,构成一套完整的教育系统,可以满足社区内居民的教育需求。

(2) 娱乐设施

社区外部存在各种娱乐场所,如棋牌室、美容等,较远的地区有五星公园与购物广场等大型娱乐设施,丰富了居民的日常休闲娱乐生活。

(3) 交通设施

社区外部公共交通出行方式包括共享单车、公交、高铁、火车等多种出行方式。轸水社区东门紧邻公交站点,南门紧邻十字路口,人流量与车流量均较大。

(4) 医疗设施

虽然轸水社区内无医院,仅有一家大药房,但是社区附近约有九所大型医院,距轸水社区1.2—2.7公里,且有直达公交等出行路线,医院服务范围均较大,可以满足社区内居民的就医需求。

(5) 生活设施

轸水社区外部有各种水果店、酒店、宠物店、理发店、书店以及菜市场等设施。北园社区附近约有十处知名餐饮,较近的如八一北街沿线餐饮不足 200 米,有六家购物超市,最近 600 米,最远 1.3 公里,可以满足社区内居民日常购物生活需要。

(6)商业服务与经济

轸水社区外部除各种娱乐设施与生活设施之外,还提供其他的商业服务与经济服务,如邮政、房产中介与保险、银行等一应俱全。八一北街附近就有四个银行,分别是中国工商银行 24 小时自助银行,中国工商银行轸水支行,中国邮政储蓄银行以及中国邮政储蓄银行 24 小时自助银行。此外,轸水社区西侧也有六家银行,最远约 800 米,步行不超过 12 分钟。这也是轸水社区附近商业经济与服务较为发达,并且能够较好地满足包括轸水社区在内的大量居民经济需求的一个证明。

3. 社会服务

(1)老年服务

轸水社区内设置有老年活动室与星光老年之家,主要为老年人提供休闲娱乐与养老服务。此外,物业也经常在社区内举办各种适合老年人的娱乐活动,如戏曲晚会等。

(2)残障服务

轸水社区内有残障人爱心家园,旁边设有残联宿舍,旨在保障社区内残障人士的权益并提供相关的帮助。

(3)社保服务

社保家园为社区内孤寡老年人、残疾人士等特殊群体提供文化娱乐、健康讲座、学习健身、日托送餐、法律援助等服务。

四、社区居民

(一)社区住房情况

轸水社区属于老旧社区,于 2017 年开始接受老旧社区改造。共有楼房 57 栋,分为普通住宅区与别墅区。楼栋排列采取左偶右奇的格式进行排列,一般人难以辨认。普通住宅居住成员以家庭为单位,

其中还包括部分监狱老干部住宅。这些住宅年代较久远,外观老旧,
楼层多为六层,每一层楼高度较低,楼道低矮,内无摄像头与防盗门,
无地下室,有辅房承接地下室功能。且不同楼栋之间单元分布不一、

图5-8　轷水小区普通住宅区

图5-9　殿苑

楼房长度不一,比如不同楼栋会出现 1、3、6 等不同单元分布。当然,社区内还有金殿苑,属于供电局干部住宅,金殿苑尽管位于轸水社区内部,在管理上与其他住宅区无区别,但是单独划分,且有大门。金殿苑楼房外观较新,各种道路规划等用地更加宽裕。整体来看,轸水社区房屋空置率约为 20%。

(二) 社区人口情况

1. 社会人口情况

社区内外来人口较多,占比三分之一以上,多为自由职业者,即做生意的小商贩等。此外,该地区老人与儿童较多,一般以家庭为单位居住,单身独居人口较少。

2. 职业情况

轸水社区内外来人口与老人儿童较多;大部分外来人口为自由职业者,即各种小商贩,在轸水社区周围做生意;而老人多数为退休人员,比如有部分水电局干部,WC 区监狱退休老人在此居住。其余的年轻人分布较广,有来自食品公司、医院、供电局等企事业单位的职工。因此,我们可以初步判断出轸水社区内居民职业种类较多,情况较为复杂。

3. 受教育程度

社区内受教育程度在年轻人与老人之间出现分野,老年人受教育程度普遍不高,以初中级文化程度为主,拥有专科及本科以上学历者占比约 10%。而年轻人受教育程度较高,大多数经受过高等教育。

4. 文化与民俗价值

由于社区内老年人比较多,因此,社区内各种活动与规章制度都会考虑到社区内的老年人,轸水社区目前已经形成了敬老爱幼的文化氛围,推崇孝道等传统美德,这些可以见于社区内开展的各种老年文化娱乐活动以及社区内各种尊敬老人的标语。

五、社区资源汇总表

1. 社区资源检查表

表 5-1 轸水社区资源检查表

	本社区必须运用的资源	已存在的资源			现不存在的资源	
		已使用的资源	尚未使用的资源	无法使用的资源	可开发的资源	无法开发的资源
人力资源：社区领袖、政府领导、志愿者、专家学者、专业人士	1. 居委会、业主委员会、物业、综治警务室 2. 浙师大与其他地区的志愿者经常为其提供服务 3. 社会各界专家与专业人士	1. 居委会、业主委员会、物业、派出所 2. 浙师大与其他地区的志愿者	尚未成立的社区居委会	无	社会各界专家与专业人士（资源较少，难以挖掘）	无
物力资源：物质资源、设备	教育：幼儿园与小学；娱乐设施、交通设施、消防设施与各类生活设施，以及公共设施	教育：幼儿园与小学；娱乐设施、交通设施、消防设施与各类生活设施，以及公共设施	无	无	中学等更高级的学校；电梯与防盗门、摄像头等安全设施。	大学学校（财力不足）
财力资源：各种来源的资金	政府拨款；如老旧小区改造工程用款	政府拨款、物业收取、社区居民自发筹集	社会捐款	无	无	无

2. 社区资源点存表

表 5-2 轸水社区资源点存表

	社区内部资源		社区外部资源	
	正式资源	非正式资源	正式资源	非正式资源
人力资源：社区领袖、政府领导、志愿者、专家学者、专业人士	居委会、业主委员会、物业、综治警务室	社区中能够得到其他居民认可，但是并未进入业主委员会的社区居民	社会各界专家与专业人士	浙师大与其他地区的志愿者

（续表）

	社区内部资源		社区外部资源	
	正式资源	非正式资源	正式资源	非正式资源
物力资源:物质资源、设备	教育:幼儿园与小学;娱乐设施、交通设施、消防设施与各类生活设施,以及公共设施	大多数为居民自行安装,比如晾衣架、部分管道等	教育:中学与大学;大型娱乐设施、交通设施、与各类生活设施,以及商业经济服务设施,如邮政、中介、银行以及保险等	
财力资源:各种来源的资金	物业收取:物业费等	社区居民自发筹集:如居民自己筹款安装晾衣架、改造管道	政府拨款:如老旧小区改造工程用款	社会捐款等:暂无案例

第二节 斗木獬社区

一、社区的现状

（一）社区历史

斗木獬社区本质上是农村社区。原本的老村地址由于受到2002年左右引进化工厂的影响,经过十余年的调整和协商,居民于2013年左右达成了分地方案,村里于2013年10月1日通过抓阄形式分完新社区宅基地后,于2013年下半年开始陆续有村民开始在新社区建房,现如今已经有两批迁建村民入住,但目前尚有十余户村民未改迁,第三批迁建工程尚未启动。2020年12月4日,斗木獬社区入选2020年ZJ省卫生村名单。

（二）社区的自然环境与设施

1. 区位和边界

斗木獬社区位于乾西乡辖区,东临乾西乡上陈社区,南临JH

江,西向西二环北路,北靠乾西乡中心小学,距离市中心约 5 km,斗木獬社区附近有栅川于氏宗祠、601 别墅、双龙洞、双龙风景名胜区、市博物馆等旅游景区。

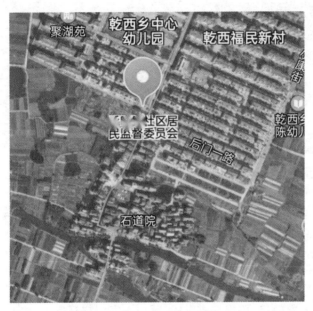

图 5-10　斗木獬社区地图截图

2. 环境设计和土地使用

斗木獬社区大部分住房为拆迁房,属于集体拆搬迁,整体布局整洁美观,周边还有部分错落分布的居民自建房。社区内道路宽敞整洁、大部分住房门口有绿色植株,也有种植花果蔬;社区内有人负责定期打扫,尤其在文明城市创建活动之后,社区新增公共篮球场和各类绿化设施,整体环境得到了很大提升。老住房区靠近马路处有一个湖,少数居民会在这里洗菜,没有防护栏等安全措施,只是靠近马路那一侧地上安有安全桩,在湖边立有警示牌。

3. 交通

社区外部:沿着盛会街往北第一个十字路口附近有湖头公交站

图 5-11　拆迁房　　　　　　　　　图 5-12　自建房

和上陈公交站,居民可乘坐 303 路、339 路、808 路公交车,距离市中心约 6 公里,乘坐 339 路和 303 路公交车可直达,也可以通过打车的方式前往。

社区内部:以盛会街为主干道,主干道非常的平坦、宽敞,小路通到每户人家门口,房屋交错纵横,每户人家门口还配有一定数量的停车位。

4. 基础设施

小区内有垃圾集中处理点、停车场、休闲广场、篮球场、健身器材、湖泊、商铺、幼儿园等;社区内生活基础设施相对完善,且环境优美。但社区内缺乏必要的公共娱乐设施。目前社区主要的社交聚集地(俗称"八卦站")是社区党群服务中心所在的街道同社区幼儿园旁的公共篮球场交会的十字路口。傍晚的时候很多社区居民在街道上进行社交,但是也存在着一定问题,比如原本应该作为社区老年活动中心的办公楼因为验收问题一直没有交付给社区,就没有室内场所供居民日常娱乐和社交。所以很多居民有着娱乐需求,但只能在社区道路边和广场上闲聊,很多居民对此很不满意。

社区内部没有药店、诊所,但是位于盛会街的药店诊所距离社区很近。社区内部没有银行和 ATM,居民需要到较远的别处银行办理业务。

图 5-13 垃圾集中处理点　　　　图 5-14 幼儿园

5. 社会服务

社区内目前设有党群服务中心,很多政务都可以在社区内完成。党群服务中心内还设置有矛调中心,但是据值班人员所述,目前矛调中心并未接收到任何矛盾调解的诉求。社区内部也并未针对矛调中心进行过相应的宣传。社区里没有老年活动室,原本应该作为社区老年活动中心的办公楼因为验收问题一直没有交付给社区,所以居民平时就在楼下聊天或者在休闲广场活动。社区很少举办活动,在重阳节时会发礼品,居民自行到指定地点领取。此外,社区也未曾为新 WC 人办过活动。有居民表示不知道有社工站,且很少会和社区打交道。

6. 商业服务和经济

小区内部的商铺众多,包括超市、早餐店、美容店、五金店、家具店、饭店、培训机构、理发店等,能够满足居民们的日常生活需求。此外附近还有幼儿园和小学,各类兴趣培训班也很多,可以满足居民的多样化教育需求。社区居民主要是通过开店做点小生意、出租房屋、在一楼开小作坊做手工还有进城务工获取收入。据一位本地阿姨说每年有 500 元补贴,村集体资金来源和花销都有公示。

图 5-15　盛会街主干道一旁的店铺

（三）社区居民

1. 社会人口情况

自 2014 年原村民陆续搬迁至新社区以来,新社区改迁工程已有本村居民 500 多人搬入新家。同时,社区内还有租住本地居民自建房,并在当地工作,孩子在此上学的外来住户 1 500—1 600 人。

2. 住房状况

社区大部分住房为拆迁房,属于集体拆搬迁,加上社区建成年限在 2013—2017 年左右,所以外立面较新,布局规划也比较规律整洁。调研小组走访了解到社区内部分房子已用来出租,租户大多是外来务工人员。

3. 职业状况

社区内以老人、儿童以及外来务工等人口居多,老人主要是带孙子孙女;外来人口则主要作为自由职业者,经营餐馆、超市等,做些小生意;本地其余居民或是作为房东,通过出租房屋获得收入来源,有些则是进城务工,还有的居民会在自家楼下开个小作坊,自给自足。

4. 文化传统、民俗和价值观念

由于从老村易地搬迁,村内的许多物质历史文化遗产都无法搬迁,加之目前村内多数为外来人口,社区目前尚未形成特有的文化传统和民俗,和江南一带的民俗文化较为相近。这次走访刚好赶上社区举办的重阳节活动,从居委会成员处了解到,社区在一些重大节日比如春节、端午节等也会开展活动,会给居民发礼品。此外,在一些非特定节日社区也会开展一系列活动,比如有关家长教育的讲座等。

5. 社区居民的理解能力

此次所访谈的本地居民基本都能够听得懂本小组成员的提问,也能够给予回应,理解能力较强。

(四)社区内正式结构和组织

1. 社区直接提供服务的政府组织、非政府组织

(1)政府组织

社区内目前设有党群服务中心,很多政务都可以在社区内完成,党群服务中心内还设置有矛调中心,但是据值班人员所说,目前矛调中心并未接收到任何矛盾调解的诉求。社区内部也并未针对矛调中心进行过相应的宣传。

(2)非政府组织

走访过程中,了解到社区有链接志愿者团队,他们在开展活动时也会前来协助。

2. 驻扎在社区的政府机构和企事业单位(辖区单位)

派出所。在幼儿园旁边有一个派出所,社区治安比较好或许有部分原因就是因为派出所的存在。

(五)社区权力和领导

1. 选举政治

该社区内的选举方式与 JH 市其他社区相同,针对本地居民,外来居民并未拥有本地的选举和被选举权。而在社区的日常事务中,外地居民也往往无暇参加。笔者认为社区的选举在一定程度上没有真正做到公平公开公正,这不利于推进基层民主政治建设。

2. 行政管理政治

斗木獬社区和其他社区一样采用的是网格化管理,设有网格指导员、网格长和专职网格员。社区的网格指导员分别由联社区指导员、联社区民警、法律顾问担任,网格长由社区支部书记担任。社区网格员能够与群众保持联系,了解民情,转达民情,解决民情,帮助政府完成社区的管理与服务,最大限度地减少矛盾,促进和谐。

3. 市民政治

市民政治具体表现在人们的政治理想、政治理解、政治参与积极性等。斗木獬居民的政治参与度、参与热情并不高。外地居民对于本地社区权力的兴趣也不高,他们更加在意的是租房房价、孩子入学以及工资收入等。

4. 社区政治

社区政治功能主要包括社区的自治功能、社会管理功能和整合功能三个方面。自治功能与市民政治有着较为紧密的联系,通过走访了解到,斗木獬社区居民参与社区事务的积极性还不够高。在社会管理方面,社区在治安、环境、卫生方面做得比较很出色。但在服务和文化上面相对薄弱,虽设有相关部门,但居民对相关部门的职能不够了解,因此几乎没落到实处。

二、资源点存情况

表 5-3　斗木獬社区资源点存表

	社区内部资源		社区外部资源	
	正式资源	非正式资源	正式资源	非正式资源
人力资源	乾西乡移民小康社区居委会;斗木獬社区支部委员会	志愿者;居民微信群;清洁工	乾西乡社工站	志愿者
物力资源	乾西乡中心小学;乾西乡中心幼儿园;休闲广场,商铺(早餐店、餐馆、便利店、超市,五金店,文具店,培训机构,美容店,理发店)	停车位;路灯;监控器(部分);指示/警示牌;垃圾集中处理点;居民自种花果蔬;湖	乾西派出所;菜市场;卫生院,药房;公交站	流动摊位
财力资源	居民服务收费		银行;基层政府支持	

第三节　云宫社区

一、社区的现状

云宫社区建于 1995 年,其中云宫小区、红旗小区、联建小区和南滨花园四大小区于 95 年至 97 年期间作为 JH 市最好的、最高档的小区来配套建设;而十大小区,如通和苑、江南大厦、四通大厦、云都大厦、环球商务大厦、农事寨等于 2000 年后建成。云宫社区有一个特色:即城中村。这个城中村是飞地,因当地居民的建房需求不能满足于土地分配,将一部分的居民迁到云宫社区,云宫社区划出一块地用于安置这些居民。因此,这些居民居住在云宫,户籍也在云宫,但他们的事务管辖权属于原先所在地。这是当时为了解决矛盾衍生出来的产物,就目前来看,这类城中村的矛盾比较突出。

经过 20 多年的风雨历程,云宫社区基础设施薄弱、功能陈旧、环境破败、居民矛盾尖锐等问题凸显,自钱淑芬(已化名)书记来到社区后,对云宫社区进行了全方面的改造与治理,2019 年云宫社区以 98

的高分位列全市一类社区榜首,实现了老旧社区的逆袭与转变。至此,云宫社区根据社区特色,建设各类品牌,探索云宫社区的未来发展道路。

二、社区自然环境与物力资源情况分析

(一)区位与边界

三江街道云宫社区地处 JH 市 WC 区江南繁华地段,被双龙南街、八一南街两大城市干道,以及宾虹路、李渔路所围合。占地面积为0.49平方公里,位于市政府东北方向,西邻世贸中心,东隔八一南街与信华花园相望,北邻南苑中学,南通 JH 商城,商贸繁荣。辖区内业态类型丰富,有商铺 500 多家、居民小区 15 个,是一个集商业圈、生活圈为一体的混合型老旧小区。该社区主要由云宫小区、联建小区、南滨花园、红旗小区四个小区组成,另外包括 11 个较为零散的居民小区。

图 5-16　云宫社区卫星图

(二)环境设计与土地使用

三江街道云宫社区地处江南商圈繁华区域,是开发区商业行业文明形象的重要窗口,辖区内业态丰富,聚集了银泰百货、一百江南店、福泰隆超市、世贸中心等大型商场、超市 15 家,小微商铺 241 家,

两新组织党组织 12 家,社会组织党支部 4 家,居民住宅小区 14 个,城中村一个,社区党委下设 3 个党支部。经过实地走访,调研小组发现云宫社区内绿化环境较好,楼宇之间都会栽种花草树木,打造出一种舒适的氛围。同时,社区内各小区公共绿地建设观赏性较强,在提供居民健身休闲场所的同时达到小区文化教育的目的。社区在土地使用方面主要将土地作为建设用地,联建小区与红旗小区由于面积较小停车位与空地较为紧张。社区内房屋较为密集,部分小区墙体老化、电线外露,整体而言多为老旧居民房。

（三）社区环境

1. 社区外部

云宫社区居民委员会附近有诸多公共基础设施与场所,包括 JH 市政府信访局、市政府、市国土资源局、市物价局、中级人民法院、WC 区法院等政府机关单位;福泰隆广场、中洋购物中心、龙腾服饰商场、中洋购物中心、金发广场、兰溪商业街、福泰隆广场等商业购物场所;还有同济医院、汽车南站等基础设施。整体而言,社区外部交通发达,公共基础设施较为完备,人口日流量较大,出行便利。另外,社区外部也有较多学校、公园、少年宫等,但距离相对较远。学校如:西苑小学、南苑中学、第五中学、JH 市建设技工学校、第八中学、市老年大学等,主要以中学为主。

2. 社区内部

小区道路平坦、宽敞,且联建、南滨、红旗三个小区依次排列于商业圈一侧,距离极近,但云宫小区与其他几个主要小区区隔较远,距离社区居委会也相对较远。几个主要小区中,联建小区较为封闭,对外来人员进入有较大限制;而红旗小区由于内部业委原因,实际上在发展上较其他小区滞后。社区内小区由于多为老旧小区改造,面积较小,小区内没有地下停车库,且道路之间较为狭窄,空地面积不足,停车位较紧张。各个小区内部建筑均有明显标识,每栋楼排列有序,社区道路简单好认。四大小区中,南滨花园开放性最强,面积最大,道路最宽,小区内各类商铺较多。总体来说,各小区界限清晰,小区内公共活动场所较少,居民之间交流较少。

图 5-17 云宫社区交通与社区周边资源

（四）基础设施

由于社区内外部商铺多,外部设施完备且距离近,因此,社区基本能够满足社区居民的日常生活所需。但联建小区与红旗小区内基础设施利用率较低,基本处于闲置状态。

1. 红旗小区

红旗小区较小,设施较少。公共休闲场所 1 处,麻将馆 1 处,网格红星驿 1 处。而实际上这些设施基本上多处于闲置状态,使用率极低。小区内车位严重不足,业委会与居民间由此关系较紧张,网格等资源未发挥应有的实效。

2. 南滨花园

南滨花园内有云宫社区党群、业委会、物管处等机构,同时,小区

图 5-18　红旗小区内部资源

外附近设有同心驿站。南滨花园相对开放，小区内绿化较好，有食品安全主题公园等特色休闲空间、宣传建筑，公共休息场所较多，且小区附近的一处休息场所有较多附近居民前来使用。

图 5-19　南滨花园内部资源

3. 联建小区

联建小区整改前后的效果是显而易见的，以"睦邻共享"与"蝶变"为宣传主题,但实际上部分设施使用率依然较低。小区内设有一处理疗馆,附近有一个律师事务所。

图 5-20　联建小区内部设施

4. 云宫小区

云宫小区外有一条商业街,内部设有一处集中娱乐设施场所、一处爱心晾晒区,居民使用率较高,社区氛围融洽轻松。同时云宫小区为海绵城市建设试点小区。小区内建筑以展示"和"理念与"会呼吸的绿地"为主。

图 5-21　云宫小区内部设施

5. 目前缺乏的基础设施

尽管社区内部的基础设施建设已相对完备,然而,在满足居民日益增长的需求方面,仍存在一些显著短板,特别是停车位的紧缺以及电瓶车充电桩的不足,成为当前亟待解决的问题。

(五)社会服务

云宫社区内设有残疾人爱心家园,宣传中开设有"七彩梦"——残疾人关爱项目,社工站对困境残疾人定期探访。此外,社区还设有

图 5-22 云宫社会服务品牌展示墙

图 5-23 云宫社区残疾人爱心家园

居家养老中心、向日葵亲子教育基地,以及两大品牌项目——"爱心手作坊"妇女赋能项目和"四点半学校"关爱未成年项目。

三、社区经济与财力资源情况分析

（一）经费来源

云宫社区的经费来源主要是政府拨款,实行专款专用。比如固定的文化活动,文明城市创建等活动的经费都由政府提供。但是在社区建设中,融合性活动所需经费则需要社区自行筹备,而书记选择的是与商圈进行联盟。

（二）商圈与社区联盟

1. 商圈繁荣

从全局视角审视,云宫社区内的机关事业单位数量相对有限,目前主要涵盖物价局和轨道集团两大机构。然而,云宫社区凭借其优越的地理位置,位于江南商圈的璀璨中心,成为了开发区商业文明形象的重要展示窗口。在这片充满活力的土地上,业态琳琅满目,众多大型商场和超市如银泰百货、JH一百江南店、福泰隆超市、世贸中心等共15家商业巨头汇聚一堂,同时,还有241家精致的小微商铺点缀其间,共同构建了一个繁荣而多元的商业生态。

2. 商圈如何参与社区活动

据了解,云宫社区与商圈组建了微信群。每当社区开展活动,社区工作人员会在群内知会商圈人群,群里的商家会纷纷回应,表示自己能够在此次活动中提供资源。因此,社区与商圈合作,是一种互利共赢的局面。其一,在社区举行活动时可以扩大他们的影响力;其二,商圈和群众更加融合;其三,发挥了资本的社会效能,反哺社会。商圈与居民其乐融融的场景正是云宫社区近年来努力的结果,并成功打造出了集商贸圈、居民圈于一体的综合社区。

（三）不足与改善

云宫社区的资金来源主要是政府拨款,通过和商圈的合作可以获得的帮助也仅限于活动中的一些设备和礼品。目前来看,云宫社区可开发的资源较多,可以与社会其他组织进行合作;也可以从社会捐助中获得资金;亦可以利用服务收费的方式获得一定的资金,比如其特色"爱之伴"暖心服务团队是南滨花园小区中微网格长组织起来的,可以向外拓展,发展到其他社区并进行服务收费。另外,云宫社区对于非正式资源利用的较少,可以在此方面外扩。

四、云宫社区人口概况与人力资源情况分析

（一）人口概况

据调查,云宫社区人口共分为两类:常住人口和商圈人口。常住人口主要是以小区居民为主,总共有 8 970 人左右;商圈人口大概有 2 000 人左右,且日均人流在 10 000 左右。云宫社区老年人口较多,仅户籍人口就有 888 人,约占总人口的 10%。总体来说,云宫社区属于人员密集场所,偏向老龄化社区。云宫社区四大小区包括云宫小区、红旗小区、联建小区和南滨花园。云宫小区于 95 年建成,如今作为老旧小区改造最成功的典范,有 15 幢,共 400 户;红旗小区有 11 幢,共 380 户,居民党员占比大,在册党员 32 名,在职党员 40 多名;联建小区是四小区中最小的一个小区,属于江北旧城区胜利街拆迁户安置房,共 5 幢,18 个单元,有 225 户人家;南滨花园于 1997 年由公安系统、银行系统集资建房,居民以机关事业单位人员居多,小区整体文化水平高。

（二）党员力量

云宫社区党委下设立三个支部,总共在册党员 213 名,在职党员 226 人。特别是红旗小区其在册党员 32 名,在职党员 40 多名。为响应政府号召,红旗小区成立红星网格驿站。党员在社区中起到先锋模范的带头作用,在疫情期间成立临时党支部,是疫情防控时的抗疫先锋。红旗小区的党员引领和网格队伍建设及工作成效受到周围社区的广泛认可。

（三）居民关系

云宫社区已建成二十余年，随着居民的迁入迁出，居民关系也受到影响。调研小组主要搜集了云宫社区中的四个小区：云宫小区、南滨花园、联建小区和红旗小区并探讨其间的居民关系。

1. 云宫小区

多年来，由于政府出于城市发展规划、基础设施建设或公共项目需要而进行的土地征用工作，虽然在一定程度上推动了地区经济的发展和社会进步，但同时也遗留下了一系列复杂的问题，这些问题至今仍在当地居民之间引发着诸多矛盾与纷争。

2. 南滨花园

南滨花园建成时主要是机关事业单位人员入住，经过这些年居民迁入迁出，旧住户与新住户之间由于职业特征、生活习惯等方面差异存在矛盾。但"邻聚里"驿站的成立修复了一些关系的裂痕。

3. 联建小区

联建小区，作为一个典型的安置房小区，居民大多源自同一个地方，集体迁移至此。共同的背景与经历，使得他们在新的环境中自然而然地形成了一种紧密的联系与纽带。由于居民之间的熟悉程度较高，小区内的矛盾与纠纷相对较少。

4. 红旗小区

红旗小区由于微网格长队伍建设较好，经常举办各种反诈、义卖活动，居民关系较为融洽。小区中有两名网格员属于"爱之伴"服务团队，定期上门关心小区中的高龄孤寡老人。红旗小区在书记的带领下以及微网格长队伍的积极工作下，小区居民已培养出较强的奉献意识，如有活动的时候报名志愿者，在疫情期间主动参加防疫工作。

（四）社区工作人员配置

云宫社区工作人员紧张，没有专职委员，大多是身兼多职，社区内 500 户人家配置一名社区工作者,这也导致社区工作效率慢,工作沟通不便等情况发生。

（五）云宫社区中的居民领袖

除正式的党群服务中心、业委会、社工站之外,居民领袖也成为了社区建设与发展的重要力量。在调查中,调研小组得知云宫社区近几年正在积极进行老旧小区改造活动,由居民代表组成的居民领袖、微网格长、自发组成的志愿者团队,为社区的活动开展、矛盾调解、弱势群体关怀工作提供了中坚力量。

五、社区品牌特色与文化

（一）社区品牌特色

1. 云宫小区

小区品牌定位是新时代环保小区,在老旧小区改造中植入海绵城市理念,与未来社区接轨。力推"政府投资,居民参与"的共筑理念,发挥四级微网格长、格姐与居民齐参与的积极性,坚持"居民自治"与"改造提升"双同步的原则。

2. 红旗小区

红旗小区的特色品牌是网格红星驿站。顺应"五星红旗迎风飘扬"的小区建设理念,响应政府网格行动号召,结合红旗小区党员占比大的情况,成立网格红星驿站,发挥党员先锋模范作用,创建"1345N"双网四联红色微网格治理模式,将党建网、治理网与居民网、商圈网结合,以社区大党委为中心,实行一个小区一个党支部,构建红云支部—红云网络—红云管家三级治理体系,凝聚小区党支部、红色业委会、红色物业、小区自治四方力量,激活微网格等五项机制,建立管家队伍。

3. 联建小区

该小区的特色文化建设是睦邻共享空间。基于居民来自一个老街坊,彼此比较熟悉的情况,联建以睦邻为小区定位,打造一个供居民休闲、协商、议事与活动的睦邻空间,引进垃圾分类人脸识别智能系统,实行"两定四分法",并打造老年活动室。在每个单元、每幢楼设置楼道长与微网格长,不仅睦邻共享空间拥有一支志愿者团队,还结合楼道长和微网格长成立了一支志愿服务帮扶团队。

4. 南滨花园

南滨花园打造了特色品牌文化——"邻聚里"网格驿站,这一创新举措不仅丰富了社区的文化内涵,更通过巧妙融入社会工作的专业力量,构建了温馨和谐的社区生态。在此框架下,专为老年人设立的"为老服务团队"应运而生,他们用心倾听,细致服务,旨在为长者群体提供全方位的关怀与帮助。

(二)社区文化节日

云宫社区的社区文化节内容丰富,除了新春年货节、元旦迎新节这类大型文化节活动外,还举办元宵舞龙、舞狮文化活动、母亲节插花活动、中秋月饼节等迎传统节日的活动。

第四节 觜火社区^①

一、社区的基本情况

觜火社区成立于 2002 年 1 月,地处 JH 老城区。2010 年 11 月区域调整后,现有住户 5 869 户,人口 13 341 人,居民小区 65 个,居民住宅楼 164 栋,辖区单位 9 个,其中机关单位 3 个,学校 1 个,非公有制经济和社会组织 7 个,武警 JH 支队勤务保障大队警勤中队与社区开展 34 年军民共建,社区是全国双拥工作先进单位。

二、社区的自然环境与设施

(一)区位与边界

今觜火社区由原觜火社区、青山社区、府上街社区一部分合并而

---

① 觜读 zī。

成,现辖区面积 0.393 平方公里。东起胜利北街,南至人民东路,西临八一北街,北到通园路。

图 5-24 觕火社区卫星图

(二)环境设计与土地使用

觕火社区内,大部分道路两旁精心种植了树木,绿意盎然,为居民提供了宜人的步行与行车环境。然而,由于社区内老旧小区占比较高,这些道路相对狭窄。

(三)交通

1. 社区外部

觕火社区距离 JH 火车站 2.8 公里,距离 JH 火车南站 8.6 公里,临近银泰商圈。社区内部有多班公交和 BRT 经过。

2. 社区内部

社区内的主干道铺设得既平坦又宽敞,为居民的日常出行提供了极大的便利。然而,与之交织的巷弄网络虽富有生活气息,却也存在着部分小巷与弄堂格外狭窄的问题,狭窄到甚至难以容纳一辆三轮车的通行,为居民的日常生活带来了一定的不便。

此外,原本规划用于建设停车场的区域,由于武警支队的驻扎而不得不调整用途,导致该停车场项目未能如期实施。这一变化无疑对社区的停车资源造成了一定影响,促使调研小组更加积极地探索其他解决方案,以缓解日益增长的停车需求与有限空间之间的矛盾。

3. 其他

社区内外精心布局了多处共享单车停放点以及便捷的充电站设施,这些贴心的服务举措极大地便利了居民的日常出行与能源补给需求,为社区居民的生活品质带来了显著的提升。无论是短途出行还是紧急情况下的电量补给,都能在社区内轻松实现,真正实现了"便捷生活,触手可及"的美好愿景。

(四)基础设施

犄火社区的基础设施建设,基本能够满足社区居民的日常生活所需。社区内有育才小学、智慧树幼儿园、工商银行、医院、交通、超市、沿街商铺、免费停车场等等基础设施,设施较为完备。社区外有武警支队、城中街道办事中心、社会矛盾纠纷调处化解中心、市中心医院、四中、回溪公园、BRT、银泰商圈、人民广场等。

经过初步的资源调查,调研小组发现,犄火社区虽然在基础设施的配备上较为完善,但基础设施的利用率和可维护性有待提高。社区内部有多个消防栓损坏,免费停车场、公共垃圾桶、电瓶车充电桩少。社区西部属于典型的"老破小"社区,缺少业主委员会、外接物业等帮助管理、处理社区问题的组织,社区内部行车道狭窄,可利用率不高。

三、社区居民

(一)社会人口情况

社区现有住户 5 869 户,人员 13 341 人,居民小区 65 个,居民住宅楼 164 栋,学校 1 个。武警 JH 市支队勤务保障大队警勤中队与社

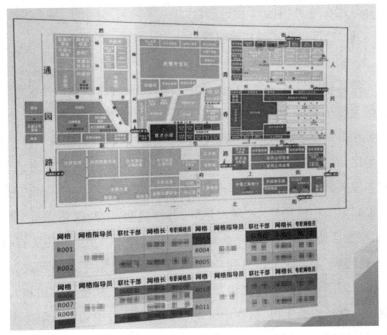

图 5-25 犄火社区简介

区开展 34 年军民共建,社区是全国双拥工作先进单位。党委下设有 13 个党支部和 2 个两新党组织,在册党员 428 名,社区报到在职党员 218 人,离退休党员 277 名占 64.4%。社区居民中经商和打工者居多。

(二)住房状况

犄火社区西部的住房多为上世纪修建,较为老旧。最近一次改造是 2020 年 10 月至 12 月,从调研小组观察的情况来看,这次改造主要是为巷道重新刷漆,但内部房屋还保持原状不变,居住人员多为退休职工;社区东部(以青春路为界)的住房大多比较新,楼房层数较高,有大型写字楼,居住人员年龄分布较为广泛。

(三)职业状况

犄火社区的居民以企业退休人员居多,当年的八大企业的住房大部分建在这里,但如今已破产。

四、社区内正式结构和组织

(一)社区直接提供服务的政府组织、非政府组织

觟火社区设有一个党群服务中心,负责管理以及调动社区资源。社区党委从 2012 年起连续五年都被评为市级五星级党组织。社区党委在上级党委政府的正确领导下,团结和带领广大党员干部和社区居民,充分发挥辖区内共建单位的资源优势,紧紧围绕"服务改革、服务发展、服务民生、服从群众、服务党员"工作大局,着力深化"两项会议制度",积极构建"六联六建"的共建机制,不断深化党员"微系列"服务活动,积极创建"党员义工广场""先锋十大员""创卫先锋行""先锋楼院"等党建工作品牌,不断深化党员"微系列"服务活动。进一步增强了党员的党性意识、政治意识、看齐意识、核心意识和大局意识。党员们勇于担当,在市区重点工程的推进中和群众服务中发挥了先锋模范作用。

觟火社区采取网格化管理,这项管理模式为社区注入了不一样的活力,特别是在疫情期间,起到了重要作用。

(二)驻扎在社区内外的政府机构和企事业单位

觟火社区附近设有多个地段行政机关,包括 JH 市建设工程质量安全监督管理站、JH 市公安局出入境管理局、JH 市民族宗教事务局、JH 广播电视局、JH 市环境卫生管理处运输设备管理所、JH 市食品药品检验所、JH 市杭金衢高速公路拓宽改造指挥部、JH 市信息技术服务中心、JH 市社会矛盾纠纷调解工作指导委员会、JH 市医疗纠纷人民调解委员会、JH 市文化行政综合执法支队、JH 市交通影响评价中心、JH 市质量技术监督检测院、JH 市化工建材产品质量监督检测中心、JH 市社会用电电器装置检测服务中心、JH 市食品质量安全检验中心、JH 市粮油饲料产品质量监督检验站、ZJ 省 JH 火腿质量检验中心等,辖区单位 9 个,其中机关单位和国有企业 6 个,学校 1

个,非公有制经济和社会组织2个。

五、社区资源分析

(一)人力资源

党群工作人员、社区领袖、JH市商业联合会、志愿者、网格员、楼栋长、教师、医生、各企事业单位退休人员、武警支队、城中街道办事中心工作人员、社会矛盾纠纷调处化解中心、社工、社区外志愿者。

(二)物力资源

公交、药检所、学区房、育才小学、银行、钱江晚报、疾控中心、幼儿园、职工活动中心、健康体检中心、机动警卫大队、城中派出所、诊所、七个非公有制经济和社会组织、超市、世贸大饭店、私人店铺、天城俱乐部、中医馆、市中心医院、四中、回溪公园、BRT、明月楼社区、银泰商圈、人民广场。

(三)财力资源

该社区的财力资源构成多元且坚实,主要包括政府专项拨款作为核心支撑,确保了项目资金的基础稳定性与可持续性。此外,WC区老旧小区配套基础设施工程专项资金的注入,精准对接老旧小区改造升级的迫切需求。同时,社区倡导并实践共建共享理念,通过多方筹措共建经费,并获得企业赞助。

(四)人文资源

在人文资源版图中,该社区构建了非遗文化体验中心与社区文化墙两大亮点,旨在传承与弘扬地方特色文化,增强社区的文化底蕴与居民的文化自信,让居民在享受现代生活便利的同时,也能深深感受到传统文化的滋养与熏陶。

(五)人力资源

在觜火社区的人力资源库中,有一支独特而重要的力量——退休的党群中心工作者。他们虽已离开工作岗位,但对党的忠诚、对群众的热忱以及多年积累的工作经验与智慧,依然是社区建设不可或缺的宝贵财富。

图 5-26　觜火社区 15 分钟生活圈导向图

第六章　社区问题与需求

第一节　轸水社区问题与需求

一、社区规划

社区规划对每一个社区都至关重要，它不仅关系社区的区位发展，还关系着社区资源的利用以及各种基础设施的建设。再加上设区的规划一般是在社区建立初期就已经形成的，这也就意味着，如果社区初期规划不合理，那么它将对社区的发展会造成很大的影响。特别是部分基础设施建设方面，如居民楼、道路规划等，一旦落定很难改变，因此，社区规划将深刻地影响社区未来的发展。

（一）楼栋

轸水社区楼栋排列顺序较混乱，采取了左偶右奇的排列方式。再加上楼房依据地形而发展与建设的特点明显，排列不够整齐。不仅外卖员、快递员等社区外部人员难以辨识，就连社区内的居民也不容易分辨。在访谈过程中，调研小组发现，被调查的居民中约有三分之二的人无法准确地说出社区的楼栋排列方法或者是顺序。除此之外，居住两年之内的居民仅仅只能辨识附近几栋楼的位置，日常交友也被限制在这个范围内；哪怕是居住了十几年的居民也对此颇有微词，希望做出改善调整，认为可以通过改变楼栋编号的方式让居民更容易记住居民楼栋号。特别是这种社区规划不利于社区与外部各种部门等对接：如轸水社区曾经发生火灾，急需救援，但是当消防员进入社区之后，却发现楼栋排列顺序与其他地区不

同,居民也无法提供准确地信息,导致消防员无法准确辨识失火
地,严重耽误了救援时间。

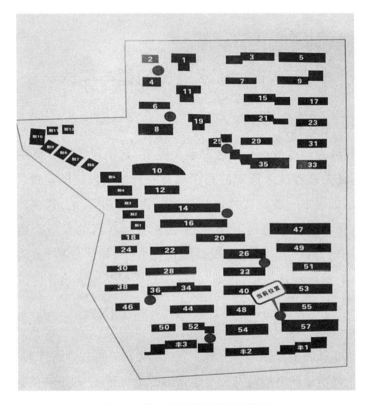

图 6-1 轸水小区楼栋排列示意图

(二)道路

社区内的道路问题较为严重。社区在规划初期,其道路依据地
形规划建设而成,大规模的平整土地均用来进行居民楼与篮球场等
基础设施的建设,道路多为陡峭坡地,且较为狭窄,再加上一侧设置
有停车位,难以错车行驶。而社区内车辆行驶时间较为密集,多为上
下班与接送孩子上下学的时间,车流量较大,容易造成道路交通不
便,甚至难以让行人通过。

（三）楼梯间

社区内的楼道较为狭窄且楼层较高，缺少电灯或者是电梯等基础设施，而社区内老年人数量较多，腿脚不灵活，上下楼非常不方便。此外，楼层之间也缺少门牌标号，容易弄混楼层，带来一定的不便。

（四）出行

轸水社区在改造之后，对其道路进行了一定的整改与修正，比如在公路上的中间设置了较长的围栏设施，以防行人横穿马路。但是，这一措施也给老年人的交通出行带来了一定的麻烦，原本较短的路程被改为需要绕过半个小区才能够到达目的地。

二、基础设施

基础设施作为社区发展的基本支柱，其完善程度是笔者判断社区居民生活质量的一个重要指标。轸水社区作为一个拥有 24 年历史的老旧社区，近两年接受了 JH 市"老旧小区改造工作"项目的建设。因此，其基础设施经历了一个"适配——问题暴露、逐渐不适配——新的磨合与适配——等待进一步完善"的过程。由于轸水社区的特殊经历，其基础设施也具有一定的独特性，比如它既具有老旧小区停车位少、学校基础设施齐全等特点，也兼具改造后增加的健身器材、停车位等新元素。然而，尽管经历了老旧小区改造工作的工程建设，轸水社区的基础设施仍旧存在着以下问题。

（一）绿化覆盖率

根据我国对社区建设的绿化标准来看：一般社区的绿化率必须达到 30％，而老旧社区的绿化率可以放宽至 25％。轸水社区作为老旧小区，其绿化程度刚刚达标，为 25％。然而，在一些 App 比如百度地图等的认证中，其绿化率仅为 24％。尽管大部分居民对绿化情况表示满意，但是仍旧有一部分居民表示，社区内花坛等绿植缺乏专业的维护与修剪，且由于社区内居民楼旁边的树木过于高大，不少楼层低的居民采光也会受到一定的影响。

（二）公共设施

尽管轸水社区大部分的设施都是比较完善的，但是在部分涉及居民生活的方面，仍旧存在着一定的纰漏。轸水社区整体照明设施不够完善，夜间较昏暗。除主路路灯较为明亮之外，其余的道路均缺少照明设施，大部分的小路无照明设施（如图 6-2 所示）。再加上社区内道路规划的因素，轸水社区道路存在多处阶梯，不仅给居民在夜间行走带来不便，也埋下了一定的安全隐患。

图 6-2　无夜间照明设施的道路

此外，个别居民楼的楼道内也存在着没有照明设施的情况。针对这些情况，居民也曾多次向物业反映，但是均沟通无果，或者被告知需要居民们自行安装。因而，楼道内缺少照明设施的问题长期存在。

社区内还存在着一定问题的是公共晾晒区。轸水社区居民楼没有阳台,社区内居民均自行在窗外安装晾衣架,社区内虽设有公共晾晒区,但大部分居民由于距离较远或者是上下楼不方便而选择在窗外晾晒,也有一部分居民对公共晾晒区根本不知情。另外,公共晾晒区的设置数量也不合理,根本无法满足居民们的晾晒需求。总体来看,公共晾晒区的作用并没有发挥,成为了物业为维持社区内环境与整体形象的面子工程。

（三）娱乐设施

为更好地服务于居民,轸水社区不仅有配套的娱乐场地,如:篮球场、体育器材晨练处以及休憩凉亭,供老年人与成年人使用。此外,社区还成立了一定的社区活动组织,如:老年活动室、星光老年之家等。这与社区内居民中老年人比例较高,社区倡导"敬老爱老"文化有一定的关系。此外,社区内组织的各种文娱晚会等也大多以老年人为主要服务对象,这使得社区内的儿童在一定程度上处于被忽视的状态,社区内的各种针对儿童的娱乐设施也极度匮乏。在笔者

图 6-3　轸水社区篮球场

的访谈中,一部分居民表示自己的孩子如果想要做活动,需要去较远的邻近社区;而另一部分居民则表示会带着孩子在篮球场玩耍。在小组的观察中也发现,在轸水社区幼儿园放学的那段时间里,不少的儿童都会聚集在附近的篮球场打闹,三两成群,或者是在篮球架上攀爬(如图 6-3 所示)。篮球场没有针对儿童的保护措施,而且这个年龄段的孩子也不适合长期在此玩耍,有不少家长对此表达了担忧。

(四)停车位

在建设之初,也就是 1996 年,大部分居民没有自己的汽车,因此,对停车位的需求也不强烈,几百个停车位对于他们来说已经是绰绰有余了。而早在几年前,轸水社区的车辆数量大大增加,居民们就已经发现停车位已经无法满足他们的需要了。新住户大都面临着老旧小区尽管价格低但是却买不到停车位的难题,尽管有部分居民会通过购买停车位使用权的方式从其他居民的手中购买一段时间闲置的停车位,但是社区内 400 个停车位仍旧无法满足社区内目前拥有的 1 000 辆以上汽车的停车需求。而相应的,停车位作为轸水社区内居民的刚需,也受制于轸水社区规划的影响,因此,尽管轸水社区刚刚经历过老旧小区改造的工作,但是停车位并没有得到明显扩充,依旧是严重不足。

在这种车辆与车位间的比例严重失衡的情况下,很多居民无法找到合适的车位,不得不将车辆暂停在路边,有的甚至直接停放在消防通道处。此外,为协调社区内这一矛盾,物业等单位组织也通过协商,和无车位居民达成一致,允许他们在夜间将车辆停放在路边无车位规划的一侧,并规定车辆需要在天亮前开走。综上,轸水社区目前面临着"停车位不足、消防通道以及道路两侧均停满车辆"的局面,这些问题不仅给居民停车带来了不便,也容易引发道路拥挤、交通不畅与消防隐患问题。

图 6-4　停车位

（五）安保设施

轸水社区内仅在楼房外安装了部分摄像头，居民楼内无防盗门、摄像头等安保设施，给社区的治安带来一定的不稳定因素。此外，社区内也曾经发生过失窃案件，物业也向居民们承诺会安装摄像头，但是迄今为止，承诺并没有兑现。

三、环境卫生

环境卫生与社区居民的幸福感息息相关。轸水社区在开展老旧小区改造之后，环境卫生状况相比之前有了较大的改善，但其环境卫生仍然存在着一定的问题，如垃圾投放不规范，甚至在改造后部分管道等基础设施处理不当，还造成了新的环境问题，给轸水社区的居民日常生活造成了一定的困扰。

（一）社区卫生

1. 垃圾分类

垃圾分类是轸水社区正在进行的活动。为了响应 JH 市的垃圾分类活动的号召，轸水社区此前开展了一段时间的垃圾分类活动，并设置垃圾分类投放站点，居民楼下的垃圾桶也更换成为"可回收垃坂"与"其他垃圾"两种垃圾桶。2019年，物业还在轸水社区开展了相关的垃圾分类宣传活动。目前来看，轸水社区的垃圾分类情况存在以下问题：

部分居民的垃圾分类意识不够强，社区内清洁员工作任务量较大。调研小组在走访的过程中遇到了一位在垃圾分类投放点工作的保洁阿姨。据她透露，大部分的居民都会自行对垃圾进行分类，并按照规则投放。但是仍旧有一小部分居民不会主动分类并将垃圾随意丢弃，这个时候她就需要将垃圾袋打开并对垃圾重新分类，这给她的工作带来了一定的困扰。居民楼下的垃圾桶分类工作尚不完善。尽管社区内的垃圾分类投放站点有一套完善的运行制度：如垃圾桶、电子监控模式、定时开门清运以及专人维护等，但是居民楼下的两个分类垃圾桶却得不到有效管理。因此，当调研小组去查看这两类垃圾桶的情况时，发现几乎所有的居民楼下的垃圾桶都面临着以下问题：垃圾分类措施得不到执行、垃圾桶未及时清运以及垃圾桶旁边的地

图6-5　垃圾桶

上存在垃圾（如图 6-5 所示）。

物业的宣传措施不具备持续性与日常性。纵观 JH 市垃圾分类的整体情况，笔者发现：垃圾分类的措施早在几年前就已经开始实行了，但是直到 2019 年新的垃圾分类政策在 JH 实施以后，轸水社区才开展相应的宣传活动。而除了 2019 年的垃圾分类宣传活动之外，后期物业并没有举办相应的宣传活动或者是出台相关的鼓励措施，因此，部分居民的垃圾分类意识仍然不足。

2. 卫生清洁

除了垃圾分类的问题之外，社区的基本居住环境的卫生也相当重要。不少居民反映，社区内存在着居民楼前与个别楼道垃圾清扫不及时的问题，这严重影响了居民的生活环境与居住体验。这不仅反映出社区内的卫生治理不到位，还反映出部分业主的个人自觉意识不强，不能够保持社区环境整洁。

（二）管线老化

轸水社区的管线也存在着一定的问题。经过调研小组的访谈，居民们表示，尽管轸水社区的水电供应不成问题，但是会出现管道老化，水管破裂的现象，从而引发居民废水排放不便以及居民楼墙壁漏水等问题。再加上轸水社区改造工程没有落实到位，社区内管道安装工程出现了一定的纰漏，管道安装经过整改后没有得到合理的规划，地下管道的位置上升，部分地区不定时会散发臭气，这也是改造老旧小区后出现的新问题，居民多次投诉后依旧没有得到整改。

（三）宠物问题

社区内有部分老年人出于孤独、缺少子女陪伴等原因而选择养宠物，日常遛猫遛狗也就成为了他们重要的娱乐活动。然而，有一部分老年人遛狗不习惯牵绳，宠物狗随地大小便不清理的现象也时有发生。这些问题不仅会影响社区内的环境，部分宠物也会给其他老人造成恐惧。

（四）噪声污染

小区南部距高铁沿线不足 100 米,白天会有声音,但声音不大。由于房屋的隔音效果较差,尽管不会影响居民夜间休息,但是在白天仍会造成一定的噪声污染。

四、社区居民公共事务参与

社区公共事务方面的参与不仅反映了居民的自治意识,也关系着居民权益的实现与发展。轸水社区的居民中老年人较多,业委会大部分成员也是老年人,年轻人的参与程度较低。而且笔者看到的是,大部分居民更加关心的还是与自身利益紧密贴合的各项事务,如:轸水社区部分基础设施的建设如儿童娱乐设施的缺失、相关基础设施如管道的维修以及安保设施如摄像头的安装等,而对另一些政治性公共事务如居委会的选举等反而没有较多的热情。此外,不同的组织在社区中发挥的作用不同,因此其受到的关注与居民参与程度也各不相同。接下来笔者将以不同的社区组织为主体,分别阐述他们在社区中与居民的关系以及其发挥的作用。

（一）物业

物业是与社区内居民接触最多的一个组织,负责管理社区内的各项事务,并解决居民的需求。然而,由于多种因素交织影响,物业与居民之间也存在着一定的问题。

1. 物业管理压力大

由于轸水社区自 2010 年即并入祝福社区,其居委会也随之合并搬迁进入祝福社区,距离轸水社区较远。因此,很多事情都交由物业进行办理。物业的工作量加大,工作复杂,且对接的机构较多,如与派出所对接建立综治警务室等机构,因此其工作难度较大,再加上物业人手较少,很多事情难以周全。

2. 物业与居民沟通不及时

社区内物业与居民的沟通不够紧密，再加上发生过冲突，部分居民对物业的信任感较低。此外，物业的财务情况没有做到完全的公开透明，给居民的安装摄像头等承诺也迟迟得不到落实。更有甚者，物业曾私自将篮球场租出去给学校篮球队训练使用这一行为受到部分业主的联名抗议，这也造成居民对物业的信任感较低，认为部分事情即使与物业沟通也无济于事，因此遇到事情很难想到与物业沟通。

（二）业主委员会

1. 业主委员会对居民需求不重视

在访谈的过程中，有不少的居民认为业主委员会无法代表社区内大部分居民的利益，也没有正确回应各类群体的需求，对于许多问题都采取了不正视、不解决的态度。业委会本应该代表居民并站在大众的立场上处理各项事务，正确看待社区内各个群体的诉求。然而，目前来看，担任业主委员会成员的大部分居民是退休人员，人均年龄较大，无法代表部分外来人口和普通的年轻上班族的利益，也无法将所有居民的需求都反映给物业并进行沟通处理。

2. 业主委员会成员对名额的垄断

业主委员会目前不合理的结构应该得到改善是部分居民的共识。也有不少的居民对社区内的公共事务较为热心，但是在业委会的选举中，这部分居民却无法正常参与选举。如社区内的热心大妈黄阿姨对社区事务非常关心，也有意向参与业委会的选举，此外，她还是居民楼旁气象站的中心人物，不少居民都愿意与她聊天，也很支持她加入居委会。然而，居委会却以黄阿姨家的房产证上写的是她丈夫的名字，没有她的名字，不能算是业主为由拒绝她参加投票选举；部分年轻人想要进入业委会也是困难重重，受到上一届人员的干扰与排挤，业委会成员常年稳定，没有得到及时更新与补充。

3. 居民的参与意识不强

在当前的社区环境中，不少居民的公共事务参与度呈现出较低的水平。他们往往更关注于与自身紧密相关的社区事务，而对于更广泛的社区议题则显得较为疏离。特别值得注意的是，许多老年居民对业主委员会的选举知之甚少，甚至完全不了解这一重要的社区自治机制。这也导致了众多居民在业主委员会选举中缺乏积极的参与和投票。

这种局面容易引发一系列问题。首先，由于参与度低，许多居民可能在自身权益受到侵害时仍浑然不觉。例如，在篮球场事件中，站出来抗议的往往以年轻人为主，而不少老年人则对事件的来龙去脉一无所知。其次，即使有些居民意识到自己的权益受损，他们也往往缺乏积极反馈和寻求解决的意愿，而是持有消极态度，认为即使反映问题也难以得到妥善解决。

在访谈中，笔者发现抱有这一想法的居民并非少数。这反映出当前社区在提升居民公共事务参与度和加强居民权益保护方面，仍有待加强和改进。

(三) 居民委员会

1. 居委会的选举参与

居民委员会中，居民参与的主要渠道是换届选举的参与。然而，由于轸水社区的特殊性，其居民对居委会选举的参与程度远低于其他社区。首先是居民对被选举人的了解程度较低：通过调研小组对居委会的走访发现，居委会由于区位的原因将选举地点设置在祝福，被选举人的信息公示也在居委会前的公示栏进行公示，大部分的轸水居民难以查看。再加上虽然居委会派出一名成员进入轸水进行选票统计与收集工作，而忽视了对被选举人的宣传介绍。因此，不少居民就采取了不了解、不认识、随意勾选的态度。当调研小组在选举时进入轸水访谈时,尽管轸水篮球场已经将居委会选举的横幅挂了起来,但是部分居民仍对此一无所知。

2. 居民对居民委员会的利用程度低

在笔者进入居委会之后,首先看到的就是居委会门前的墙上挂满了牌子:避灾安置点、物业管理委员会、退役军人服务站、学雷锋志愿服务站以及未成年活动室,甚至还有矛盾调解中心,服务的内容与站点非常全面。然而,当笔者进入居委会并进行询问时,居委会的成员却表示,由于人手不够,居委会无法照顾到其管辖范围内的每一个小区,只能在总部提供服务,目前并不具备前往各个小区设立分站的能力。也因此,不少轸水居民如果想要享受到这里的服务会有一定的麻烦。

此外调研小组在访谈中发现,居委会在提供服务时并没有考虑到轸水社区的特殊情况。如轸水社区的一名老人曾经向笔者表示:"在前两年,我们重阳节都会发几斤米给老人,但是我们得去祝福那边领。年纪大了腿脚不便,不仅走过去会很累,体力跟不上,那些礼品怎么拿回来也是个问题。我们反映了很多回,去年开始,居委会才派了一个人送过来。"这个问题就反映出居委会并没有考虑到轸水居民中老年人比例较高,腿脚不便的特殊需求。

第二节　斗木獬社区问题与需求

一、基础设施

（一）停车位

该社区是村民搬迁至此形成的,该片地区有引进形成统一管理的小区,也有开放式无保安的住房,甚至还有一小部分是半农村形式。所以车位方面,大家都是将车辆停在自家庭院内空地处,或两排楼房之间的居住区道路,没有统一管理的停车场。但是总体情况较好,因为该社区大部分都是中老年人,还有一部分是外来务工人员,所以车辆不会特别多,有少数的电瓶车。但楼房之间的居住区道路面积较小,若两辆车遇上时错车很难不造成拥堵,再加上社区的小孩子比较多,基本上都在自家楼下玩耍,车辆来往存在安全隐患。

(二)环境设计和土地使用

社区内道路宽敞整洁、大部分住房门口有绿色植株,也有种植花果蔬菜的;社区内有人负责定期打扫,尤其在文明城市创建活动之后,社区新增公共篮球场和各类绿化设施,整体环境得到了很大提升。老住房区靠近马路处有一个湖,少数居民会在这里洗菜,没有防护栏等安全措施,只是靠近马路那一侧地上安有安全桩,在湖边立有警示牌。

(三)交通

社区外部:沿着盛会街往北第一个十字路口附近有湖头公交站和上陈公交站,可乘坐303路、339路、808路公交车,距离市中心约6公里,乘坐339路和303路公交车可直达,也可以通过打车的方式前往。以盛会街为主干道,主干道非常平坦、宽敞,小路也几乎通到每户人家门口,房屋交错纵横,每户人家门口还配有一定的停车位。

(四)商业服务和教育设施

小区内部的商铺众多,包括超市、早餐店、美容店、五金店、家具店、饭店、培训机构、理发店等,能够满足居民们的日常生活需求,此外附近还有幼儿园和小学,各类兴趣培训班也很多,可以满足居民的多样化教育需求。

(五)治安情况

居民楼房上有少量的居民自己安装的监控摄像头,马路两边的电线杆上也有监控摄像头,从走访到的居民口中了解到该社区的治安情况总体不错。

（六）社区人口情况

斗木獬社区自 2014 年原村民陆续搬迁至新社区以来,已有本村居民 500 多人搬入新家,同时,社区内还有租住本地居民自建房的外来住户,这些外来住户在当地工作,孩子也在此上学的有 1 500—1 600 人。

二、环境卫生

（一）社区卫生

小区内有垃圾集中处理点,但是点位只有一个,偶尔能看见有清洁工人在整理垃圾,居民们基本上还是将垃圾丢在自己家中垃圾桶内,然后一起丢进垃圾收集处,很少进行分类处理。在走访过程中,通过居民和副书记处了解到,社区总体的环境卫生是政府出钱承包给环卫局管理,偶尔会有居民参与打扫街道环境的志愿者活动。

（二）噪声污染

1. 麻将馆

由于该社区的本地居民中老年占比大,因此,当地无聊的居民便会在楼下的麻将馆聚集,一起聊天交流。但如此靠近居民住房的地方,居民们在打麻将的同时也会给楼上住户带去困扰。

2. 车辆往来

由于该社区的特殊性,整个社区是开放式的,没有小区大门,所以当有要外出的人用滴滴打车时,车辆会直接开进社区的居民楼下,这使原本就拥挤的街道变得更加拥挤,整个社区是处于一个混乱的场面。车辆的来来往往,对社区里的小孩、老人和腿脚不便的人带去了困扰。走访过程中,在居民口中得知社区还曾发生过交通事故。

（三）社区规划

1. 住房情况

社区大部分住房为拆迁房,属于集体搬迁,加上社区建成年限在2013—2017 年左右,所以外立面较新,布局规划也比较规律整洁。

走访了解到社区内部分房子已用于出租,租户大多是外来务工人员。

2. 道路

从本地人口中笔者了解到他们很关注交通安全问题,马路上有斑马线但没有红绿灯,没有记录车辆行驶的监控,路也很窄,人多车多,发生过几起交通事故。

3. 娱乐场所

通过多次进入社区了解到,居民们没有什么饭后娱乐的场所,只有一个小小的广场,但是每到晚上大家都到广场闲聊玩耍时,小小的广场就会显得很拥挤。广场分为两块区域,一边是健身器材等娱乐设施,一边是空地,很多喜欢跳广场舞的居民们就会在统一的时间到广场上聚集跳广场舞。

三、公共事务

社区公共事务方面的参与不仅可以反映居民们的自治意识,也可以反映出大家关心的问题类型。笔者发现大家更加关心的是与自身利益密切贴合的问题。由于社区的特殊性,本地人更加关心社区的老年食堂以及老年活动室的问题;外来务工人员更加关心自己工作工资以及自己小孩上学等问题。

(一)政府组织

社区内目前设有党群服务中心,很多政务都可以在社区内完成,党群服务中心内还设置有矛盾调解中心,但是据值班人员所说,目前矛调中心并未接收到任何矛盾调解的诉求。社区内部也并未针对矛调中心进行过相应的宣传。大家有问题会选择直接找领导或者报警,没有找过矛调中心。

(二)社区政治

社区的政治功能主要包括社区的自治功能、社会管理功能和整合功能三个方面。自治功能与市民政治有着较为紧密的联系,笔者了解到,斗木獬社区居民参与社区事务的积极性还不够高。在社会管理方面,社区在治安、环境、卫生方面做得比较出色。但在服务和文化上面相对薄弱,虽设有相关部门,但由于居民对相关部门的职能不够了解,因此几乎没落到实处。

1. 居民对居委会的利用程度低

在调查过程中,一直有一位生活在老村尚未搬迁的居民在社区党群服务中心门口周围徘徊,调研小组询问后得知她本人不满目前的改迁方案,认为自身遭到了不公正待遇以至于一分土地都未分到。但是她并不知道正确的解决途径和负责该问题的部门在哪里,只是寄希望于通过"老娘舅"(在长三角地区被用来指称调解家庭邻里纠纷、具有德高望重品质的中老年男性)等社会舆论来解决自己的问题。对于此事件,社区内的工作人员虽然对她头疼不已,但也没有人为她指明解决问题的方向,以至于九年以来她都未曾搬迁。也有居民反映居委会办公室里的工作人员每天下班很早,或者即使找到他们,反映的问题也很少得到解决。

2. 外来居民的归属感不强(参加社区活动的基本为本地人)

从外来务工人员口中得知,他们很少参加社区举办的活动,一方面,社区举办的活动在人员设置上基本上都是本地居民住户,只有当人员不够时才会想起外地人员。另一方面,外来务工人员来到这边主要是为打工维持生计,照顾小孩学业问题,时间基本花在工作上,下班就会回家休息或者照顾小孩,根本没有时间参加社区举办的活动。在这样的陌生环境中,由于与当地人接触较少,加上社区也较少慰问和关心外来务工人员,导致外来人员逐渐产生自己不属于该社区成员的感觉,社区对他们漠不关心,从而他们的社区归属感逐渐降低,参加活动的意愿也越来越小。

四、问题分析与需求评估

(一)居民不满居委会的工作

从本地人角度来看,走访过程中,他们普遍表示向上反映问题基本都得不到解决,如:反映过没有老年活动室,社区也有申请过,但是房屋使用权迟迟未能获得,如果没有老年活动室那么老年人就没有可以娱乐休闲的地方,只能待在家里。

从外来务工人员方面来看,居民们基本上和社区没有太多接触。走访过程中笔者也发现了很多居民们自己经营手工品小作坊,并了解到这些小作坊都是他们自己找房东租的房子,和社区没什么关系,只是会每个月填报表,跟派出所、社区报备,除此以外社区也未能提供太多实质性的帮助。

图 6-6　手工小作坊图集

(二)外地居民社交匮乏

1. 外地住户与本地居民

因为此社区是搬迁过来的,所以原社区居民在搬迁之前就有过接触。而外来务工人员的家乡都在外地,来到这里就是找工作谋生,生活主要都围绕着上班以及家庭,很少有机会与当地居民接触,在原本就陌生的基础上更加没有进一步了解的机会。同样也不排除外来务工人员和本地居民的文化水平程度是不一样的,这自然导致他们关心和在意的事情有所不同。本地居民之间的共同话题会更多、更加聊得来,造成了外来务工人员与本地人之间的交流隔阂。

2. 居民与社区

如前所述,大家关心的多是跟自身利益密切相关的问题,且多次向上反映问题后都得不到解决,久而久之居民们开始不愿意找社区的人,认为找了也不能够解决问题,慢慢地他们会选择直接向更高一级反映。对于外来务工人员来说,情况更为明显,他们也没有参与社区选举的权利,交流的机会就更少。由于社区对他们的不重视,也提供不了实质性帮助,在居民们的心中会慢慢地对社区工作产生反感。

3. 参加活动意愿

通过深入访谈社区内的务工居民,笔者了解到,社区目前所举办的活动往往未能紧密贴合他们的实际需求,因此,这些居民出于珍惜工作时间的考虑,自然倾向于避免参加那些对他们而言既无直接帮助又无实际意义的活动。

第三节　云宫社区问题与需求

一、社区的问题

（一）社区环境设计与土地使用问题

1. 环境问题

2019 年,云宫社区进行了一系列的截污纳管、绿化整治和修缮等工作,社区的绿化水平得到了很大的提高。经过调研小组的走访情况,与社区改造前的旧图对比,笔者发现云宫社区内绿化环境确实有很大的提高,楼宇之间都会栽种树木,此外,各小区内的绿地建设观赏性高。除了环卫工人外,社区会组织楼道长对社区垃圾进行清理,尤其注重绿化带的整洁度。但宠物粪便的问题依然没能得到很好的解决,在走访居民、访谈社区领袖过程中,都提及了宠物粪便的困扰,不仅影响了小区公共场所的整洁度,也影响了居民的好心情。

2. 土地使用问题

首先,停车位紧张。云宫社区的主要用地为建设用地,目前,云宫社区各小区都面临着停车位紧张的问题。南滨花园将小区内的篮球场改造成停车场,但仍不能解决停车位紧张的问题。其次,停车位划线不合理。调研小组观察到联建小区的睦邻共享空间大门口划了停车位,轿车直接将大门出口堵死,睦邻共享空间作为联建小区的品牌特色,变得空有虚名。最后,社区还存在不规范停车现象。不管是在四个大小区,还是其余的小小区,不规范停车现象都非常的常见,不仅给后来者造成了停车的困扰,还妨碍了居民的出行,同时,也拉低了小区内部的整洁度。

(二)社区基础设施问题

1. 出行问题

高楼层老年人住户出行不便,没有电梯。云宫社区常住人口共有8 970人左右,其中老年人户籍人口就有888人,约占总人口的10%,是一个偏老龄化的老旧社区。居民领袖卢景画家住小区5楼,因膝盖不好,就在附近小区买了电梯房,但对云宫社区情谊深厚,时常回来看看。笔者在访谈一位家住7楼的老人时,得知楼层过高、没有电梯是云宫社区老年人每日出行最大的难题,走访其他的老人也获得了一样的信息,甚至为了缓解出行难题,不少老人减少了出门的次数,比如隔几天买一次菜。同时,社区居民买菜路程较远。云宫社区附近虽有福泰隆超市、生鲜市场,但步行仍需花费较长时间,这对腿脚不便的老年人来说,也是一个生活困难。在访谈一位青年时,笔者了解到青年为解决买菜路程较远的问题选择了骑单车的出行方式。在走访一位高龄老人时,他表示希望社区为他安装定滑轮,以解决因出行不便而买菜难的问题。

2. 休闲娱乐设施建设问题

休闲娱乐场所少。整个云宫社区内,仅有红旗小区的麻将馆、南滨花园的食品安全主题公园、云宫小区的娱乐设施场所和爱心晾晒区以及露天石桌。通过观察与走访居民,发现以下现状:居民很少使用麻将馆;食品安全主题公园功能未发挥,且位置偏僻,居民偶尔会去晒太阳;娱乐设施场所长期闲置,鲜有居民使用;爱心晾晒区露天且绿植盘附,多虫多潮;露天石桌因闲置积灰已久;以上的休闲娱乐场所座位皆为石桌石凳,不适合长坐。据了解,云宫社区仅有的篮球场也因停车位紧张的问题,被改造成停车场,这导致年轻人在社区游玩的时间减少,相比于在社区闲逛,他们更喜欢待在家中玩电子产品。

3. 其他生活设施建设问题

首先,充电桩使用紧张。充电桩使用存在以下问题:社区内充电桩的数量远少于电瓶车的数量;充电桩使用缺少规范的使用准则;不少电瓶车已经充满电,但没有及时移走,加剧了充电桩使用的紧张状况;电瓶车充电时停放不规范,造成部分闲置的充电桩前没有足够的面积供电瓶车停放充电。其次,自助环保袋使用率低。根据本组的实地观察与访谈居民的情况,可知以下问题:(1)自助环保袋设置点少,且仅有四个小区有,其余小区没有设置自助环保袋领取点;(2)提供自助环保袋需要手机扫码领取,不会使用智能手机的老年人因此失去了享受自助环保袋福利的机会;(3)提供自助环保袋的目的未能真正得到落实,自助环保袋的环保意义没能普及,居民更多的是忘记带自家袋子且路过环保袋设置点时会领取,大多数居民选择在买菜地点现场购袋。

(三)社区居民关系问题

邻里关系不佳。社区居民关系存在以下情况:(1)南滨花园建成时多机关事业单位人员,文化水平高。新居民搬入后,因职业、生活习惯等方面差异而产生矛盾;新入住的夫妇与老住户(老年人)在交流上存在冲突;(2)因楼道放置垃圾引发邻里矛盾;(3)邻里间交流较少,见面除打招呼外不过多交流,居民关系淡薄。小区间居民关系不融洽。通和苑和南滨花园居民因土地划分问题,关系僵硬;(4)涉及土地划分问题,这个矛盾一直未得到解决,而通和苑与南滨花园之间的交汇处突兀的长栏设置,在每一个来访者眼里变成了两个小区关系僵持的标志物,也是两个小区居民的心头刺。

(四)社区管理层面问题

1. 服务活动宣传问题

社区服务活动对外宣传力度大,对内宣传力度小。比如:睦邻共享空间作为联建小区的品牌特色,致力于打造一个供居民休闲、协商、议事与活动的睦邻空间。但根据每一次走访与在社工站的观察,睦邻共享空间实际上是一个闲置的场所,仅在有重要人物来访时开放,供其参观;社区智能手机培训班的居民知情度低,居民仅知道社工站开办智能手机培训班,但对于社区领袖所说的智能手机培训班与智能手机使用手册一概不知,当笔者向南滨花园的社区领袖询问智能手机培训班的具体实施信息时,社区领袖在犹豫后直言不清楚,建议我询问社区书记。诸如以上的情况还有不少,如社区志愿服务团队实际运行效率低等,在这里不再详细说明。

2. 服务活动落实问题

(1)"邻聚里"网格驿站

"邻聚里"网格驿站下的志愿服务团队的服务工作未能真正落实到有需求的居民;"邻聚里"网格驿站引入社工力量,成立了为老服务志愿服务团队与暖心陪伴志愿服务团队,致力于为社区的老年人群提供服务,满足老年人需求,彰显社区的爱与温情。在访谈社区领袖和社区居民的过程中,笔者发现这两支志愿服务团队的实施情况存在不实之处:服务范围并未覆盖所有老年人;提供的服务仅是低频率的上门慰问;服务团队的实际服务内容的可得性低。社区领袖将宣传内容讲述给笔者听,但无法提供实际数据;社区居民表示仅是听过这类志愿服务团队,但并不清楚它实际的服务内容以及对自己的好处。

（2）志愿服务帮扶团队

联建小区的睦邻共享空间结合楼道长和微网格长设有一支志愿服务帮扶团队。但睦邻共享空间使用频率极低,也未能达到收集居民建议和需求、居民共商的目标,因此这支志愿服务帮扶团队的功能也未能达到充分的发挥。

3. 服务受众问题

服务受众范围窄。云宫社区包含 4 个大小区和 11 个小小区,但云宫社区的服务活动开展主要面向 4 个大小区,其余的小小区没有被充分考虑进来;志愿服务团队主要面向老年人,其次是妇女与儿童,但由于对内宣传的落实度不高,老年人本身的不积极性,都影响了服务受众落实度;服务活动信息传播不到位,得到服务的居民人数少,云宫社区组建了网格群与楼道群,但微信群里的居民都是年轻人与会使用智能手机的老人,不会使用智能手机的人群就被忽视了。

4. 社区领袖与居民关系问题

社区领袖与居民互动少。社区的服务活动主要是由社区领袖、网格长与楼道长自发组织,如提供社区清扫等活动,但社区普通居民参与度不高,这两类人群在社区实务中的互动少。社区存在不作为现象。

社区领袖与居民的距离感。社区领袖组织志愿服务等各项社区动员活动,除了积极的居民参与外,其他居民主要处于旁观者的角色。在访谈社区领袖关于调解工作的开展情况时,社区领袖认为调解的大多是鸡毛蒜皮的小事;在访谈社区居民是否存在生活上的需求时,他们更希望拥有一个休闲娱乐场所,同时认为自己的需求向社区反映是不会得到自己满意的回应的。尽管如此,他们都表示比较喜欢社区的环境。

二、社区的需求

1. 改善老年人出行不便的需求,即安全需求。老年人腿脚不便,高楼层不仅让他们出行费力,也存在一定的安全风险。

2. 需要陪伴与爱护的需求。老年人因年龄与身体等因素,逐渐从社区事务中淡化,与老伴相伴生活,但依然希望社区能够给他们提供生活上的帮助,提供一些为老服务活动。据了解,向日葵公益决定通过"在地化培育"的方式向有意向的企业提供专业指导和人员培训,从而培育孵化商圈企业内生服务队伍,鼓励企业积极参与到服务社区居民的行动中,如福泰隆超市整合原有外卖服务人员成立"红色跑腿服务队",专门为社区行动不便的老人、残疾人等困难群体提供免费跑腿服务。

3. 休闲娱乐场所的需求,属于娱乐需求,希望社区能够为他们的生活增添色彩。

4. 拉近居民与社区领袖距离的需求,希望社区领袖能够多听取居民的需求与建议,积极解决居民在生活方面的难题。

5. 改善居民关系的需求,减少社区生活中的矛盾,使居民自身的生活更和谐。

6. 提高居民在社区事务中的参与度,提升社区治理与发展的内生动力。布鲁克菲尔德指出有效的成人学习原则有以下六项:(1)支援参与;(2)互相尊重;(3)互惠合作精神;(4)行动;(5)反思;(6)自我导向。因此,可以通过讨论、问题解决和社会互助,协助社区居民增强自己参与社区治理的自信感,从而激发其积极性,提高居民在参与社区治理过程中的获得感。不仅能够增强居民的获得感与成就感,也能够为社区领袖的工作减负。

第四节　觜火社区问题与需求

一、社区的问题及需求

（一）人力

居民普遍反映,社区工作人员在服务态度上尚显不足,缺乏足够的热心与关怀,难以满足居民日益增长的服务需求。此外,社区内退休老年人口比例偏高,而青壮年劳动力则相对稀缺,这种人口结构的不平衡给社区的日常管理与活力提升带来了一定挑战。

同时,社区中还存在着部分区域入住率偏低的问题,这不仅影响了社区的整体氛围,也限制了社区资源的有效利用。更为关键的是,社区内缺乏具有影响力的领袖人物,难以凝聚共识、引领社区向更加和谐、繁荣的方向发展。

（二）物力

由于在建设初期没有想到后续居民对停车位的需求越来越大,导致当前社区内的停车位不足;充电桩不足,社区居民在某些时间段没有足够的充电桩对电动车进行充电;消防通道狭窄;下水道井盖镂空,会有臭气;社区内安放垃圾桶较少,当随身携带小型垃圾时,找不到适合的地方进行投放;由于觜火社区属于老旧小区,没有物业管理,且这里居民老年人居多,行动不便,如果建立起物业管理,那么会极大方便老年的日常生活起居。

（三）财力

当前面临的主要挑战在于资金短缺,这直接限制了多项必要的维护与改善工作。具体而言,社区内的树木因缺乏足够的资金与资源支持,导致生长过于茂盛,急需修剪却无力实施;同时,社区内多处化粪池已满,急需清理以维护环境卫生,但同样受限于资金问题而难以推进;此外,楼道照明系统也暴露出诸多问题,多处楼道灯已损坏,影响居民夜间出行安全,而更换工作同样因资金不足而搁置。综上所述,资金匮乏是当前社区管理和维护面临的一大瓶颈。

二、"撕裂感"聚焦

觜火社区内可以划分为"高层区"与"低楼区","高层区"处于觜火社区靠近商圈的部分,而"低楼区"则处于商圈的边缘地带。笔者将撕裂感的表现分为以下几点:

(一)直观感受上的"撕裂"

1. 社区内建筑不同

在觜火的南部,也就是靠近银泰商圈的这一部分,建筑多为高层;而在觜火的北部,建筑多为低矮楼房,而且多处楼房都已年久失修(如图 6-7、图 6-8)。

图 6-7 社区内高层楼房   图 6-8 社区内低层楼房

2. 社区内墙绘分布不同

在社区南部的高层住宅区域,围墙被精心装点,布满了色彩斑斓、富有创意的墙绘艺术,为整个社区增添了浓厚的文化氛围和艺术气息。相比之下,位于环城村等低楼层密集的区域,墙绘的呈现则显得较为稀疏,未能像南部高层那样成为一道引人注目的风景线。

3. 社区各小区称呼不同

在觜火社区南部,很多小区都有看起来比较高级的名称,例如明月华庭等,而在低楼处的环城村,称呼上就与其他地区不同。虽然在行政规划上环城村就是一个村,但是在多数高端小区的环绕下,环城村似乎显得"格格不入"。

(二)微观视角下来自内力的"撕裂"

1. 不同住处的居民思维不同

在走访的过程中发现,生活在环城村的居民在与人交流的过程中总是会时不时地透露自己只是一个村里人,让笔者到别处(回溪公园)去找人访谈。而在觜火南侧走访时,多数居民都会很乐意与笔者交流。

2. 社区居民参与社区活动的积极性不高

笔者在走访的过程中发现,社区居民对活动的参与积极性不高。在访谈时笔者遇到一位在环城村开快递站的老板,据他所说,他知道社区会举办活动但是基本上没有参与过活动。居民内心对社区的认同感不高,"各扫门前雪"现象多发。环城村的居民不会很在意社区什么时候举办什么活动,大多数村民的休闲娱乐方式都是打麻将。

(三)宏观视角下来自外力的"撕裂"

1. 社区内行政管理体制不同

在觜火内部,环城村是一个相对独立的状态。虽然环城村也规划在觜火社区内,但是环城村有自己的农村经济合作社,其管理与觜火社区的党群服务中心是分离的。据觜火社区的工作人员反映,环城村也享受着觜火社区的福利,但是出问题的时候合作社却不承担责任,而会让社区来承担责任。

2. 社区占地面积巨大

觜火现辖区面积为 0.393 平方公里。东起胜利北街,南至人民东路,西临八一北街,北到通园路。社区内区域间因地理位置产生区隔,居民很难在社区内走上一圈,且由于社区合并变大后,社区的工作人员难有足够的时间进入到每家每户进行走访调查,导致社区居民认为工作人员态度不够积极。

3. 社区居住人员类型复杂

觟火社区现有住户 5 869 户,人员 13 341 人,居民小区 128 个,居民住宅楼 164 栋,学校 1 个。其中包括环城村村民、社区内的农民、城镇社区居民、外来租户等。人员类型过于复杂,居民之间的交流也会变得复杂,居民之间的融合难度也会变大。

第七章 社区融入项目

第一节 "情暖轸水"居民交流会活动

一、活动概述

以目前轸水小区居民参与情况,大多数居民"社区主人翁"意识不强,有相当多的居民对社区参与的重要性认识还不够。他们尽管生活在这里,却没有意识到自身的主体权利,从而表现出对社区建设参与意识弱的状况,居民对社区的认同感与归属感还需要加强。由此,小组成员从轸水小区的居民交流入手,设计出可以促进居民交流的活动,以提升居民间的互动来提升他们对小区的认同感与归属感,并以此为基础长期培养居民参与社区公共事务的意识。

二、活动内容

活动一:【击鼓传花】参与游戏的人先围成一个圈,当击鼓的人开始击鼓时,道具开始传递,当击鼓的人停止击鼓的时候,道具在谁的手里,那么接到道具的人就需要按照活动安排做小游戏、表演或者是自我介绍。(比如说绕口令、自我介绍等)。

活动二:【环节趣味运动会】1.踢毽子;2.跳绳;3.拼图(轸水小区照片);4.接沙包;5.吹乒乓球。根据到场人数规定每项具体完成数量,两个家庭组成一组,两组之间同时参与,每组计时,最后用时最短的前三名获得奖品。主持人介绍游戏规则:两个家庭组成一组,派成员在比赛区域进行由六个项目组成的计时接力赛,完成所有项目后,按照由短到长排名。最后用时最短的前三组(组里两个家庭都有)获

图 7-1　击鼓传花活动

得奖品。(备注:根据人数规定比赛形式,如果人数较多,两组之间同时参与,如有家庭落单,工作人员可以替补;人数少的情况下则只需一组进行)。比赛项目及顺序:1.捏鼻转圈(3 圈);2.踢毽子(15 个);3.跳绳(30 个);4.深蹲(10 个);5.运输气球(其中一个人将气球吹满,然后两人通过后背将气球夹起来运送到终点,如气球掉落或被挤爆,则需要从头再来)6.拼图(拼图为轸水小区的图片)。

图 7-2　居民在踢毽子

　　活动三：【轸水风采】首先将有关轸水小区的问题及图片准备好，让参与居民进行抢答。先抢答文字题，后抢答图片题，答对题目数量最多的前三名可获得奖励。（如出现答题数量相同的参与者，可用备选题目再进行抢答）在图片题抢答中，答题者答对后，主持人可以邀请答题者对图片进行简单介绍。最后，主持人可讲述轸水小区的发展历程，请未参与抢答的居民分享在轸水居住的生活点滴，并进行总结。

图 7-3　居民在抢答

　　活动四：【感恩寄语】邀请参与活动者自选明信片或小卡片，写下自己想对社区表达的感谢或者祝福，(5 min)之后贴到由志愿者提前准备好的感恩树树杈上，并将其成品与居民合影留念，放到小区公共区域进行展示。(5—10 min)

　　活动五：【后测表＋活动评估表】根据签到表的名额和活动群给居民发放笔填写评估表和后测表，并收集。

图 7-4　海报展示

图 7-5　活动物资展示

第二节　"家的港湾"——情暖"艺"家

斗木獬社区共促融合活动

一、项目简介

斗木獬社区内部隔阂严重,社区中的大多数外地居民对社区认识度还不够,对社区认同感较弱;同时社区内缺乏有效的平台供外来居民扩展社交网络;社区组织的活动较少,居民间缺少互动交流;外来居民日常人际往来仅限于邻居、房东和同乡群体,社会资源有限。因此"'家的港湾'——情暖'艺'家斗木獬社区共促融合"项目将以社区的广场为起点,设计出需要共同协作的趣味运动会、健身操等一系列的活动来促进本地居民与外地居民之间的交流,从而扩展他们的社交网络;同时设计一些活动帮助外地居民了解斗木獬社区,增进外来居民对斗木獬社区的认识,以此来培养他们对社区的认同感,进而让外地居民也能找到归属感。

二、活动概述

活动一:【活动介绍】工作人员介绍;主要介绍活动主题、斗木獬社区;强调安全事项。

活动二:【暖身操】主要带领居民们到周围空地处,跟着音乐进行锻炼。

活动三:【趣味运动会】(团队协作,组队接力完成)

1. 四人一组,三组同时进行比拼,在比赛区域进行计时接力比赛,完成所有项目后,按照由短到长排名,最后用时最短的小组获得奖品。(根据实际人数分配小组)

2. 项目顺序:踢毽子(5个),跳绳(10次),两人三足(10米),吹气球(中等大小,并打好结)。

图 7-6　工作人员向居民介绍活动主题

图 7-7　居民跟着音乐进行锻炼

图7-8 两人三足活动

图7-9 两人三足

图7-10 小朋友们和工作人员一起锻炼

3. 两人合作踢5个毽子,达成后另外两人一起跳绳10次,(踢毽子的)两人背对背夹气球走10米,(跳绳的)两人三足,在与夹气球组员交接后回到起点。

4. 工作人员需要示范一遍以确保居民明白规则。

5. 强调安全事项。

图 7-11　夹气球游戏

活动四:【意见反馈】工作人员指导居民填写意见反馈表。

图 7-12　居民填写意见反馈表

活动五:【佳和口腔义诊】将义诊安排在广场进行;前两个活动结

束后,告诉居民可自行前往检查牙齿。

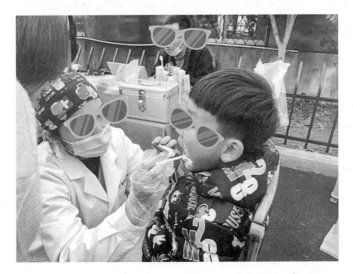

图7-13　口腔义诊

第三节　云宫社区"情暖云宫　参与共享"主题活动

一、项目概况

通过调查得知,目前云宫社区居民的娱乐设施较少,且聚集地分散而稀疏。据了解,云宫社区自 2019 年新书记上任以来,社区开始走"亲民"路线。经过不断思索与探讨和翻阅之前走访的资料,总结出问题的所在:社区邻里间的交流过于稀疏,导致解决问题的办法得不到大家的统一认可,从而出现了问题得不到解决的现象。为了从根本上解决该问题,笔者决定开展以"增进邻里交流互动"为主题的活动,希望通过社区运动会的形式,改变社区原本的娱乐文化环境,让居民再次了解邻里交流的重要性,培养居民与社区融合,协助社区居民开放思想、增进交流,从而打破上述不良现象,使社区真正意义走上"亲民"的道路。因此云宫社区"情暖云宫参与共享"主题活动，针对的是云宫社区居民参与意识弱、社区认同度低等问题，从建立关系、促进居民与社区领袖了解、共同参与社区事务三阶段，为云宫社区居民参与社区活动创造沟通平台，同时加速居民利益社区化的进程。以此通过社区及其主体"增能"和"赋权"，实现社区主体意识、参与意识复苏的目标。

二、活动概况

（一）感谢友邻社区运动会

活动一：【邻里拔河】以 12 人为一组，进行拔河比赛；对抗两组获胜组可盖两个章，失败组一个章；偶数章组相对抗、奇数章组相对抗，进行下一轮比赛；最多可进行 2 轮（即最多章只有 4 个，最少章 2 个）。

图 7-14　拔河游戏活动图

活动二：【两人三足】2 人组为一队，3 组同时进行，场地 10 米；将绳子绑在左右两脚，进行比赛；10 秒内三个章，15 秒内两个章；之后则一个章。

图 7-15　两人三足活动图

活动三:【才艺展示】1.空竹;2.溜溜球;3.舞蹈;4.唱歌;5.快板;6.戏曲;7.武术。以上 7 个才艺中,居民挑选一个进行展示,获得 3 个章。

图 7-16　才艺展示活动图

活动四:【你画我猜】8 人一组,一人上台绘画;参与者都有一个章;答对一题者获得 1 分;绘画者给两个章;一轮共 3 题。

图 7-17　你画我猜活动图

活动五:【兑奖】一等奖:章数 14 个;二等奖:章数 9—13 个;三等奖:章数 2—8 个;参与奖:章数 1 个。

图 7-18　兑奖活动图

图 7-19　海报展示

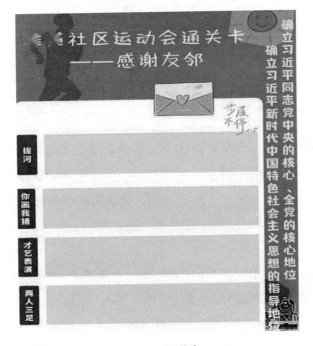

图 7-20　通关卡

图 7-21　宣传单

（二）社区知多少

活动一:【社工介绍】介绍系列主题活动;介绍本次活动。

活动二:暖场活动【正话反说】四人一组,挑战 1 分钟正话反说的成功率;主持人说一个短语/词语,组员要立刻将词语反着说出来(如主持人"新年好",参与者"好年新");按成功率排名赢积分。

活动三:【知识竞答】社区文化知识普及课堂,讲述社区品牌特色、志愿服务、社区领袖、社工站服务等内容(15 min);四人一组,主持人提问,参与者抢答,答对得 1 分,打错或未答不得分;结束后邀请组员分享。

活动四:【我来试试,我要看看】每组将面对一个问题情境,并提供社区的各类服务作为参考,组内进行讨论也可以组间交流,小组写下对策;观看社区工作者与社工站的"十二辰",让居民走近社区工作者与社工站的服务工作中。

活动五:【心愿树】每位参与者得到一张便利贴,在便利贴上写下自己对社区、社区各类人员以及社工站的期待、建议或想对社区、社工站说的话;将写好的便利贴贴在树形纸上。回顾此次活动环节,社工总结分享。

活动六:【活动结束】邀请组员填写反馈表;合影留念;发放奖品(每位组员一条毛巾,积分最高组每人一个热水袋。)

(三) 与我一起,共送温暖

活动一:【社工介绍】介绍系列主题活动;介绍本次活动。

活动二:活跃气氛【进化论】小鸡-孔雀-人-神(名称可自行设定,不断进化);所有的人都是先从小鸡开始进化(用石头、剪刀、布)赢的进化到孔雀;只能是同个级别的进行 PK,如孔雀与孔雀 PK,赢的进化为人,而输的退化为小鸡;最后剩下的三个级别中单一的队员进行惩罚。

活动三:【M&M 豆转移】随机分为 3—5 人一个小组;(人数相等,不够的话由协领加入)每个小组每个参赛玩家的嘴里放一根吸管,在一分钟内将 25 个 M&M 豆从一个盘子转移到另一个盘子;数量可以根据参赛选手的年纪来定;只有一只手可以用来举行移动;最先完成的小组可以优先选择最后环节灯笼款式的选择。

活动四:【祝福到你家】每组领取一份 DIY 小灯笼材料共同组装;手写一张明信片,书写下祝福内容;组装后每组将小灯笼送至困境家庭。

活动五:【活动结束】邀请组员填写反馈表;合影留念。

第四节 "我们的觜火——
相逢觜火,共筑邻里情"

一、项目简介

目前觜火社区内的居民内心对社区的认同感不高,"各扫门前雪"现象多发。环城村内的居民基本上只与自己熟悉的同村人来往,很少与高层处的居民有往来,"高层处"的居民也很少与"低楼处"的居民来往。社区居民对社区内很多的活动积极性不高,很少会去参加。居民间缺乏集体意识,以及对社区归属感和认同感都十分薄弱。小组成员从社区居民之间的互动方面入手,设计一些能够促进社区居民相互合作、相互帮助的活动,以提升居民之间的集体意识,提高居民对社区的归属感和认同感,减少社区居民之间的冷漠感和"撕裂感"。

二、活动概况

(一)"认识觜火"

2021年12月4日的下午,浙江师范大学社会工作系学生进行了《社区服务实务》课程实践。在觜火社区开展了他们的第一次社区活动策划与第一次活动实践。本次活动主要包含以下几个环节:

活动一:【开场介绍】介绍本次活动人员及分工,讲解本次活动大致流程、目标及注意事项。

活动二:【击鼓传花】所有成员围成一圈,工作人员开始播放音乐,音乐响起时,第一个人或其中一个人拿物品开始依次传递,音乐结束后立即停止传递,最后收到物品的那个成员,上台选择带有年代

图 7-22 开场介绍

的纸条。工作人员随意播放对应的年代歌曲,成员需 30 秒内猜出对应的歌名但如果音乐在两人交接的时候停止,且物品均在两人手里,则需要通过另外的方法决定胜负,一般为猜拳。

图 7-23 击鼓传花

活动三:【心有灵犀】1.每组全员参与。2.游戏开始时,每组派出一到两名成员,看屏幕上的内容,进行肢体表演,组内其他成员背对屏幕猜测表演内容,表演的同学不能提示,否则这题无效。3.每组依次进行。4.每组有5分钟时间,且有三次跳过的机会,答对题数最多的组获胜。

活动四:【进入觜火】小组需派一名代表,上台领取工作人员提前准备好标记有起点和终点的地图(起点和终点均在觜火范围内),各小组开始讨论,讨论结束后,举手示意。各小组依次上台在觜火的平面图上画出一条最为便捷的路线。

图 7-24　进入觜火活动

活动五:【品味觜火】根据给出的图片,由居民判断选出,属于上个环节各个小组的终点附近的生活资源。

活动六:【再识觜火】根据给出的图片,居民判断这些图片是否属于觜火,并且在地图中指出这些图片对应的具体位置。

图 7-25 再识觜火活动

活动七:【活动回顾总结】居民分享自己对于本次活动的体验。

图 7-26 居民之间分享经验

（二）情暖觜火

在第二次活动中，帮助觜火不同区域的居民增进了解，加强交流沟通,感受居民间的温暖。

活动主题	时间	活动目标	活动规则	物资准备
开场介绍	10 min	链接前次活动,介绍本次活动	介绍本次活动人员及分工,回忆上次活动内容,讲解本次活动大致流程、目标及注意事项	无
妙笔生花	20 min	提高社区内居民的熟悉程度,加强居民间合作,交到新朋友	提前准备带有词语的卡片(可以与年代或觜火社区有关);居民对工作人员展示的卡片内容进行绘画接力,每人一笔,限时 3 分钟;其中一名居民猜其他成员所画内容。(此名成员不参与绘画环节,且背对提词卡)	两三张提词卡、白板笔、白板、白板擦
拍卖会	20 min	促进居民了解彼此间的价值观,促进居民间的情感和思想的交流,增强觜火社区居民的凝聚力	1. 主领通过 ppt 的形式放映即将拍卖的若干件拍品 2. 每人分 10 张扑克牌,每张扑克牌代表 1 块钱。每件拍品起拍价为 1 块钱,成员可根据手中的"金钱"叫价,价高者得,经三次确认后成交拍卖品 3. 拍卖结束后,分享拍卖结果以及分享买该拍品的原因	扑克牌
情暖觜火主题文艺汇演	30 min	通过文艺汇演的形式,促进居民间交流,了解彼此的爱好	节目: 1. 歌曲表演(李同学) 2. 新疆舞蹈(阿同学) 3. 戏曲表演(李同学) 4. 诗歌朗诵(员同学) 5. 特邀嘉宾(邀请社区居民来进行才艺表演) 点评环节: 居民通过举手投票表决,选出自己最喜爱的节目 若最喜爱的节目是居民表演的,可获得小奖励(现场颁发)	节目所需物资自备
合影留念	10 min	让居民感受到关怀与温情	1. 在现场使用拍立得给在场居民单独拍照,拍好的照片立即赠送给居民; 2. 让居民拿着自己单独的照片贴到觜火社区的地图上,再合影留念	拍立得、相纸、地图
结束总结	10 min	总结活动情况和收获	总结对于活动的感受结果,并预告下一次活动的时间地点及主题	

(三)宝藏觜火

在第三次活动中,通过让居民穿行在觜火社区当中,了解觜火社区不同地点的不同风貌;并且通过小组共同完成任务的方式,增强居民之间的了解,促进居民间的合作互助。

活动主题	时间	活动目标	活动内容	物资准备
开场介绍	5 min	链接前次活动,介绍本次活动	介绍本次活动人员及分工,回忆上次活动内容,讲解本次活动大致流程,目标及注意事项	无
运乒乓球	20 min	第一个摊位点活动,完成打卡之一。活跃活动气氛,提高居民的参与感	1. 将乒乓球放置于乒乓球拍上,手持球拍,从起点走向终点,再从终点走回起点,一个来回。过程中如果球掉落需再次从起点出发 2. 回到起点后进行夹弹珠游戏,计算一分钟内能夹多少个弹珠 3. 完成以上项目即可获得盖章	乒乓球拍、乒乓球、弹珠、水盆、一次性筷子
镖行岭上	10 min	第二个摊位点活动,完成打卡之一	1. 准备好飞镖,居民需与目标保持1米距离 2. 社区居民依次射飞镖5次,总环数环数达到25环以上即可通过本关,获得盖章	飞镖套装
投沙包	10 min	第三个摊位点活动,完成打卡之一	1. 准备好沙包与桶,居民需与桶保持2米距离 2. 居民将沙包投进准备好的桶中,可投5次,进三次即可通关,获得盖章	沙包、桶
保龄球	10 min	第四个摊位点活动,完成打卡之一	1. 准备10瓶水,提前摆好(按照保龄球规则) 2. 居民需利用圆球将水瓶打倒5瓶以上即可获得盖章	矿泉水、圆球
特色大合照	20 min	第五个摊位点活动,完成打卡之一	1. 准备好10瓶水,每瓶水下压着一张搞怪照片 2. 组员需通过套圈来选择接下来想要拍照的姿势 3. 每个人可以套圈五次,套中两次即可过关 4. 如想要拍照可从套中的当中选择拍照姿势,如果不想拍照,套中两个即可获得盖章	矿泉水、套圈、搞怪合照图片若干
结束总结	10 min	总结活动情况和收获	各组在兑奖处(活动起点)兑奖并发表感言	奖品

第八章　反　　思

第一节　探索社区居民融入的有效路径

"情暖轸水"居民交流会项目经验

随着社会生活节奏的加快和生活方式的变化,城市居民日常联系逐渐减少,邻里关系呈现陌生化的交往趋势。主要表现为邻里之间交往过少或者没有交流、邻里之间关系冷漠等现象,不利于和谐社区的建设。社区居民之间关系的改善,不仅关系到居民的集体意识,还关系到了居民对社区的归属感和认同感。因此,作为专业的社会工作者,在开展社区活动时,可以从居民之间的交流互动入手,通过提升居民之间的互动来提升居民对社区的认同感以及归属感,并以此为基础长期培养居民参与社区公共事务的意识。

对此,调研队伍于 2021 年 12 月在 JH 市轸水社区开展的"'情暖轸水'居民交流会"项目,以"促进居民对社区的关注以及与其他居民之间的交流"为主题开展活动,并希望通过此次活动促进居民对社区的关注,增强归属感,从而为他们参与社区公共事务打下基础。

一、"需"与"应":社区与项目相契合

轸水小区内部老年人口与外来人口占比较大,混杂的人口使得邻里关系较为陌生,小区内居民互相之间不熟悉也导致了居民间集体意识的缺乏,以及对社区归属感和认同感的薄弱。此外,绝大部分的居民对小区内的一些公共事务并不知情,不了解社区公共事务成为了一种常态,这也导致了他们对小区的认同度较低,对于公共事务

的参与始终持消极态度。小区内日常事务多由业委会及物业进行管理和解决,但物业不公开财务情况、私自出租篮球场、未履行安装摄像头承诺的做法导致了物业与居民之间产生了信任危机。其次,业主委员会的职能的缺失,未能真正反映居民需求,帮助居民解决问题,导致居民参与感弱,大大削弱了居民参与小区内公共事务的热情与积极性,居民社区参与的情况不容乐观。

就当前轸水小区的居民参与现状而言,普遍存在"社区主人翁"意识淡薄的现象,众多居民尚未深刻认识到社区参与对于构建和谐家园的至关重要性。他们虽身处这片共同的居住空间,却往往忽视了自身所享有的民主权利与参与社区建设的责任,导致参与热情不高,对社区的认同感与归属感亟待加强。

鉴于这一现状,"'情暖轸水'居民交流会"项目应运而生,该项目精准聚焦于轸水小区居民间的交流与互动,旨在通过精心设计的交流活动,搭建起居民间沟通的桥梁,促进邻里间的相互了解与信任。通过增强居民间的互动与联系,能够有效提升他们对社区的认同感和归属感,进而激发其参与社区公共事务的热情与积极性。

长远来看,"'情暖轸水'居民交流会"项目不仅是一个短期的交流促进活动,更是一个长期培养居民社区参与意识的平台。通过持续举办各类丰富多彩的活动,该项目期望能够逐步建立起居民对社区的深厚情感,鼓励他们积极投身到社区建设中来,共同为打造更加美好、和谐的居住环境贡献力量。

二、从"居民融合"到"社区融合"

在项目的前期准备过程当中,笔者采取了首先进入社区查看与计划书设计同步进行的方式,在制作计划书的同时,项目人员再一次进入社区,对社区的基本情况进行了解,并对计划书中的活动目标、内容、预算物资以及前后测量表和活动评估反馈表等相关要点内容进行了大致的商讨与简单的分工。最重要的部分是宣传并招募参与人员,项目人员通过两两分组来进行海报分发与居民单独介绍等方式来进行宣传,并建设活动微信群,把有意向参加的居民通过群聊集中起来,以此来增强他们的参与感,也便于进行活动预热和后续的活动反馈。

为达成活动目标,"'情暖轸水'居民交流会"项目通过暖场游戏、运动接力、兴趣小组、轸水风采、感恩寄语这些不同形式的活动内容,让参与本次活动的社区居民相互认识、并且成为朋友,促进了居民之间相互融入,也提升了社区凝聚力,增加居民对轸水小区的认同感与归属感,最后达成居民对社区的融入。在暖场游戏"击鼓传花"活动中,鼓励居民进行自我介绍,促进居民之间相互认识,推动居民之间的了解。"趣味运动会"环节可谓是本项目的一大亮点,以家庭为单位开展小组活动,通过运动会的方式,一方面可以锻炼身体,带动体育活动的风气;另一方面拉近了两个家庭间的距离,有效地通过活动使得参与人员彼此相识,也让活动更有趣味性。接下来的"轸水风采"环节,通过照片记录轸水风采,提升社区居民对社区的亲切感,推动居民进一步关心自己所在的小区,并感受小区的变化,回忆自己在小区的生活,同时激发居民们对小区的归属感。最后再以"感恩寄语"给活动收尾,鼓励居民与小区互动,畅享小区未来发展,传递小区温暖,推动居民的社区活动参与度,促进居民关心社区,让居民们加深对轸水小区的热爱。

"'情暖轸水'居民交流会"项目聚焦于促进居民之间的融入,实现社区融入。项目活动的四个环节,从预热到结尾整体活动较为完善,安排的内容较为丰富,活动环节较多,居民的参与度也较高,且照顾到了部分可能晚到的居民,因此活动流动性也较强。本次活动既带给居民丰富的活动体验,也为轸水小区居民间提供一个互动交流的平台,通过活动让居民获得参与感与融入感,扩大了居民的交友圈,建立了良好的信任关系,在促进居民交流的同时提升了居民之间的凝聚力。在此次活动中,由于活动时间安排较晚,具体开展时间为下午四点半到五点半,既照顾到了孩子们与家长的闲暇时间,又将活动的地点选在了人流量较大的操场,易于吸引往来居民的加入。此次活动以各种小游戏的形式促进居民的参与与融入,强调社区中居民的个人使命感与社会责任感。

三、鉴与思:促进"居民融合"与"社区融合"的有效途径

"'情暖轸水'居民交流会"项目将促进居民对社区的关注以及与其他居民之间的交流这个主题融入到了整个活动过程中,并且在项目设计以及具体实施过程中,也积累了在探索社区融合道路上值得借鉴的经验。

(一)"趣味运动会"促进居民融合

该项目的一大亮点就是以家庭为单位,开展"趣味运动会"活动。根据前期的调查,针对社区娱乐活动内容和形式上的单一性,居民表达了对其他多样活动的期待,这为"趣味运动会"的开展提供了有利的条件。一方面,以"家庭"为单位的小组活动,不仅可以加强家庭成员之间的沟通和改善家庭成员关系,而且可以将家庭融入到社区中,带来社区层面关系的改善。另一方面,本项目的"趣味运动会"考虑到了不同人群的生理特点,将安全性、趣味性、运动性相结合设计运动项目,降低运动的难度,保障全年龄段社区居民的参与。不仅增进了社区居民之间的沟通,同时也展现了新时代人民健康、文明、积极向上充满活力的精神面貌。

(二)以"沟通零距离"促"居民异家亲"

人类生存需要与他人共同合作,以及仰赖他人协助。任何人都不可能离开社会环境而独立生存。良好的社会支持网络能让人拥有健康的情绪和精神,应对生活中的困境。该项目意在借此活动,建立兴趣小组,通过兴趣小组让居民增加互动,帮助居民之间找到共同点和交流点,使得居民通过前期的"趣味运动会"活动中情绪共染,到

"感恩寄语"活动中找到情感共鸣,以此打破居民之间的隔阂和陌生感,使居民之间建立良好的信任关系,凝聚民众的向心力。同时,该活动为居民提供一个互动与交流的机会,为居民们建立良好的社会支持网络,提升服务对象对社区的归属感。

(三)从"居民融合"到"社区融合"

在活动中,参与活动的居民通过兴趣小组相互认识,培养和发展共同的兴趣爱好,提升与其他居民交流的兴趣;在趣味运用会组成一组的家庭也通过游戏体验拉近了两个家庭间的距离。在"轸水风采"和"感恩寄语"这两个环节,居民自发地关注到轸水的发展与变化,在自然互动的情境和场合中,既增加对社区事务的了解和关心,强调了居民的社区责任感和个人使命感,也促进了居民对社区认同感与归属感。最后在目标的达成度方面。从有效的活动反馈表以及将前后测表进行对比后,可以看出活动参与者,也就是轸水社区居民对本次活动的活动内容、活动时间、活动场地、活动人员是比较满意的,对轸水社区的了解程度、关注程度、参与程度以及归属感也有所提升。

第二节　探索外来人口社区融入的有效路径

斗木獬社区"家的港湾"——情暖"艺"家项目经验

随着我国经济和城镇化的发展,出现了大规模的人口流动现象,城市中的外来人口已经成为城市建设的重要组成部分,为城市发展贡献了自己的一份力量。与此同时,外来人口的增加也带来一些社会问题。外来人口自身的生活习惯、观念等与本地居民之间有显著差异。本地居民与外地居民在相处时关系淡漠疏离、容易产生矛盾,不利于外地居民融入社区。因此,专业社会工作者在社区开展活动时,可以帮助社区中的外地居民与本地居民相互交往,以此提高外地居民对社区的归属感和凝聚力。

对于如何帮助外地居民更好的融入社区,调研队伍于 2021 年 12 月在斗木獬社区开展"'家的港湾'——情暖'艺'家斗木獬社区共促融合项目"。该项目以社区运动会的形式,与居民接触并建立良好关系,帮助建立小组、搭建交流平台,增加本地居民与外地居民之间的交流,减少外地居民与本地居民的隔阂;增进外来居民对斗木獬社区的认识,培养居民对社区的认同感,进而让外地居民也能获得归属感。希望通过此次项目,能够深入探索促进社区居民融入方面的方式和方法。

一、需与应:项目与需求相契合

斗木獬社区本质上是农村社区,原本的老村地址受到 2002 年前后引进化工厂的影响,经过十余年的调整和协商,于 2013 年左右达成了分地方案,在 2013 年 10 月 1 日村里通过抓阄形式分完新社区宅基地后,于 2013 年下半年开始陆续有村民开始在新社区建房,现如今已经有两批迁建村民落地,但目前尚有十余户村民未改迁,第三批迁建工程尚未启动。2020 年 12 月 4 日,斗木獬社区入选 2020 年浙江省卫生村名单。斗木獬社区内的外来人口大多是通过租本地居民的房子的形式在社区生活,虽然在社区生活多年,但邻里关系依旧比较陌生,且大多外地居民的社交圈基本只有同乡群体,在社区内与其他居民互相之间不熟悉,与本地居民的交流也比较少;此外,外来居民社区认识度不够,社区对外地居民也没有太多关注,这也导致了外地居民对斗木獬社区的认同感弱;其次,社区内缺乏有效的平台供外来居民扩展社交网络,加上大多外来居民的"自我隔离",不愿主动去扩展自己的社交网络,这也导致了社区内本地居民与外地居民关系的疏离。

综上所述,外地居民对社区的适应和融入较低,同时对社区的了解度不够,对社区的认同感较低;居民间的交流也比较少,依旧有较多居民难以平衡工作与家庭以及生活状态的不如意。因此项目以"促进外地居民与本地居民之间的交流、促进外地居民融入社区"为主题,旨在增进外地居民对社区的认同感和归属感。斗木獬社区外地居民和社区基本没有太多的互动,且人际关系网络仅限于同乡群体,因此,本项目借此为社区居民搭建一个交流平台和互动机会,扩展外地居民的社会网络体系,以此来增进外地居民和本地居民之间交流,提升居民对社区的认同感和归属感。

二、分离与融合:外地居民社区融合

在项目活动开展前,项目成员通过走访当地居民了解居民需求,并与当地居委会工作人员联系沟通,以深入了解当地居民的基本情况,从而掌握当地居民生活中存在的问题与需求。确定活动主题和活动开展方向之后,项目成员进行多次线下会议讨论活动内容、制作活动计划书、并寻求赞助等。此外项目成员还进行了分工并多次进入社区与外来务工人员面对面交谈,将他们作为活动对象,为他们创建微信群以便交流沟通。在活动正式开展前项目成员与居委会取得联系,通过审批后由居委会提供了活动场地和音响设备。同时,本项目还与当地社工站取得联系,让社工站为项目活动提供了部分活动物资并邀请了社工站工作人员协助完成活动。此外,项目人员也与佳和齿科取得联系,获得了他们对本项目的赞助支持。

项目活动内容较为简单且易操作,运动会项目难度适宜,适合当地所有居民参与,不管是大人还是小孩,活动循序渐进,具有逻辑性;活动场地选择在当地居民经常聚集的广场,较为合理,参与人数众多。因符合当地居民对增加娱乐项目要求,所以参加活动的人较多,且积极性都很高,对活动的认可度也很高,并对下次活动提出了建议。参与活动的居民群体较多,有老人、小孩儿、工作者、家庭妇女,实现了活动参与者的多样性。并且参与活动的不仅有当地人,还有外来居民,这完全符合了活动主题。

　　"'家的港湾'——情暖'艺'家斗木獺社区共促融合项目"聚焦于本地居民与外地居民之间的融合,将本地居民与外地居民集合起来,共同参加社区运动会活动。活动开始前,项目成员先对斗木獺社区进行介绍,接下来让参与活动的居民们通过热身活动活跃了现场氛围,同时让还在工作的居民参与到热身活动中来缓解工作疲劳,提高对接下来活动内容的接受度,让大家活跃起来方便开展后续工作。趣味运动会环节,提升了居民们的团队协作能力,加强了居民之间的互动,增加了活动趣味性。活动最后的牙科义诊环节在吸引居民们参与活动方面起了很大的作用,也让居民们了解自己口腔情况,提醒大家更加注重自己牙齿健康问题。项目中无论是共同协作的趣味运动会,还是健身操活动均促进了本地居民与外地居民之间的交流,扩展他们的社交网络,增进外来居民对斗木獺社区的认识,以此来培养他们对社区的认同感,进而让外地居民在外地也有归属感。

三、鉴与思:探索外来人口社区融入的有效路径

(一)以"运动"促"融合"

　　消除外来居民与本地居民之间的隔阂需要一个平台,本项目以运动会的形式引导外来居民与本地居民共同参加。活动形式不再局限于以往的节日发放礼品,而是与志愿者相互合作,举办一些互助性的活动。在活动中把居民分成若干个小组,以团队的形式参与进来,增强认同感和凝聚力。运动会的热身环节通过广场舞的形式,增加居民间的互动。这种互动式的社区活动,达到促进外来居民和本地居民交往、促进两者之间感情的目的。

(二)以"小组"促"交流"

　　本项目主要采用了社会目标模式的小组工作方法。这一模式的基本观点是强调社会系统与个人、群体间的互动、相互影响、关注社会责任和社会变迁。以小组工作原则与方法,培养组员社会责任感、社会意识、社会良知。本项目在运动会环节,通过划分小组,使

小组互动过程形成共同目标,又可以推动小组工作进程,组员能获得自我发展、提升参与能力和有利于社会发展的能力,以此来增进外地居民和本地居民之间交流,提升居民对社区的认同感和归属感。

(三)以"文化"促"归属"

社区文化包括精神文化、制度文化以及物质文化。本项目通过构建良好的社区风尚与社区公德,丰富社区文化生活,增强居民归属感,让居民真正意义上具有"我是斗木狮人"这一意识,形成斗木狮社区特有的"社区精神"。项目旨在培养每一位斗木狮人的主人翁意识,引导居民积极参与社区公共事务,自觉维护社区公共秩序和公共利益,对缓和社区居民与居委会之间的矛盾、消除外来居民和本地居民之间的隔阂、建设和谐斗木狮社区起到一定的作用。

第三节 "云宫社区"社区融入项目的经验

云宫社区"情暖云宫参与共享"项目

近年来,已经有大量的研究关注中国城市社区治理中的公众参与。社区发展主要方式是进行居民授权,通过组织居民采取集体行动去控制及影响社区的一切程序、计划、决定及有关政策。从广义上讲,公众参与除了公民的政治参与外,还必须包括所有关心公共利益、公共事务管理的人的参与,要有推动决策过程的行动。社区居民在社区发展的过程中的参与必不可少,但是云宫社区的居民之间的交流较少,对社区内的公共事务参与度也不高,这显然不利于云宫社区的发展。

对此,"'情暖云宫 参与共享'项目"于2021年11月—12月进入云宫社区,通过"促进云宫社区居民社区参与"这个主题活动的成功实施,以社区运动会的形式,为其他一些地方解决社区居民参与性问题提供可以借鉴的经验与方法,有助于缓解社会矛盾,解决社区难以融合的问题,促进社区和谐,促进社会发展。

一、需与应:社区与项目相契合

根据马斯洛八阶需求层次,总结了云宫社区的以下几点需求:

1. 老年人改善出行不便的需求,即安全需求,老年人腿脚不便,高楼层不仅让他们出行费力,也存在一定的安全风险。

2. 需要陪伴与爱护的需求,老年人因年龄与身体等因素,逐渐从社区事务中淡化,与老伴相伴生活,但依然希望社区能够给他们提供生活上的帮助,提供一些为老服务活动。据了解,向日葵公益决定通过"在地化培育"的方式向有意向的企业提供专业指导和人员培训,从而培育孵化商圈企业内生服务队伍,鼓励企业积极参与到服务社区居民的行动中,如福泰隆超市整合原有外卖服务人员成立"红色跑腿服务队",专门为社区行动不便的老人、残疾人等困难群体提供免费跑腿服务。

3. 休闲娱乐场所的需求,属于审美需求,希望社区能够为他们的生活增添色彩。

4. 拉近居民与社区领袖距离的需求,希望社区能够多听取居民的需求与建议,积极解决居民在生活方面的难题。

5. 改善居民关系的需求,减少社区生活中的矛盾,使居民自身的生活更和谐。

6. 提高居民在社区事务中的参与度,提升社区治理与发展的内生动力。

二、以"合作"促"融合"

该项目在前期居民活动宣传方面,采取了线上线下、社工站和社区共同宣传的方式,但是主要的宣传活动还是依赖线下沟通。通过对居民讲解的方式让居民了解活动,并告知时间地点,发放宣传单。而在具体的宣传活动当中,项目成员通过分组分别对居民进行宣传。

通过与大部分居民接触后发现,介于社区设施的原因,云宫社区人流量较大的居民集中地在兰溪街附近,周末喜欢在这附近散步逛街。同时在活动中也发现大部分的孩子周末容易有各种各样的补习班,不易于聚集,家长也对此类活动的兴趣较少。调研小组也努力争取了其他居民的参与,然而遇到发放宣传单主要对象是老年群体而青年群体较少的问题。因此,调研小组也对附近商圈进行本次活动的宣传,获得了广泛的认可。

本项目通过第一次活动"感谢友邻社区运动会",意图打开邻里大门,为彼此建立信任桥梁,扩张其社会支持网络,让云宫社区重回邻里互助的时代。第一次活动以运动会的形式为主,因此活动现场十分热闹。共分为八个摊位,分别为签到处(志愿者报名处)、义诊、你画我猜、两人三足、拔河、才艺展示、兑奖、反诈知识问答。除了反诈知识问答摊位设置一位志愿者,其余摊位皆有两位志愿者。另外,设有两名机动人员,维持现场秩序,随时应对突发状况。希望通过本次的社区活动,可以让社区居民明白个人思想往往会影响情绪的反应及行为表现,从而协助社区居民开放思想、增进交流以及减少因一些非理性观念带来的情绪不安和困扰。

第二次活动"社区知多少"举办时,项目成员抓住每一个机会,对社区居民的积极行为和态度给予正面的称赞和评价,使该行为或态度得到满足,加强日后继续出现的可能性。此外,项目成员也要培养社区居民"换位思考"的意识,如提供沟通的黄金定律——想要怎样被对待,就要怎样对待别人。通过展开社区骨干与社区居民结对小组活动,利用破冰游戏、视频、知识竞答等形式,促进居民对社区、社工站的充分了解的同时,引导居民参与社区、社工站活动,自主运用各类服务,提升生活品质。

"社区知多少"成功展开后,居民对社区中的文化特色以及志愿团队和社工站工作有了一定的认识。基于此,本项目组在激发云宫社区居民与管理人员的活动参与热情后,进一步促进了居民与社区领袖之间的协作精神。同时以冬至、春节临近为契机,项目特别关注困境家庭,让社区居民与社区骨干共同协作,体会在社区中共同服务,以提升居民公众事务参与感与获得感,举办了第三次活动"与我一起,共送温暖"。在社区居民了解社区工作人员日常工作的基础上,进一步促进居民体会在社区中共同为弱势群体服务,加强居民与社区工作人员共同沟通;促进居民与社区工作人员合作的良性互动。总的来说,本项目开展的内容比较丰富,参与者也比较多,在合作类项目中,独自前来的人们结伴过关,互相交流,达到了项目设想的"促进居民交流"的目标。

三、探索社区居民融入的有效路径

综上所述,通过"情暖云宫,参与共享"项目,旨在解决云宫社区居民的治理问题。根据项目计划的一步步实施,首先建立关系,激发社区居民参与社区活动的意愿与主动性,发掘并让他们感受到参与社区活动的需求。在项目设计以及具体实施过程中,也积累了探索社区融合道路上值得借鉴的经验。

(一)从"环境"改变"个人"

"环境中的人"实务视角认为,人是会受到环境影响的,尽管"人在情境中"的表达方式不一,词汇背后关于人与环境关系的假设也不相同,但无论哪种表达方式都包含了三个层面:人的层面、环境的层面、人与环境关系层面。Marry Richmond 提出"在情境中理解行为",强调利用环境资源以促进案主的改变和提升。社会工作者应从环境角度理解和干预社区居民以及其行为的框架,检视人与环境之间的互动,提升个人适应环境的能力。根据此理论,本项目从社区运动会、情境小组、共同参与社区实务三阶段设计活动,针对云宫社区居民参与意识弱、社区认同度低等问题,为云宫社区居民参与社区活动创造沟通平台,同时加速居民利益社区化的进程。通过三次的社区活动,利用云宫社区资源使社区及其主体"增能"和"赋权",实现社区主体意识、参与意识复苏的目标。

（二）以"志愿"促"交往"

项目实践过程中设立了志愿者报名处,以便在下一次活动中,可以从参与本次活动的居民中选取合适人员充当活动的志愿者,这不仅有利于活动"打进"社区内部,也为活动解决了志愿者匮乏的问题。通过倡导居民参与志愿活动,居民加入到志愿者队伍中,有助于改善社区邻里之间的交往模式,增加社区居民之间的互动。在这一实践过程中,本项目为促进未来邻里互动关系创造了新的路径。

（三）以"增能"促"参与"

本项目在具体实践中,不仅为云宫社区居民提供社区反诈骗知识宣传,提升居民的社区意识,而且在活动中积极宣传了党的十九大报告所提出的"共建共治共享"的社会治理格局。项目成员积极链接社会政策,为相关活动提供资金支持,并对居民开展技能培训等。这些举措提升了居民关注社区的能力,提高了他们应对问题的水平,增强了面对社区管理者的自信心;同时,也调动了居民积极投身到社会治理的热情中来。这对打造人人参与、共同治理、分享成果的社会具有重要意义。

第四节　探索应对社区"撕裂感"的有效路径

"我们的篝火——相逢篝火,共筑邻里情"项目经验

随着经济的发展,现代社会人与人之间总是存在着一种冷漠感,但是人与人之间的温情却不应该消失。由于行政管理体制上的原因,社区内部出现了"撕裂感",行政区域上的"硬划分"忽略了情感文化上的"软融合"。人口更替流动,外来租户和新住户的流入等等因素,都直接或间接影响了社区内居民之间的交流。但多数人向往温

暖和谐的社区,所以每个居民都要尽力去保持社区的温情,不让它流失。

对于如何应对社区"撕裂感"现象,帮助社区居民更好地融入社区,调研队伍于 2021 年 12 月在觜火社区开展的"我们的觜火——相逢觜火,共筑邻里情"项目,提供了建设性的经验,并且对未来社区融入服务路径指引了方向。

一、"硬划分"与"软融合":社区与项目相契合

在"我们的觜火——相逢觜火,共筑邻里情"项目所服务的 JH 市觜火社区成立于 2002 年 1 月,于 2010 年 11 月进行区域调整,将原觜火社区、青山社区、府上街社区一部分进行合并。觜火社区处于 JH 市繁华商圈周围,社区外部看起来十分的繁华。但是进入社区内部会发现,觜火社区内部有一个环城村,道路十分狭窄,居民楼也不似外部看起来那样高大,给人一种难以置信的感觉。经过后期多次走访,发现觜火社区内可以划分为"高层区"与"低楼区","高层区"处于觜火社区靠近商圈的部分,而"低楼区"则处于商圈的边缘地带,多为低矮楼房,而且多处楼房都已年久失修。觜火社区的"撕裂感"不仅体现在内部各地建筑上的差异,还体现在不同居民在情感上的疏离。

马斯洛的需求层次理论结构包括人类需求的五级模型,通常被描绘成金字塔内的等级。从层次结构的底部向上,需求分别为:生理(食物和衣服),安全(工作保障),社交需要(友谊),尊重和自我实现。觜火社区居民在生理方面的需求都能够得到满足,但是根据调查发现,觜火社区居民的"社交需要"不能够得到充分的满足。环城村内的居民基本上只与自己熟悉的同村人来往,很少与高层处的居民有往来,社交范围不大。环城村的居民对社区活动积极性不高,很少会去参加。觜火社区的居民多为外来人口和退休人员,平时空闲时间较多,但是社区内部可供居民休闲娱乐的设施很少,居民的业余生活单调,彼此间既缺少交流沟通的意愿也缺少互动沟通的平台,邻里关系十分淡薄且缺乏凝聚力,因此需要一个沟通交流的机会来加强彼此间的联系;并且觜火社区的居民参与社区建设意识薄弱,尽管部分居民都支持社区建设人人有责的观点,但大部分居民还是不愿意主动参与到社区公共事务中,为社区建设提供监督和建议,一部分居民甚至不清楚参与社区公共事务的途径,对此持消极、不关心的态度,所以居民们在参与社区自治、社区管理的意识较为薄弱,对社区的认同感与归属感也较低。

基于以上对觜火社区的认识,"我们的觜火——相逢觜火,共筑邻里情"项目将关注点主要放置到了满足居民的"社交需要"上,以"邻里情"为焦点,打破社区区隔,增进交流,促进社区融合,减少社区撕裂感。活动以团队合作的形式在觜火社区开展为期三次的活动。让居民全面了解觜火的各个小区,增强自身归属感,使参与的居民通过团队活动相互认识,丰富日常生活,增进与其他居民的交流,提升居民的幸福感与认同感,有利于和谐社区的建设。

二、"打破区隔"与"促进融合":居民与社区相融合

在活动前期,项目成员通过走访了解到居民需求,以此为基础设计与居民需求相对应的各项活动。成员通过实地走访讲解活动的方式在小区内部进行多次宣传,在开展活动的同时寻找适合参与的居民作为对象,并建立微信群以备联系。之后,项目成员向社区居委会申请,借用场地、道具等活动所需设备。接着,将打印好的计划书初稿分发给小区周边的商铺,以寻找本次活动赞助商,最终获得百果园的物资支持、旭东口腔诊所的资金和物资支持。此外,在活动开展前笔者明确了活动目标和任务,完成了对小组成员进行现场活动的分工。

为达成项目目标,在社区活动的开展过程中本项目为居民提供互动的机会,使居民在自然互动的情境和场合中,增加对觜火社区内其他小区或居民的认识与了解。并且建立团队小组,通过团队合作

的方式让居民增加互动,使居民之间建立良好的信任关系,凝聚民众的向心力,并且打破社区区隔,增进社区内不同小区的交流,促进社区融合,减少社区撕裂感。

第一次活动"认识觜火"帮助觜火不同区域的居民相互认识,实现破冰,让居民们感受到社区的团结和温暖;并且通过运用觜火照片及在社区内"寻宝"来让居民们了解到更加丰富的觜火社区。

第二次活动"情暖觜火"通过拍卖会、文艺汇演等方式,为觜火社区的日常生活与娱乐方式提供新思路,帮助觜火不同区域的居民增进了解,加强交流沟通,感受居民间的温暖。

第三次活动"宝藏觜火"通过让居民穿行在觜火社区当中,了解觜火社区不同地点的不同风貌;以及运用小组共同完成任务的方式,增强居民之间的了解,促进居民间的合作互助。让居民全面了解觜火的各个小区,增强自身归属感,使参与的居民通过团队活动相互认识,丰富日常生活,提升与其他居民的交流,打破社区区隔,增进社区内不同小区的交流,促进社区融合,减少社区撕裂感,提升居民的幸福感与认同感,有利于和谐社区的建设。

"我们的觜火——相逢觜火,共筑邻里情"项目主要聚焦于社区的"撕裂感"现象,将不同社区的居民聚集在一起,通过活动相互认识,培养发展共同的兴趣爱好,提升与其他居民交流的兴趣;在游戏过程中组成一组的居民之间也相互认识,能够在之后的生活中有更进一步的了解。本次活动既带给居民丰富的活动体验,也为觜火社区居民间提供一个互动交流的平台,通过活动让居民体验到自己对活动的参与感与融入感,扩大了居民的交友圈,建立了良好的信任关系,在促进居民交流的同时提升了居民之间的凝聚力。在"进入觜火""品味觜火""再识觜火"等环节中,居民自发地关注到觜火社区的发展与变化。在自然互动的情境和场合中,该活动不仅增加了居民对社区事务的了解和关心,强调了居民的社区责任感和个人使命感,也促进了居民对社区的认同感与归属感。

三、应对社区"撕裂感"的有效路径

综上所述，"我们的焫火——相逢焫火，共筑邻里情"项目将以"情"促"融"，通过促进居民融合，达到社区融合。项目把减少社区"撕裂感"融入到了整个活动过程中，并且在项目设计以及具体实施过程中，也存在其他在探索社区融合道路上值得借鉴的经验。当然这些经验并不意味着需要将其直接"搬运"到其他社区的社会工作实践中，而是提供一条探索社区居民融合的新思路。

（一）"线上"与"线下"同期宣传

在具体实践过程中，该项目采取了线上微信群的建设与线下海报张贴、线下拉人同期宣传的方式，让活动宣传方式更加完善，也有利于活动居民的整合与实际的宣传。建设活动微信群的方式，把有意向参加的居民通过群聊集中起来，以此来增强他们的参与感，也方便后续通知活动时间、进行活动预热和后续的活动反馈，让参与群聊的居民更有使命感，对活动充满期待，以此促进活动成效减少"社区撕裂感"的实现。很多居民前来参与活动的过程中都会率先表明："已经提前加入了活动微信群"。这意味着微信群的建设让他们参与活动的可能性提升，也对后续活动的开展有一定的帮助。当然，也有一部分居民不愿意加入微信群、没有手机无法加入、以及此次活动没有后续，微信群是否需要解散等问题也需要进一步思考。

（二）强化居民的"社会资本"

该项目的各项服务活动的服务理念，都围绕着强化居民的"社会资本"展开。焫火社区的居民多为老年人，作为弱势群体，他们的生理机能逐步达到生命中最低的时候，退休后的他们与社会联结的社会资本开始减少，人力资本、物力资本和社会资本全面下降。因此，他们在面对社区事务的时候难免会感到无力感，没有足够的资源来完成他们作为焫火社区成员的角色。为了促进焫火社区融合，让居

民认识到自己能够改变社区的境况,本项目需要通过强化他们的社会资本,形成小组。当人和人在群体互动的过程中有情感和思想交流,并且他们之间能够相互认同、支持时,就会形成更加亲密的关系。这样,可以借助小组的力量,增进成员的自我洞察和自我接纳,从而恢复和增强其社会功能。同时,使居民在小组中获得一定的权力,加强居民对于自己是"社会人"的理解,提高他们对参与到觜火社区建设的积极性。

(三)以"情"促"融":从居民融合到社区融合

该项目另外一个突出的亮点就是没有将注意力全部放在如何拉近居民之间关系上。在该项目促进社区融合过程中,不仅把焦点放到了拉近居民之间关系,增加居民之间情感互动,而且还通过举办活动,使居民自发关注到了觜火社区的发展与变化,促进社区融合。一方面,通过"击鼓传花"、"心有灵犀"等小组活动的开展,提升了与其他居民交流的兴趣,拉进了居民之间的联系,有效地通过活动使得参与人员彼此相识;为觜火社区不同区域的居民提供了相互了解的机会,通过活动让居民体验到自己对活动的参与感与融入感,扩大了居民的交友圈,建立了良好的信任关系,在促进居民交流的同时提升了居民之间的凝聚力。另一方面,在活动中,让居民观看觜火社区的照片、穿行在觜火社区中参与活动,使居民自发地关注到觜火社区的发展与变化,在自然互动的情境和场合中,既增加对社区事务的了解和关心,强调了居民的社区责任感和个人使命感,也促进了居民对社区认同感与归属感,减少社区的"撕裂感"。

第三编

社区老年人服务

随着经济发展水平提高,国家医疗卫生条件的改善,人们的生活质量不断提高,老年人的平均寿命不断延长,随之而来的是人口老龄化。最新人口普查结果显示,2020年我国总人口为141 178万人,其中65周岁以上老年人口约19 059万人,占人口总数的13.5%。面对老龄化的加剧,世界卫生组织要求人们以积极的态度来应对人口老龄化的问题,并确定"健康、保障、参与"三大老龄事业支柱。

老龄化不仅要求满足老人的物质生活,还要为老人参与社区创造有利条件,这样才能真正实现老有所学、老有所乐、老有所为的目标。老龄化引发的一系列社会问题越来越成为社会关注的焦点,老人随着年龄的增长,生理开始发生变化,慢性疾病增多。当老人结束了忙碌、充实的职业生涯之后,他们的社会活动和交往空间迅速缩小,家庭功能萎缩、社会角色淡化,心理上往往会产生空虚寂寞感,社区将成为老年人最主要的空间。社区发展是社会建设中的一个重要组成部分,而居民参与是衡量一个社区发展的重要指标。要想真正完善社区建设,居民参与的积极性是关键因素。然而社区中老人参与社区事务的现实情况不容乐观,想要调动居民参与社区活动的积极性,不仅要从社区出发,更要从社区居民身上下功夫,只有居民的广泛的参与,才能实现社区治理,从而构建和谐社区。老年人作为社区参与的主力军,他们在参与社区各项活动的过程中不仅可以丰富晚年生活、满足其精神文化生活的需求,还有利于促进老人身心健康,实现老有所为的愿景。

从社会工作的角度出发,促进老年社区参与的过程需要发掘社区精英、培育老年兴趣团体,注重挖掘老年人自身的潜能,搭建线上沟通平台,增进老年人对社区的认同,同时社区在活动设计时应以老人需求为本。

第九章　初　始　社　区

第一节　柳宿花园社区

一、柳宿花园社区的基本状况

（一）社区的现状

1. 柳宿花园社区简介

新狮街道柳宿花园社区成立于 2004 年 9 月。社区位于 JH 市北郊，东临迎宾大道，南临环城北路，西临金罗公路，北靠北二环西路。社区总面积 1.05 平方公里，共有柳宿花园、绿城御园、怡景园等 18 个小区，房屋 429 幢，现有住户 5 605 户，居住人口 11 400 余人，其中文明平安家庭 1 620 户，五好家庭 1 302 户，是江北城区新兴居民聚集地。辖区内有 WC 区人民检察院、JH 市人防办、WC 区公安分局、JH 市公安局、JH 市广福医院、JH 市大昌有限公司、WC 区机关幼儿

图 9-1　柳宿社区地理位置图

园、牵头附小、ZJ 致远建设工程咨询监理有限公司等 9 家共建单位。社区先后获得省级体育先进社区、省无障碍示范社区、JH 市文明社区、绿色社区、优秀文化社区、充分就业社区、计划生育示范社区、巾帼文明岗等荣誉称号。

表 9-1　柳宿社区相关数据

1.05 平方公里社区区域总面积	18 个小区柳宿花园、绿城御园、怡景园等	429 幢房屋
5 605 户现有住户	11 040 余人居住人口	文明平安家庭 1 620 户、五好家庭 1 320 户
25 个小区宿舍	299 942 平方米柳宿花园小区总建筑面积	柳宿花园小区共有 63 栋 169 个单元 2 094 户
5 幢部队的安置房	以党员为先锋的 10 支 100 人的群访群治队伍	3 支公益队伍："和美啄木鸟"、"和美大脚板"、"和美小脚丫"
9 家共建单位：WC 区人民检察院、JH 市人防办、WC 区公安分局、JH 市公安局、JH 市广福医院、JH 市大昌有限公司、WC 区机关幼儿园、牵头附小、ZJ 致远建设工程咨询监理有限公司	3 个党支部：北山路党支部、柳西党支部、柳东党支部	5 扇门：西门、南门、东门、北门（其中北门有两个）
小区内共有 12 个清洁工，每人每日负责 18 个楼	7 个垃圾分类集中投放点	11 个跨界党群单位
5 个两新组织	8 个驻区单位	4 处快递自提柜且全天开放

2. 组织机构

柳宿花园社区的组织架构图如下图所示：

（1）**社区党委**：北山路党支部、柳西党支部、柳东党支部。

（2）**驻区单位**：新狮街道卫生院、新狮街道党工委、牵头附属小学、WC 公安分局、JH 市公安局、WC 区机关幼儿园、JH 市人民防空办公室。

（3）**两新组织**：芙蓉婺剧团、JH 市乐福社会工作服务中心、JH

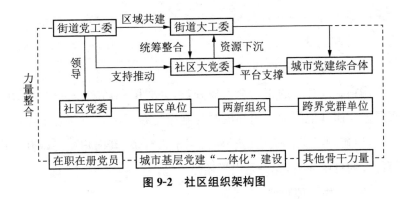

图 9-2　社区组织架构图

市广福医院、ZJ 大昌投资集团股份有限公司、ZJ 致远工程管理有限公司。

（4）**跨界党群单位**：WC 区卫生和计划生育局、WC 区民政局、WC 区科学技术局、WC 区残疾人联合会、WC 区妇女联合会、共青团 WC 区委员会、WC 区关心下一代工作委员会、WC 区委政法委员会、WC 区委宣传部、WC 区委组织部、WC 区委纪律检查委员会。

（5）**所属行政区划**：JH 市→WC 区→新狮街道→柳宿花园社区。

（二）社区的历史

1.社区的由来

柳宿花园原为荷花塘角的拆迁地块,其中有一个湖,因周边杨柳成荫,所以命名为柳宿花园。

2.社区的发展历程

柳宿花园社区的建设历程独特而富有意义。起初,社区以东边为起点,精心规划并率先建设,主要目的在于为拆迁户提供一个温馨、舒适的安置之所。随着时间的推移,社区逐渐向西扩展,西边区域也陆续被精心打造,成为专为牵头老师、部队家属等人群提供的优质居住区域。这一扩展不仅彰显了社区发展的全面性,更体现了对多元群体需求的深刻理解和细致关怀。

（三）社区的制度和结构

1. 管理制度

（1）车辆进出管理制度

柳宿花园社区的正门全天候开放，为居民和访客提供便捷的出入通道。而其他门的车辆开放时间则设定在早上 6 点至晚上 10 点之间，以确保社区的安全与秩序。至于人行道，其门户始终敞开，方便行人的自由通行，无论是白天还是夜晚。

（2）宠物管理制度

社区允许居民饲养宠物，但规定早上 7 点至晚上 7 点是不允许居民外出遛狗的。如若发现居民未按规定外出遛狗，会进行劝阻。

（3）物业收费

2019 年 11 月 1 日—2020 年 10 月 31 日，物业费按 0.5 元/平方米收费，有固定车位的用户需要缴纳泊位费；安顺物业公司在处理与社区居民的关系时秉承"业主有求，物业必应，物业主动，业主感动"的口号，由社区委员、业委会委员、物业党员来共同协商小区内部事务；每月 15 日被设为接待日，用来了解业主的需求，处理投诉；建立业主和安顺物业工作人员的微信群，随时听取业主的呼声。

2. 社区的重要组织

（1）社区的主要组织

柳宿花园社区委员会、柳宿花园社区居委会、柳宿花园社区居民监督委员会。其中社区居民监督委员会由社区居民投票选举产生，起到监督社区工作的作用。

（2）志愿者协会

社区组建了以党员为先锋的 10 支 100 人的群访群治队伍，参与社区志愿服务；成立了"和美啄木鸟""和美大脚板""和美小脚丫"三支公益队伍，主要负责关爱老人、帮扶困难群众、疏导特殊人群;社区还有浙江师范大学志愿者总队、茶花姐妹、四点半学校、健康家服务、亲子读书会。

（3）文化体育兴趣组织

芙蓉婺剧团。

（4）民办社会工作服务机构

JH市同心机构、JH市麦地社会工作服务中心。

3. 社区居民和阶层结构

柳宿社区东区老年人居多,西区年轻人居多,小区居民构成复杂,有拆迁户、牵头老师、公安、部队安置人员等。社区中有5幢居民楼供部队家属居住。总体而言,社区居民的收入处于中上水平。

（四）社区的资源

笔者从JH地区的一些公众号、当地媒体报道等途径了解到,柳宿花园社区可以说是JH市的一个明星社区。该社区内有众多优秀的各单位机关个人或集体,有一个长期举办的"邻里节"备受居民欢迎和期待。并且该社区与浙江师范大学社会工作系有长期接触与合作,与浙江师范大学法政学院志愿者队伍也有长期合作。自身资源和对外资源都比较丰富。

1. 社区内资源

（1）物质资源

① 教育:柳宿花园社区内设有WC区机关幼儿园、牵头附小、雏鹰培训机构、红楼教育培训机构等。

② 医疗卫生:柳宿花园社区的医疗需求主要由位于新狮街道的卫生院来负责,且社区地域范围内有广福医院。

③ 娱乐休闲:

● 广场舞:居民组织广场舞,每晚19点—20点在柳宿篮球场进行,由一个人主要负责。

● 功夫扇:同样的时间,和广场舞这边一湖之隔的社区服务站楼下有一群跳功夫扇的阿姨,有一个老师负责教授。跳功夫扇的人主要由邻居介绍来参与的。

● 社区内设有专门的房间,可供居民日常打牌娱乐或是看书。

● 社区内设有专门的健身房并配备跑步机、乒乓球台等健身器材,可供居民日常健身与娱乐。但其中一些健身器材已经损坏,一般晚上来健身的居民比较多。

④ 基础设施

社区爱心厅,内有三个房间,分别是图书阅览室、残疾人康复中心、棋牌室,该厅面向社区居民定期开展义诊等;和美阳光厅,是开办四点半学校和亲子读书会的学习场地;群艺厅,是居民休闲锻炼身体的场所,内有乒乓球桌、跑步机;早晚晨练点,为老年人群提供早晚健身跳舞的场所。

社区内设立了旧衣回收箱,旨在倡导资源循环利用,减少浪费。此外,社区还配备了室外基础健身设施,这些设施为 2008 年奥运会期间响应国家号召而建立,至今已陪伴居民多年,但部分设施因缺乏维护稍显陈旧。为了满足居民的休闲需求,社区在不同位置修建了精美的亭子,供人们休憩放松。同时,为了便利居民的日常出行和充电需求,社区还安装了智能充电桩。社区还设立了快递自助取放点,极大地提高了生活的便捷性。

垃圾分类投放点:柳宿花园小区 2003 年建成,总面积 299 942 平方米,共有 63 栋 169 个单元 2 094 户,设有垃圾分类集中投放点 7 个,投放点四周设有垃圾分类标准以及如何投放等宣传标语,垃圾分类点投放时间为早上 6 点—9 点,下午 18 点—21 点。

柳宿花园小区交通便利,南门、东门、西门都设有交通站点。柳宿花园社区内设有退役军人服务站,负责退役军人的日常接待、信息登记、走访慰问、联系结对、民主议事和定期活动等，为退役军人提供政策咨询、权益保障、帮扶救助、就业指导以及法律等方面的服务。

社区设有志愿服务荣誉墙，通过表彰优秀的志愿者来增强居民参与志愿服务的积极性。

图 9-3　基础设施

（2）精神资源

文化、习俗、居民的智力水平、劳动技能、价值观和社区认同感和归属感、参与公益性活动的积极程度和水平等。

① 居民参与活动积极程度：据社区工作人员反映，社区居民参与活动的积极性比较高，但笔者在走访社区时发现还是有部分居民反映不知道社区举办的有些活动，也很少去参与。且据笔者观察许多参与社区活动的居民大多是为了活动中的小礼品而去，纯粹地参与到活动中去的比较少。

② 对于那些住了很长时间的居民而言，其对社区的归属感还是比较强的，而对于这些住的时间比较短的居民而言，对于社区的归属感较低。

2. 社区外资源

柳宿小区一直是 JH 市文明创建的示范性社区，且社区居民构成复杂，东区老年人居多，西区年轻人居多。小区成分复杂，有拆迁户、牵头老师、公安、部队等，从而使得政府的资源部分向该社区倾斜。此外，由于柳宿小区离牵头很近，因此比较容易获得牵头的志愿服务资源。

（五）居民的生活水准、生活方式和人际关系

1. 生活水准

因为社区居民大部分属于拆迁户、企事业单位退休人员、牵头老师以及部队家属，居民收入水平普遍较高。

2. 生活方式

社区居民一般需要到角木蛟社区买菜、购物等，平时会有一些广场舞或是功夫扇兴趣小组，但也有一部分居民选择自己一个人去散步或是待在家中。

经过调研小组几次实地走访与了解，发现社区内活动较为频繁的以退休老人或者在职人员家属为主，大多是带着学龄前孩童游玩，或者三五成群聚集聊天。主要集中地点是湖心小公园、幼儿园附近、东区东门凉亭三处。人流量高峰在每日幼儿园上下学，也就是早晨七点左右和下午四点左右。有不少居民表示自己只是来这里暂住，帮助在 JH 工作的儿子儿媳或女儿女婿代管小孩，所以对社区并没有太多的归属感，等时间一到还是会回到自己的家乡居住。基本上居民的生活都处于一个相对平和的状态，没有过分剧烈或高频度的冲突。

表 9-2　柳宿居民活动表

6:00	柳宿花园小区西门开门
6:00—9:00	垃圾投放时间
7:00 以后	不允许外出遛狗
中午	小区内会有一些居民带小朋友出来玩
18:00—21:00	垃圾投放时间

（续表）

19：00 以前	不允许外出遛狗
晚上	会有一些居民在小区户外的公共场所跳广场舞和锻炼，同时也会有居民到社区党群服务中心一楼的群艺厅锻炼（打乒乓球、在跑步机上跑步等）
22：00	柳宿花园小区西门关门（车不能进出，人还是可以进出的）南门晚上一直都开

3. 人际关系

据居民反映社区太大了，自己一般都不会出门，主要待在家中。除了一些兴趣小组、自己家周围的部分邻居外，对社区里的其他居民还是不太熟的。

二、柳宿花园社区内的组织与单位机构

（一）中共 JH 市 WC 区新狮街道柳宿花园社区委员会

社区党委下设三个支部，分别为北山路党支部、柳西党支部、柳东党支部。

（二）JH 市 WC 区新狮街道柳宿花园社区居民委员会

1. 人员构成及成员职责

表 9-3　居委会成员职责表

主任	1人	主持社区内各项事务，分管文明创建、共建、民政工作
副主任	1人	分管民情民访、消防、民兵工作
委员	5人	分别分管综合治理工作、计划生育、档案工作、财务工作、劳动保障、台账、志愿者活动、妇联、文化宣传、共青团工作、企退管理、党建管理工作

2. 社区居民委员会重要职责（召开会议的重要内容）

社区居委会致力于促进党员间的紧密交流与合作，每月定期召集党员参与组织生活会。在这些会议上，党员们深入学习当月党组织下发的重点学习材料，以确保党的政策精神得到准确传达和深入贯彻。

同时,居委会也定期召集物业公司和业主委员会的代表召开联席会议,共同商讨小区内的各项事务。在会议中,大家集思广益,共同探讨小区的大小问题,并寻求共识以形成共同决议。尽管在讨论过程中难免出现意见分歧,但大家都能以开放和包容的态度,通过深入的交流和解释,努力达成共识。

对于少数难以达成共识的议题,居委会始终坚持民主集中制的原则,采取少数服从多数的方式,确保决议的公正性和合理性。这种工作模式不仅有助于提升小区管理的效率和水平,也加强了居民之间的团结与协作,共同推动社区的和谐与繁荣。

(三)JH 市 WC 区新狮街道柳宿花园社区居务监督委员会

1. 人员构成

新狮街道柳宿花园社区居务监督委员会由主任 1 人和成员 2 人组成,均由社区居民投票选举产生。

2. 主要职责

负责监督社区工作。

(四)柳宿花园社区物业(准物业)管理委员会

人员构成及成员职责

表 9-4　管理委员会成员职责表

主　　任	统筹物业(准物业)管理委员会各项工作
副 主 任	专职负责准物业管理各项工作,兼任一片区准物业业主委员会主任
委　　员	担任各片区准物业业主委员会负责人,负责片区内准物业管理各项工作,包括财务管理、"四保"服务工作内容检查、落实、台账登记归整等
物管专员	协助委员会开展物业(准物业)管理服务各项业务性工作
业主代表	担任各片区准物业业主委员会委员,具体负责居住小区准物业管理基本情况、信息收集、反馈等,协助委员会开展物业(准物业)管理各项前期准备工作

(注:有物业公司的小区是物业公司,没有正式物业公司的小区是准物业进行管理,就是依托已成型的物业公司。)

（五）安顺物业柳宿花园服务中心（物业公司）

1. 经费收入与支出

（1）收入：以物业费为主；

（2）支出：A.小区工作人员工资（保安、园艺、水电工、供水、工程、保洁部员工）；B.小区公共设施；C.小区绿化。

2. 秉承的理念

物业代表全体业主，为全体业主服务；

业主有求，物业必应；物业主动，业主感动。

3. 附：收物业费公告部分内容

（1）2019年11月1日—2020年10月31日的物业费

多层按0.5元/平方米收费

高层按0.75元/平方米收费

（2）有固定车位的住户请于已交泊位费到期前到物业办公室办理续费手续，如逾期30天未办理续用缴费手续的，公司有权将车位重新安排；

（3）2018年11月1日—2019年10月31日未缴费的住户请尽快缴纳应缴物业费；

（4）在2019年12月31日前缴纳本期物业费的业主可以领取礼品。

（六）驻区单位

主要包括新狮街道卫生院、新狮街道党工委、牵头附属小学、WC公安分局、JH市公安局、WC区机关幼儿园、WC区检察院、JH市人民防空办公室（民防局）8个单位。

（七）两新组织

主要包括芙蓉婺剧团、JH市乐福社会工作服务中心、JH广福医院、ZJ大昌投资集团股份有限公司、ZJ致远工程管理有限公司5个组织。

（八）跨界党群单位

主要包括 WC 区卫生和计划生育局、WC 区民政局、WC 区科学技术局、WC 区残疾人联合会、WC 区妇女联合会、共青团 WC 区委员会、WC 区关心下一代工作委员会、WC 区委政法委员会、WC 区委宣传部、WC 区委组织部、WC 区纪律检查委员会 11 个单位。

（九）红楼教育培训机构（美术、音乐等兴趣班）

1. 红楼教育培训机构的客户群体以柳宿社区居民为主（原因为距离较近，家长接送方便）；

2. 租金主要是给物业；

3. 红楼教育培训机构在柳宿花园小区内开了 7—8 年；

4. 其中的工作人员并不是都住在柳宿社区。

（十）志愿者服务队伍

1. 社区组建了以党员为先锋的 10 支 100 人的群访群治队伍，参与社区志愿服务；

2. 成立"和美啄木鸟""和美大脚板""和美小脚丫"三支公益队伍，关爱老人、帮扶困难群众、疏导特殊人群；

3. 茶花姐妹、芙蓉婆剧团、四点半学校、健康家服务、亲子读书会等；

4. 社会工作机构——同心社工机构。

三、柳宿花园社区相关制度

（一）柳宿花园社区五议两公开工作

1. 五议

（1）党员、群众建议（对社区内重大事务根据居民反映强烈的问题提出建议）；

（2）社区党组织提议（对社区内重大事务、党组织在广泛征求意见、认真调查论证的基础上，集体研究提出初步意见和方案）；

（3）社区联席会议商议（根据党组织的初步意见、组织两委班子成员充分讨论，按照少数服从多数的原则形成商议意见）；

（4）党员大会审议（召开党员议事会成员会议，对议案进行充分讨论完善）；

（5）社区居民代表大会决议（对社区内重大事务，召开居民代表大会进行决议）。

2. 两公开

（1）表决结果公开（经居民代表会议或居民会议决议通过的表决，一律在公示栏公告，公告时间原则上不少于7天）；

（2）实施情况公开（决议事项在党组织领导下由居委会组织实施，实施结果及时向全体居民公布）。

（二）新狮街道柳宿社区红色全科网格制度

社区坚持党建引领，构建以属地为责任主体，以"红色全科网格"为预防机制，以"小事不出社区，大事不出街道，矛盾不上交"为目标。社区分为两个大网格，将网格延伸到每栋楼宇、每个单元，建立"1＋N"组团式服务模式，"1"指一个楼道长，"N"指若干个党员，通过网格员信息上报，及时化解矛盾。通过组建党群联盟、开展志愿服务、打造便民服务活动阵地、民情民访代办等举措，充分发挥基层党组织的战斗堡垒作用和党员先锋模范作用。

（三）阳光居务制度（对每月收支明细等社区事务的情况进行公开）

（四）制定相关的社区居民公约

（五）楼道长制度

1. 每栋楼设有楼道长，由楼道长召开居民会议，居民有问题向楼道长反映；

2. 如果居民愿意当楼道长可以到社区居委会报名，类似于志愿者活动。

四、柳宿花园小区垃圾投放、分类及保洁工作

（一）垃圾分类集中投放点建设

1. 小区内共设有 7 个垃圾分类集中投放点；

2. 垃圾投递的时间为 6:00—9:00，18:00—21:00；

3. 垃圾分类集中投放点旁边放置有详细的垃圾分类指示牌与垃圾分类宣传海报；

4. 经投放站的垃圾会被拉到垃圾处理站；

5. 垃圾处理者。垃圾处理者月工资 2 000 多元,社区将招募垃圾处理者这部分工作外包给第三方,垃圾处理者的工资主要由第三方承担,政府拨款 3 000 元给中介,中介以 2 000 元招聘老人。接受采访的垃圾处理者同样居住在柳宿小区,由于这份工作性质特殊,非本小区的居民往往不愿意从事这样的职业。考虑到许多老人没有退休金,为了补贴家用,他们常常会亲自收集并卖掉那些可以回收的金属和纸制品。

（二）垃圾分类宣传工作

除了在垃圾分类集中投放点旁边放置有详细的垃圾分类指示牌与垃圾分类相关宣传海报外,小区内许多宣传栏内也贴有垃圾分类的宣传海报,同时在有些垃圾分类集中投放点也贴有垃圾分类时尚达人与垃圾分类时尚星级小区评选的宣传海报。

（三）垃圾分类实际开展情况

一般老人来丢垃圾的比较多,90％的居民可以将垃圾分好类,如果没有将垃圾分好类,垃圾处理者会进行分类。

（四）小区保洁工作

一共有 12 个清洁工,每人每日负责 18 个楼。

（五）可回收物回收

柳宿花园小区内设有多处可回收物回收箱,主要回收旧衣物、鞋子、包、床上用品、书本等(其回收流程为:箱满→小区物管、业主、单位拨打客服电话请回收公司来回收或者回收公司定期上门统一回

收→回收利用）。

五、柳宿花园小区内的文化活动

（一）小区内有组织过柳宿花园小区共建联谊会活动

（二）广场舞及功夫扇

1. 广场舞一般在 19:00—20:00 在柳宿篮球场进行，由一人主要组织与负责；

2. 同样的时间，在社区服务站楼下有一群阿姨在跳功夫扇，由一位老师教授。跳功夫扇的居民主要由邻居介绍来参与的，自愿活动，不算组织；

3. 广场舞扰民情况总体相对可控，居委会接到过一次投诉，经过社区的协调，事情已经处理好。

（三）健身/活动场所及器材

1. 健身器材区晚上没有灯；

2. 晚上会有居民在小区户外的公共场所锻炼（打篮球等），同时也会有居民到社区党群服务中心一楼的群艺厅锻炼（打乒乓球、在跑步机上跑步等）；

3. 小区内设有多处健身器材，但使用的居民较少，其中有一些健身器材在比较偏僻的位置；

4. 在群艺厅内除了乒乓球桌以及跑步机（但部分居民不知道怎么使用）等健身器材（部分器材损坏）外还有一处放置有戏服，同时在墙上还有"文化助推　文明创建——WC 区文化志愿者义演活动"的条幅；

5. 社区活动室平时均开放并定期维护。

六、柳宿花园小区居民关系

1. 居民参与集体活动的积极性

居民参与集体活动的积极性较高，举办活动基本都是在社区一楼沿湖平台或者篮球场，活动现场来参加的居民不少，活动举办很成功，效果也很好。

2. 存在小区内的老人与其他居民接触不多的情况

（1）受访者一：86 岁老奶奶

铁路新村拆迁户，来柳宿三年了，但是没有认识新的朋友，她儿子说她耳朵不好让她不要在外面玩，所以一般只是自己一个人早晚绕柳宿外围散散步，不知道社区有什么活动，从未参加过社区活动。

（2）受访者二：锻炼身体的爷爷

老伴与小区内的其他老人有交流，自己与其他居民交流较少，且自己与老伴有时会到杭州帮子女带孩子。

3. 存在高楼层住户和低楼层住户因绿化问题矛盾激化的情况

低楼层居民对环境有意见只能自己去反映，且没有集体商量过如何处理这个问题。低楼层住户对高楼层住户"事不关己"的态度很不满。向楼道长反映相关问题，但问题仍然得不到解决。据某位居民反映，楼道长和物业关系好，因此可能会倾向于物业的利益，而忽略低楼层住户的需求。

4. 有些业主因为停车的地方要建在自己所居住的楼层附近（邻避效应），而没有在小区里全面试点也有所不满

七、其他

1. 低矮楼层（6 层）没有电梯，东门附近的高楼有电梯；

2. 西门有一些小店铺，但其商品并不只售卖给社区内的居民，也会售卖给社区外的人；东北门有早餐店、供小朋友玩耍的玩具店和培训机构；东门有幼儿园；

3. 社区设置有柳宿花园社区志愿者服务之星、优秀志愿服务团队评选制度（其中有学生志愿者的身影）；

4. 社区东门外有一个加油站；

5. 有物业公司的小区是由物业公司进行绿化和卫生管理，没有正式物业公司的小区，现在是准物业进行管理，就是依托已成型的物业公司，进行日常的保安保洁保序保维护；

6. 居委会与物业对保洁员的态度较好。

第二节 毕 月 社 区

一、社区的基本状况

（一）社区的现状

毕月位于新狮街道西北,距离JH市区2.5公里,全村总面积3 000余亩。东接迎宾大道,距杭金衢高速公路入口1.5公里;南贴师范大学,人员流动量大;西临北山路;北靠JH山,离国家级双龙风景区较近。

（二）社区的历史

杭金衢高速公路从村中穿过,把毕月分为前后两个村,前村为新村,商业繁荣,是近十年来毕月高速发展的成果,有老年活动室、菜市场、水果市场等配套设施;后村为老村,是历代村民主要的居住生活区域,有毕月龙头房和许多清代建筑,历史悠久,文化底蕴浓厚。

（三）社区的制度和结构

1. 社区的重要组织

毕月支部委员会、毕月居民委员会、毕月经济合作社、毕月村民监督委员会、毕月居家养老服务照料中心。

图9-4 毕月居民委员会

图9-5 毕月居家养老服务中心

2. 社区居民和阶层结构

毕月现有人口 1 210 人,其中妇女 530 人,60 岁以上老人 257 人。村两委干部 10 人,党员 50 人,村民代表 50 人。

(四)社区的资源

1. 社区资源

(1)人力资源

毕月村委会干事、毕月党员、浙江师范大学志愿者、毕月村民;负责牵头的志愿者是经管学院的青大队,其与村委会保持联系;还有为居家养老照料中心提供打扫服务而招募的志愿者。"毕月"社区的党员,身上带有"四必访"的任务,是社区活动主要的人力资源。

(2)物力资源

居家养老照料中心、社区健身器材、跳广场舞的空地。居家养老照料中心:为老人提供两餐,提供棋牌活动器具。老人们喜欢聚集在这里,对老人们来说是个很好的活动场地。社区健身器材,偶尔会有小孩子去玩,但平时一般被拿来放置晾晒东西。跳广场舞的空地:在共享汽车那块空地,村里的妇女经常在那里跳广场舞。

(3)财力资源

集体财产分红、政府补贴。集体财产分红:主要来自村集体房子的出租费用,收入不菲,户籍在毕月的居民每人每年可以分得4 000 多元的分红,长者还能获得更多。政府补贴:发放给失地农民赔偿金。

(4)文化资源

文化资源:村里有座严岩庙,每逢初一、十五会开启。毕月村风文明,村民文化程度好,政治素养高,民主意识强。村文化建设突出,村中有腰鼓队、排舞队,多次获得市、区比赛一等奖。

2. 社区资源表

表 9-5　毕月资源表

	社区内部资源		社区外部资源	
	正式资源	非正式资源	正式资源	非正式资源
人力资源	毕月村委会干事、毕月党员	大学生志愿者	广场舞	村外看戏
物力资源	居家养老照料中心	社区健身器材、跳广场舞的空地	4 000 分红、节假期红包补贴	
文化资源	严岩庙	村民文化程度好政治素养高,民主意识强	腰鼓队、排舞队	
财力资源	集体财产分红、政府补贴		发放给失地农民赔偿金	

（五）居民的生活水准、生活方式和人际关系

村民们每年都能收到 4 000 元的分红,这是本地居民特有的。除此之外,每逢重阳节和春节这样的传统节日,村里还会发放红包,为村民们增添节日的喜庆与温暖。对于村里的老年人,村里更是关怀备至,他们不仅享有药品补贴,以减轻因年事已高而带来的医疗负担,而且据估算,这些老年人每年的总收入能稳定在一万元左右。在日常生活上,他们几乎没有什么大额支出,因此生活得较为安逸和舒适。

人际关系:四五十岁的阿姨们会去跳广场舞,有些老人会乘坐公交车去村外看戏,大部分老人只是去居家养老照料中心聊聊天、打打牌、看看电视。

第三节　牧头社区

一、社区的基本状况

（一）社区的现状

牧头社区简介:新狮街道牧头社区地处 JH 市区北郊,东临金带街,南接环城北路,西靠浙江科贸职业技术学院,北连城北综合园区,地理位置优越,交通便捷。社区于 2003 年 10 月撤村改居,有 12 个

居民小组,户籍人口 375 户,1 059 人,外来常住人口约 3 500 人。社区党支部党员 36 人,两委成员 6 人。社区外来人口众多,商户林立,人气兴旺。居民收入主要来自房屋出租、经商等。社区集体拥有经营性固定资产约 1 345 万元,2014 年集体经济收入约 150 万元。

社区拥有一座占地面积 500 平方米,建筑面积 2 000 平方米的综合服务楼,内设社区办公室、党员活动中心、便民服装中心、居家养老照料服务中心等功能场所,各类服务功能齐全。近年来,社区先后获得"先进党支部""环境整治工作先进集体""村务公开和民主管理工作先进单位"等多项荣誉。

图 9-6　社区地理图　　　　图 9-7　社区卫星图

(二)社区的历史

牧头社区原有大坟头、瓦窑头、牧头、相对、乌山 5 个自然村组成。社区于 2003 年 10 月撤村改居,投入资金上亿元,使全村 374 户农房,全部建成每户占地 100 平方米的 4—5 层新楼房;同时社区投入上千万元,按城市化要求通水、通电、硬化路面,绿化房前屋后道路溪边,使整个社区成为设施齐全、环境优美、民风淳朴的都市村庄。

(三)社区的制度和结构

1. 社区的重要组织

目前社区中主要由居委会、社区党支部进行管理,社区也依例设有党群服务中心,社区的综合楼中阅览室、四点半教室、老年活动中心等一应俱全,警务室、调解室等各类办公室也都齐备。

图9-8　社区组织　　　　　图9-9　老年活动中心

2. 社区居民和阶层结构

目前,超过60岁的老年人已经达到80多人。社区的流动人口超过本地居民数量,达到3500多人,主要以中年人为主。这一现象是基于社区周边产业众多以及社区内存在大量小型加工厂的情况而产生的。

（四）社区的资源

1. 社区内资源

图9-10　便民充电站　　　　图9-11　垃圾投放处

（1）人力资源

社区领袖、社区活动组织者、志愿者、专业活动指导者、医疗人员。

（2）物力资源

社区活动公共场地、社区阅览室、社区棋牌室、社区教室、社区文化宣传栏、社区基础医疗设备。

图 9-12　社区阅览室　　　　　　图 9-13　社区调解室

（3）财力资源

社区集体公共资金、政府社区建设拨款、老年人社区公共补助、基金会等公益资金。

2. 社区外资源

牧头社区的公共物力与财力资源十分充足，据公示可知，固定资产加上流动资金等的社区总资产达到 2 000 余万。社区集体所有的固定资产包括社区所有的出租房，承包经营的酒店等项目，而租房和产地出租、酒店经营所得成为社区的主要收入来源，每年有一百余万。同时社区本地居民都会得到数千的分红。关于社区资产及收入情况，有较严格的公示制度，并有专人负责监管。

表 9-6　牧头社区资源表

	社区内部资源		社区外部资源	
	正式资源	非正式资源	正式资源	非正式资源
人力资源	社区领袖、社区活动组织者	志愿者、专业活动指导者、医疗人员		志愿者、居民矛盾现在比较少

(续表)

	社区内部资源		社区外部资源	
	正式资源	非正式资源	正式资源	非正式资源
物力资源	社区活动公共场地、社区阅览室、社区棋牌室、社区教室、社区文化宣传栏、社区基础医疗设备		初级的服装、箱包加工和小商品的装配	
财力资源	社区集体公共资金、政府社区建设拨款、老年人社区公共补助		固定资产加上流动资金	房屋出租、经商、承包经营的酒店

（五）居民的生活水准、生活方式和人际关系

1. 生活水准

对于居住在牧头社区中的数千名外来人口，他们日常被工作所占据。他们之中大部分从事初级的服装、箱包加工和小商品的装配工作，其中有的是从工厂中承包一部分自己加工或招募其他外来人口一同加工，有的是受雇于本地人开办的小加工厂。而本地收入主要来自房屋出租、经商等。

2. 人际关系

当前，外地人与本地人之间的摩擦与矛盾已显著减少，社会环境趋于和谐。即便偶有分歧或冲突发生，也能迅速且有效地通过警察系统的专业介入得到妥善解决，这体现了社会管理机制的高效与公正，进一步促进了不同地域人群之间的融合与理解。

第四节　轸水社区

一、社区的基本状况

（一）社区的现状

轸水社区简介

鉴于该社区的简介已在本书第五章得以阐述，为避免重复，此处

不再一一赘述。

（二）社区的历史

1. 发展历史

从历史上来看，轸水小区建立于 1996 年，属于老旧小区。2010 年 10 月份轸水社区与部分军民社区、原祝福社区整体合并组成新轸水社区。同时 WC 区大力推进城市有机更新，把老旧小区改造提质工作作为重点，轸水社区作为 65 个老旧小区之一，已接受改进工作，居民楼外表上有明显的涂漆刷新工程，同样也有电、水以及管道改造工程。

2. 地理位置

轸水社区位于城北街道东北角，成立于 1986 年 8 月。总面积 1.8 平方公里，辖区范围西邻后城里街，东至八一北街，北靠环城北路，南接人民西路，与五星村、环城村融于一体。居民住宅楼共 241 幢，单元数 411 个，居民户 6 123 户，人口总数 1.3 万余，户籍人口 8 367 人，流动人口 2 732 人，集体户 2 426 人，根据区域分布划分为 8 个网格，社区党委下设 12 个党支部，现有在册党员 268 人。

辖区有封团式管理小区 15 个：曙光花园、丰墅苑、轸水小区、电业局宿舍、广和苑、大众苑、沁园村、农行宿舍、春天国际、优诗美地、万荣楼、锦佳苑、地质队后城里基地、婺商国际、安丰苑。环城村集中居民住宅区 3 个：锦佳巷、锦绣巷、花塘巷。其他独立住宅楼有 26 个。所以调研小组重点选择了轸水小区作为主要调查对象。

（三）社区的制度和结构

1. 管理制度

（1）老年人管理制度

轸水社区内设有老年活动室，专供老人们休闲娱乐。同时还设置了其他的社会服务场所，如社保家园、残障人爱心家园、星光老年之家等。其中社保家园为城市"三无"老人、低收入孤寡老人、独居老人、残疾老人、低保户等"五类"特殊群体和部分企退人员提供服务。

（2）物业收费

物业费用为 0.35 至 1 元每平方米每月。

2. 社区的重要组织

（1）社区的主要组织

社区内部组织包括物业、居委会、业主委员会和综治警务室。

（2）社区居委会

由于轸水社区 2010 年的合并，现由祝福居委会对包括轸水社区在内的几个社区进行管理，并进行轮流驻扎治理模式，预计在今年的 11 月份会进驻轸水社区进行管理，维护居民的合法权益，教育居民履行依法应尽的义务。

（3）业主委员会

业主委员会作为群众组织，由轸水社区内民主选举产生，大部分成员为社区内退休职工，年轻人较少。它代表轸水社区发挥作用，代表业主的权益，并对社区内的大小事务进行协商与管理。

（4）物业

目前对轸水社区负责的物业公司是兴源物业，该物业仅对社区内部情况进行负责，轸水社区外部周边地区以及社区内的幼儿园与学校等不受到物业的管辖。

（5）综治警务室

综治警务室由社区警务室与派出所联合组成，有片区民警驻扎，主要负责小区内的治安问题。

（6）志愿者协会

社保家园、残障人爱心家园、星光老年之家。

3. 社区居民和阶层结构

社区内外来人口较多，占比三分之一以上，大部分外来人口为

图 9-14　轸水小学警务室

自由职业者,即各种小商贩,在轸水社区周围经营生意;而老人多数为退休人员,比如有部分水电局干部,WC区监狱退休老人在此居住。其余的年轻人分布较广,有来自食品公司、医院、供电局等的职工。因此,综上可以初步判断出轸水社区内居民职业种类较多,情况较为复杂。

(四)社区的资源

1. 社区内资源

(1)物质资源

教育资源: 两所幼儿园(轸水幼儿园、轸水第一幼儿园)、轸水小学,为社区成立之初建立,学生不仅来自社区内部,一部分还来自于周边社区。社区内有一处综合艺术培训基地,尚未设立中学。

娱乐设施: 小区内设有四处健身器材,一个篮球场、一处休闲凉亭以及一处健身苑,供小区内居民日常休闲娱乐。

图 9-15　轸水小学

图 9-16　轸水艺术培训基地

图 9-17　轸水休闲凉亭

图 9-18　轸水娱乐设施

交通设施：轸水社区内道路多陡峭，平坦路径较少；道路一侧设有停车位，另一侧可供无车位车主晚上暂时使用。轸水小区南侧紧临沪昆高铁，东侧有五个公交站点及一个 BRT 车站，多路公交车如 18 路、36 路、38 路、325 路及 BRT1 号线等可到达 JH 市中心、人民广场、职业技术学院、火车站等周边地区；另外在小区东侧还设置了共享单车投放点，满足了小区居民的周边出行。整体来说，小区距离市中心近，交通便利，居民出行方便且选择多样。

消防设施：社区内消防设施较为齐全，每栋楼均配备有灭火器，且物业会定期检查与更换。

生活设施：有多处电动车停车位与充电桩，社区内生活用品店、超市以及汽修店乃至棋牌室等各种生活娱乐设施齐全。此外有三处

图 9-19　轸水停车位

图 9-20　轸水交通工具

蜂巢快递柜、三处公厕、多处分类垃圾桶、垃圾分类投放点与垃圾房。尽管没有医院,但是有一处医药房。道路内有 35 个摄像头,路灯分布较齐全,外卖可进,可以满足居民日常生活需求。

公共设施:社区内有排水设施雨污管网、垃圾分类投放点以及汽车进入监控系统等智能系统,标志着社区内的服务逐渐完善并不断发展。此外,社区内也配备有统一的供水系统、热力系统、弱电系统、公共照明设施、设备房以及物业用房等。

社会服务:小区内部社会服务机构设置有老年活动室与星光老年之家,专门为老年人休闲娱乐提供场所,同时保障老年人的老年生活,提供养老服务。对于特殊群体小区内设置有残障人爱心家园,保障残障人士权益,帮助其克服生理、心理和社会障碍。社保家园为城市"三无"老人、低收入孤寡老人、独居老人、残疾老人、低保户等"五类"特殊群体和部分企退人员提供文化娱乐、健康讲座、学习健身、日托送餐、法律援助等服务。

(2)精神资源

社区内会自己组织开展文艺演出活动(唱歌、跳舞等),比较受老年人欢迎。轸水社区目前已经形成了敬老爱幼的文化氛围,推崇孝道等传统美德,这些可以从社区内开展的各种老年文化娱乐活动以及社区内各种尊敬老人的标语中看出。但普通上班族工作较忙,活动参与和组织较少。

2. 社区外资源

JH市广福医院会定期组织志愿者进入轸水社区,为居民进行基础的健康检查,并讲解一些基本的医疗知识。在财政方面,一方面政府会定期拨款,维持社区的运行;另一方面社区会出租一些店面等,收取一定的租金。JH市医路相伴健康志愿服务中心在社区开展了关于老年人的服务,JH志愿者定期到社区进行卫生保护,保证社区良好卫生环境的建设。

表 9-7 轸水社区资源表

	社区内部资源		社区外部资源	
	正式资源	非正式资源	正式资源	非正式资源
人力资源	老年活动室与星光老年之家、社保家园	志愿者、文艺演出活动	相伴健康志愿服务中心	志愿者
物力资源	两所幼儿园(轸水幼儿园、轸水第一幼儿园)、轸水小学、公共交通	艺术培训基地、健身器材、排水设施雨污管网、垃圾分类投放点以及汽车进入监控系统等智能系统	医院	
财力资源	政府社区建设拨款			房屋出租

第五节 张月鹿社区

一、社区的基本状况

张月鹿社区简介:城中街道张月鹿社区居委会成立于 2002 年 1 月,地处 JH 市江北老城区,东起胜利南街,南至解放东路,西临八一北街,北靠人民东路,是江北商贸、金融、文化集聚地。辖区面积 0.43 平方公里,现有住户 4 928 户,13 182 人,居民小组 75 个,11 个网格。下辖 12 个党支部,272 名在册党员。辖区内有市机关事务管理局、市中心医院、ZJ 婺剧团、市环城小学等 27 家共建单位,其中省、市级文明单位 22 家,卫生先进单位 20 个,文明楼院 118 幢,文明家庭 3 536 户。张月鹿社区内有社区文化活动室、图书室、宣传长廊等社区设施,社区利用这些设施常年开展社区群众活动,在党建、社区服务等活动开展以及社区建设上取得了良好的成绩,是一个环境优美、文化气息浓郁的文明示范社区。张月鹿社区先后获得了"全国综合减灾示范社区""国家学习型家庭示范社区""省级文化社区""省级和谐示范社区""省级廉政文化示范社区""省级民主法治社区""省级文明社区""省级科普示范社区""省级绿色社区""省级社区服务先进居委会""省级'关心下一代'委员会先进集体""省级老龄工作规范化社区""省级文化示范社区""省级十佳礼仪魅力社区"等荣誉。

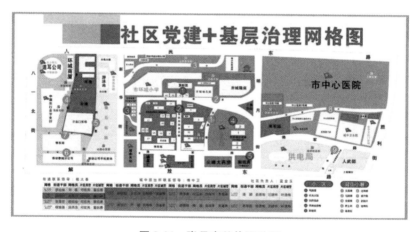

图 9-21　张月鹿总体面貌图

二、社区板块评估

（一）八一北街商圈

八一北街商圈以新华街、解放东路、八一北路、人民东路为边界。沿边界主路的是临街商铺,以及一些公司办公楼,包括中国农业银行JH 分行、移动 WC 分公司、迪尔公司,并有第五医院和人民医院的住

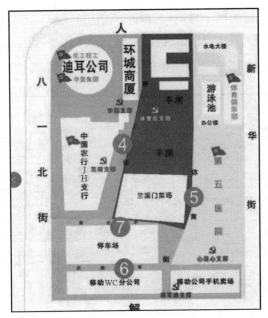

图 9-22　八一北街商圈图

院部。街区内为居民区,住房主要是旧城区的平房与多层的楼房,此处的居民主要是本地老年人,也有一定比例的外来租客,居民区内的府上街沿街是一些商铺,主要是一些小餐馆、杂货店和早餐店,面向的是本街区的居民。另外街区内有幼儿园、小游泳场、菜市场公共设施,服务于周边的居民。此外,除临八一北街有一座名为"清竹轩"的文化墙以及街区对面的公园外,街区附近很少发现其他的可供公共活动的场所。

（二）中心医院片区

张月鹿社区中心区域与 JH 市中心医院仅一街之隔,以中心医院为代表,明月街与胜利街中间区域集中了包括医院、军政、供电、盐业等大量党政以及公共机构,受这些机构影响,该片区流动人口量极大,辐射作用很强,以中心医院尤为突出。该片区呈现出明显的医院街区景象:即一所大医院为中心,周围衍生出大量私人诊所、药房、中医馆、便利店和平价小餐馆,交通复杂拥堵,伴随有大量施工。中心医院一侧的将军园是为纪念抗清英雄朱大典将军建立的公园,但面积极小,人流稀少,存在很明显的资源浪费的情况。

图 9-23　JH 市中心医院

（三）张月鹿核心生活区

张月鹿核心生活区历史文化气息浓郁,东西方文化交汇,社区内有一系列关于传统婺剧的介绍与展出,不仅建有带传统色彩的城隍庙,还建有天主教教堂与晚清时的西式牧师楼。社区内建有幼儿园与小学,社区建设很重视儿童的成长,随处可见保护未成年人的通知告示,社区旁的公安机关也在门前重点提示了保护未成年人。张月鹿社区党群建设做得较为完善,社区内有多户共产党员户,并且社区党支部提出四条方针,社区主张"共享共建"的党群建设,旨在做到服务多元的党建引领。社区设有新型组织"新时代文明站"，该组织以服务群众为基点，队伍分工明确，具有明确的组织架构与服务流程。

图 9-24　生活片区图

三、社区环境卫生

（一）垃圾分类

张月鹿社区有专门用于垃圾分类的地方，且在实施垃圾分类前，张月鹿社区曾组织社区小组长、楼道长、巡逻队、清扫员开展垃圾分类讲座活动，对如何垃圾分类以及垃圾分类的好处进行了讲解，宣传科学的垃圾投放和垃圾收集，提倡绿色健康生活。项目成员在经过垃圾分类场地时看到其中有专门管理的人员，秩序也较为良好，且整个社区的最左边也有专门的垃圾小车，工作人员将垃圾全部整理好后归类，放入不同的垃圾桶中。张月鹿社区还针对未成年人，开展了垃圾分类活动，活动中，张月鹿社区组织志愿者向辖区未成年人宣传垃圾分类相关知识，利用宣传彩页、分类垃圾箱等载体对垃圾分类进行宣传，向小朋友们指导如何正确投放自己家里的生活垃圾。同时志愿者们还自编自导"垃圾分类"主题的歌舞、快板等向小朋友们宣传垃圾分类知识。基本上张月鹿社区在垃圾分类的宣传和垃圾分类上做得非常成功。

图 9-25　垃圾分类站

（二）卫生清洁

张月鹿社区的内部和外部的卫生条件都十分优秀。该社区拥有一支由居民楼道长、义务巡逻员组成的志愿者队伍，坚持每天到住宅小区、院落楼道检查卫生，进行文明劝导。地面有人定时清扫，且在这个高素质文明的社区中也不存在乱扔垃圾的现象，即便在小巷子里，地面也很干净，没有异味也没有果皮纸屑等。据了解，作为一个老社区，在创卫工作中，张月鹿社区克服了基础设施薄弱等问题，做到了硬件不足软件补。创卫考核通过后，社区依然每天有巡逻员文明劝导，每星期二社区干部互查责任区，每月中旬进行一次大型环境卫生整治，每季度开展辖区单位"创佳评差"，坚持做到平时与创卫期间一个样，让走进社区的每个居民都感到舒适、整洁、温馨。

四、社区特色

（一）婺剧文化建设

婺剧，ZJ省地方戏曲剧种之一。它以JH地区为中心，流行于JH、QZ、LS、LH、JD、CA以及江西东北部的玉山、上饶、贵溪、鄱阳、

图 9-26　婺剧宣传墙

景德镇等地。是高腔、昆腔、乱弹、徽戏、滩簧、时调六种声腔的合班。因 JH 古称婺州,1950 年正名为婺剧。2008 年 6 月 7 日,婺剧经国务院批准列入第二批国家级非物质文化遗产名录。2019 年 11 月,《国家级非物质文化遗产代表性项目保护单位名单》公布,江山婺剧研究院、ZJ 婺剧艺术研究院(ZJ 婺剧团)获得婺剧项目保护单位资格。2020 年 5 月,入选首批"ZJ 文化印记"名单。张月鹿社区以婺剧文化为重点开发对象,建有婺剧宣传墙、婺剧文化巷、婺剧小院等设施,以婺剧为社区文化核心点开展大力建设,营造了浓厚的传统婺剧文化氛围。

（二）优秀的社区党建

近年来,张月鹿社区党委以"党建促共建、共建促发展"为宗旨,通过健全社区大党委"1＋N"组织架构,整合辖区党建资源,遵循"共建、共享、共商、共进"原则,聚力打造"明月进万家,服务不打烊"的城市基层党建综合体,走出了一条"党建引领、服务多元、治理和谐、文明同行"的社会治理新路径。张月鹿社区大党委按照"大党建、大服务、大治理"的指导思想,紧紧围绕"服务改革、服务发展、服务民生、服务群众"工作目标,以"两项会议制度"为抓手,以"六联六建"为载体,以驻区单位党建工作为依托,以健全完善党建工作共建协作机制为关键,积极创建了"阳光7＋1""党建＋温暖教育"等党建工作品牌,以"党建＋"模式,扎实推进精品社区、社会治理和全国文明城市创建工作。

同时,以党建引领充分发挥社区大党委的领导核心作用,通过社区居委会、业主委员会的自我服务,社会组织、物业、辖区单位的市场服务,党员群众志愿者的志愿服务,社区党群服务中心的公共服务,推进多元主体参与社区治理、积极构建新型党群关系,从而实现"居民的事居民议、居民的事居民定",助推社区基层治理和社会和谐稳定。"获评 ZJ 省先进基层党组织,是社区党建成员单位、下属支部、全体党员的共同努力和居民群众大力支持的结果。"张月鹿社区党委书记、居委会主任表示,这份荣誉也对社区工作提出了更高的要求,张月鹿社区将进一步夯实党组织建设,守初心、担使命,不断创新,为居民提供更优高效的服务。

图 9-27　党建墙

1. 组织机构:党政机关,社工站,居民委员会。

2. 社区特点

张月鹿作为一个建设良好的旧城区社区,具有以下特点:

（1）社区内居民多为中老年人，其子女在市内附近的其他社区另有住房，因此老人主要是接送孩子上下学或在孩子父母工作期间对孩子进行照料。整体生活水平较高。其中老年人居民有很大一部分属于单位离休干部，文化程度较高。

（2）老城区社区空间有限，主干街巷比较狭窄。同时由于空间有限，许多停车位也是沿街通道规划，由此会存在对部分街巷空间的挤占问题。不过社区内居民多以步行、电瓶车、公共交通为主要出行方式，活动范围也是在社区的附近。

（3）社区公共设施比较齐全，尤其是医疗、教育、文化设施资源，但由于社区内空间有限，社区比较缺乏公共活动的大面积场地。

（4）老旧社区与封闭式小区不同，并没有专门物业管理，居委街道兼负物业管理服务的责任。总体而言，居委提供类物业的服务效果基本满足居民需要。社区执行网格化管理，形成社区——网格——楼宇三级管理服务体系。

3. 社区居民和阶层结构

张月鹿社区内活动群体以退休老人和学龄儿童居多，上班族多为企业员工，是老人子女、孩子家长。张月鹿社区老年人比例高，多为高收入退休群体，有很多党政机关退休干部，生活水平很高。

4. 基础设施

社区在社区居委会工作楼建筑内开设各类娱乐以及其他提供公共服务的设施，如儿童活动室、舞蹈室、乐器室、图书室、棋牌室、体育锻炼房、文化实践站、家长学堂，以及民调民解工作室、社区离退人员工作室，面向全体社区居民使用。此外，社区还有一些公共场地，如街角公园、街角体育器材活动处、JH府城隍庙，供社区居民休憩。

五、社区资源

1. 张月鹿社区是JH最老的社区之一，旧时为庙旁社区，社区呈现出明显的中西融合趋势,但介于经济发展和时代变迁,社区如今开始趋向去影响化。

2. 张月鹿社区公共绿地面积很小,楼宇密度高,示意图上所显示的公共绿地多为低质量公共绿地与楼间绿化,以草坪为主,树木灌木花坛水域面积很小。

3. 张月鹿社区以婺剧文化为重点开发对象,优秀传统文化氛围浓厚。张月鹿坐拥府城隍庙、婺剧园、天主教堂、牧师楼、张月鹿等古迹,文化资源丰富,内涵广博。

4. 张月鹿社区的商业资源主要体现为医院影响下衍生出大量药房、医馆、餐饮。

5. 张月鹿社区范围内坐落有多家党政机关、民营企业、公办医院,能为居民提供有一定针对性的便捷。

表 9-8 张月鹿社区资源表

	社区内部资源		社区外部资源	
	正式资源	非正式资源	正式资源	非正式资源
人力资源	党政机关、居民委员会	社区文化活动室、图书室、宣传长廊	社工站	
物力资源	八一北街商业圈	民营企业、公办医院、餐馆、药房	医院	
文化资源	城隍庙、婺剧园、天主教堂、牧师楼、张月鹿			

第六节 参 水 社 区

一、社区的基本状况

1. 参水社区简介

三江街道参水社区成立于 2003 年 9 月,坐落于环城南路以南,义乌街以东,海棠东路以北,东临武义江。参水社区有 13 个小区包括(佳友园、永和苑、春江文苑、锦苑、金海湖、金厦花园、鼎尚华府、保集蓝郡、南新花园、红星天铂、八五公馆、久和苑、玲珑悦居)、6 个城中村(水枧头、参水、后溇、陈宅、东里、南市小区),总户数 9 365 户,总人口数 12 763 人。江南街道以及西关街道拆迁安置房等也在陆续建设中。截至 2021 年 6 月,参水社区共有党组织 4 个,在册党员 221人,社区专职工作者 11 人。社区所辖单位有大地保险、稠州银行、中型饭店 6 家、幼儿园 5 家、足浴中心 1 家等。社区志愿者队伍 5 个,分别以红、金、绿、蓝、银为代表,总计 185 人。

　　2020 年以来,参水社区党委以党建引领,多元共治,构建"横向到边、纵向到底、协商共治"的社区基层治理体系。打造符合社区党建品牌——"合美参水"。这一品牌凝聚了和谐、美好、幸福的社区愿景,彰显了社区党委对营造社会美好环境的坚定承诺。

图 9-28　参水社区卫星图

2. 人口情况

　　参水社区总户数为 9 365 户,总人口数为 12 763 人。截至 2021

年 6 月,参水社区共有在册党员 221 人,社区专职工作者 11 人(9 名网格员)。社区流动人口有 3 000—5 000 人,流动人口多。社区老年人居多,同时参水社区在三江街道中残疾人的数量也较多。

3. 住房情况

参水社区内类型较为复杂,第一网格以城中村为主,第二网格多为普通的商品房属于老旧小区,第三网格为城中村和高级住宅区,第四网格为高级住宅区。该街道房子建造多在十年以上,包括高级住宅区,虽然配套设施比较齐全,但是房子的外观给人一种老旧的感觉,也许是缺少定期的保养与维护。

4. 职业情况

参水社区住户多为永康、兰溪等地退休的企事业单位人员或老板。城中村流动人口较多,其中可能有居民通过出租房屋获得收入来源,或是在城中村内开门店或者服装类的加工厂。

5. 文化传统、民俗情况

没有比较特殊的文化传统和民俗活动,节日会例行给居民发放福利。

6. 非正式的网络和结构

参水社区实行网格化治理,未发现未纳入网格的区域。

7. 社区居民的理解能力

参水社区所访谈的居民能够听得懂小组成员的提问,并且及时给予热情回应,理解能力较强。但由于部分居民使用方言沟通,小组成员与其交流仍然存在一定障碍。

二、社区自然环境与基础设施

(一)区位边界与环境设计

社区的自然环境与基础设施作为社区发展的基本支柱,其完善与否是判断社区居民生活质量的重要指标。项目组在走访过程中发现了参水社区在此方面存在一定问题。

1. 区位边界与环境设计

参水社区位于环城南路以南，义乌街以东，海棠东路以北，东临武义江。辖区面积 1.15 平方公里。社区内的小区的绿化做得比较完善，拥有物业的小区绿化工作尤为出色，但城中村楼宇之间距离较近，绿化较少。社区内建筑多采用水管来排雨水。

根据我国对社区建设的绿化标准来看：一般社区的绿化率必须达到 30%，而老旧社区的绿化率可以放宽至 25%。参水社区中如保集蓝郡这样的高档小区，其设计符合相关标准，绿化程度达标。该小区采用全冠移植成品园林，自然环境优美，绿化较好。保集蓝郡算比较成型的高档小区，物业对于小区的环境管理做得比较好。而参水社区中的城中村，例如南市小区与参水小区，其绿化覆盖程度较低，且路面缺少定期清理，显得较为杂乱。

2. 交通

参水社区距离 JH 市火车站约 2.7 公里，距市中心医院约 5.8 公里，有直达公交。文荣医院、JH 市人民医院距社区约 2 公里。社区内公交站点有十余个，包括线路 19 路（JH 火车站—市妇女儿童医院）、56 路（公交南站—钢材市场）、107 路（市体育中心—水果市场）、D105 路（市妇幼保健院、市妇女儿童医院—中心医院）、54/K54 路（玫瑰园小区—市妇女儿童医院）、20/K20 路（公交东站—环城南路东阳街口）、20/K20 路支（公交东站—建材市场）、53/K53 路（万达公交站—新能源汽车小镇公交站）、BRT1、BRT1 支。总之，参水社区出行方式多种多样，交通便利。但城中村内的楼与楼之间间距较小，停车位设置在楼下，车流量大时影响通行，也存在一定安全隐患。

（二）基础设施

参水社区内的基础设施建设基本能够满足社区居民的日常生活

所需,同时设有满足居民发展性需求的设施场地,但主要集中在有物业的小区。在社区服务方面,社区内设有党群服务中心和居家养老中心、社区党群服务中心有新时代文明实践站、雷锋志愿者服务、合作社、多媒体会议室、社会工作室等场地或站点。其中,社工室可作为开展活动的场地。参水社区内的129幢有老年活动室,为老年人提供了休闲娱乐空间。在教育方面,社区内有5所幼儿园。

1. 停车位

由于在建设之初社区对停车位没有经过合理规划,时至今日参水社区最为严重的问题就是停车位不足以及乱停车的现象。参水社区中很多小区都是城中村,这导致没有专业的物业管理,也不能阻止外来车辆来此停车,并进行管理与追责。小组成员在走访时就有许多居民反映停车位不足,乱停导致交通堵塞,车辆停在居民家门口等现象。目前参水社区许多城中村的居民会自发在家门口立牌阻止陌生车辆停靠,但此法治标不治本且容易引发争端。社区需对小区的停车位进行重新整改以适应当前城中村社区居民的需求。

2. 娱乐设施

根据小组的资源统计,参水社区内部有足浴中心1家,中型饭店6家,文化活动中心1处,老年协会以及社区内满足日常生活所需的自营店铺若干(如自营菜摊、自营超市、理发店、烘焙店、酒店、网咖等)。这些设施大多为私营,公用的娱乐设施较少。

3. 公共设施

参水社区的公共设施总体而言是比较完善的,但部分设施较为老旧,且缺乏定期的修理与维护。具体而言,社区内的健身器材损坏严重,且没有人维护与修理,存在巨大的安全隐患。社区内有许多电瓶车充电桩,但个别充电桩无法使用,有许多接口都已经损坏,且存在电瓶车乱停占用充电桩的现象。另外,社区内一些城中村小区整体照明设施不够完善,夜间较昏暗。除主路路灯较为明亮之外,其余的道路均缺少照明设施,大部分的小路无照明设施。居民楼的楼道内也存在照明设施损坏的情况。公共设施问题的本质在于社区内许多小区缺乏正规的物业公司,导致公共设施没有专人维护与管理,同时也缺乏整改的资金。

图 9-29 废弃的充电桩

4. 卫生医疗设施

社区辖区内有 6 个药店,南市小区(城中村)一楼有小门诊,辖区范围内无医院,但距离文荣医院和人民医院较近,比较方便。

5. 商业服务设施

商业服务多以满足居民日常生活需要为主,社区所辖单位有南市农贸市场、大地保险、联通公司、稠州银行、福泰隆连锁便利店、中型饭店 6 家、足浴中心 1 家等。居民买菜一般在家楼下或小区附近的超市或菜摊。日常生活比较方便,但附近没有较为繁华的商圈。辖区内只有一家商业银行,ATM 自助银行较远且较少,不是特别方便。

(三)社区服务

依托党群服务中心,社区建立了居家养老服务中心。佑心缘"七

图 9-30　街角诊所

彩银龄"、红娘驿站、馨驿参水等活动,其中就有政府购买的项目。同时,依托新时代文明实践站又有红色物业联合党支部,退伍军人工作站等承接的活动,活动的开展多为上级组织下派的任务,发挥的作用并不大。

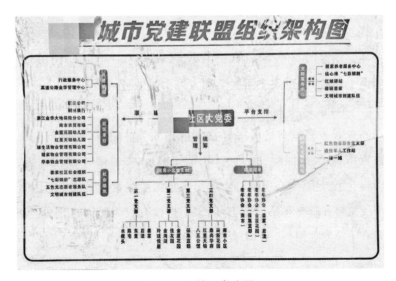

图 9-31　社区党建图

三、社区内正式结构和组织

（一）社区直接提供服务的政府组织

党群服务中心、新时代文明实践站。

（二）社区直接提供服务的非政府组织

五色光志愿服务队（分别以红、金、绿，蓝、银为代表，总计 185人）、"七彩银龄"志愿队、文明城市创建队伍、业委会。

（三）驻扎在社区的政府机构和企事业单位（辖区单位）

行政服务中心、高速公路 JH 管理中心（共建单位）、联通公司、稠州银行、大地保险、金厦花园幼儿园、红星天铂幼儿园、三家物业公司。

四、社区权力和领导

（一）行政管理政治

参水采取网格化管理，每个网格由两到三个网格员负责。该社区的网格员由社区工作人员、社工室专职社工兼任。社区网格员密切联系群众，是与居民接触最多的。

（二）市民政治

市民政治具体表现在人们的政治理想、政治参与热情等等。社区设有面向全体社区居民的三务公开监督栏且保证其公开透明，并且设有参水村合作社的政务财务公开栏，但居民很少关注。通过调查发现，社区居民对于社区治理或政治的参与积极性不高。

（三）社区政治

2020 年以来，参水社区党委以党建引领，多元共治，构建"横向到边、纵向到底、协商共治"的社区基层治理体系。打造符合社区党建品牌——"合美参水"，即和谐美好幸福。社区建立的党建联盟较为完善，党员的身份促进了更多人参与其中。

图 9-32　参水社区网格图

五、社区资源情况分析

（一）内部资源

1. 人力资源

社区党组织 4 个、在册党员 221 名、社区专职工作者 11 人、五色光志愿服务队、"七彩银龄"志愿队、文明城市创建队伍、业委会。

2. 物力资源

幼儿园 5 所、大地保险、稠州银行、休闲健身器材、小区内的人工湖、绿化植被、地上及地下停车场、足浴中心 1 家、中型饭店、6 家文化活动中心、老年协会、3 个小区内满足日常生活所需的自营店铺若干（如自营菜摊、自营超市、理发店、烘焙店、酒店、网咖等）。

3. 财力资源

政府拨款、婺州堂捐赠共建公益金（共建签约）。

（二）外部资源

1. 人力资源：定期对接 JH 高校学生志愿者、JH 市瑜伽健身协会社体指导员进社区教瑜伽、中湖盐 JH 分公司《食盐安全科普知识》宣讲。

2. 物力资源：交通便捷、社区附近的文荣医院（提供免费体检服务）。

表 9-9　参水社区资源表

	社区内部资源		社区外部资源	
	正式资源	非正式资源	正式资源	非正式资源
人力资源	社区党组织、党员、社区专职工作者、业委会	志愿队伍	JH 市瑜伽健身协会社、中湖盐 JH 分公司	学生志愿者
物力资源	幼儿园、大地保险、稠州银行、休闲健身器材、小区内的人工湖、绿化植被、地上及地下停车场、文化活动中心、老年协会	饭店、自营店铺（如自营菜摊、自营超市、理发店、烘焙店、酒店、网咖等）	医院	
财力资源	政府拨款、婺州堂捐赠共建公益金			

第七节　牵头社区

一、社区简介

牵头社区位于环北路南侧、玉泉西路北侧（新狮街道后垅村）、迎宾大道西侧 JH 市师大街 288 号，占地面积 91 469.7 平方米，总建筑面积 105 466.32 平方米，绿地面积 36 000 平方米，绿地率 39％。小区设有篮球场、网球场、车库、园林小品景观和大型水系人工湖，环境优美，交通便利，是 ZJ 高等学府牵头教授学者的聚居地，容智慧、精华、灵气于一身，是时尚、潮流、高科技、现代文明人才聚集的地方。

牵头社区共有三个小区,居民约有 2 800 户。牵头社区的整体绿化较好,有一个人工假湖,面积较大。社区内还设有多个垃圾分类站,环境比较整洁。牵头社区位于 JH 城市主干道二环北路距离高速公路一公里左右,与 103 省道相距 0.87 公里,交通十分便利。距离市区二十分钟左右车程,居民生活较为便利。牵头幼儿园、柳湖小学、JH 市第二中学等一些学校都在本地块 500 米之内,而且省重点高校——浙江师范大学与该地块仅一条马路之隔,人文环境优越,文化气息浓厚。

图 9-33 牵头社区地理位置图

二、社区基本情况

（一）基础设施

浙江师范大学各种设施配备齐全,篮球场、排球场、足球场、网球场都可在闲暇时间为居民利用。在浙江师范大学开展的各种活动和讲座等周围居民也可参与其中。作为一个难得的生态园区,各种植物,动物应有尽有,又有优美的环境。社区内设置有多个垃圾分类站,通过对垃圾桶内的垃圾分类情况调查,这个社区基本符合 JH 市的垃圾分类管理要求。社区内有一个小广场,一个有健身器材的活

图 9-34 牵头幼儿园

动中心,同时还有一个篮球场以及一个足球场。社区内还有一个幼儿园以及多家商店,基本能满足居民日常生活的需求。

（二）交通及生活

社区附近公交有:37 路、127 路、b1 路、218 路夜班车、330 路公交;购物有:福泰隆连锁便利店、十足便利店(芙峰街店)、李国胜便利店、欧易购超市(迎宾店)、南宗便利店(畅达街购物店)餐饮老娘舅(迎宾大道店);银行有:中国工商银行(牵头支行)、中国农业银行(骆家塘分理处)、中国建设银行(JH 轸水支行)、中国工商银行(轸水支行);医院有:JH 广福医院、浙江师范大学医院、JH 众康康复医院;学校有:JH 教育学院、浙江科贸职业技术学院、浙江师范大学附属中学;宾馆有:JH 市环城小学教育集团第二小学酒店凯达宾馆(道新街店)、JH 麓缘宾馆、红苹果宾馆(牵头店)、书乡苑宾馆(牵头店)、蔓庭驿酒店(灿都店)。

（三）住房状况

牵头社区的住房部分为 2000 年建的老旧房,更多的是 2008 年的商品房。社区居民职业多为体制内工作人员,社区内有居委会直接提供服务,同时还有驻扎在社区内的党员教育室、普法教育室、科普教育室、市民学校、家长学校、人口学校、妇女之家、计生协会会员之家、阅览室、未成年人活动室、电子阅览室。

表 9-10　牵头社区资源表

	社区内部资源		社区外部资源	
	正式资源	非正式资源	正式资源	非正式资源
人力资源	妇女之家、社区居委会		各大医院	
物力资源	幼儿园、小学、中学、大学、职业学校、篮球场、排球场、足球场、网球场、党员教育室、普法教育室、科普教育室、市民学校,家长学校,人口学校,计生协会会员之家、阅览室、未成年人活动室、电子阅览室	银行、超市、便利店、酒店、宾馆饭店		

第十章　社区问题与需求

第一节　柳宿社区问题与需求

一、社区存在的问题

（一）停车方面的问题

主要包括停车位紧张、绿化点改停车位的选址等问题。物业公司反映当下柳宿花园社区的停车位十分紧张，供不应求，物业公司正在想办法通过将绿化点改建为停车场来缓解停车位紧张的问题。其次是关于绿化点改为停车位的选址问题。据部分居民反映，非常不愿意停车位选到自己门口，认为别的地方也可以改，为什么单独选择了自己家门前。居民不太认可物业的停车位改建的做法。

（二）基础设施方面的问题

首先是儿童游乐设施不足的问题。据笔者观察，柳宿花园小区内设有大量供老人运动、健身的场所和设施，而儿童游乐设施设置严重不足，一位母亲就希望社区能够多设置一点关于小朋友的游乐设施；其次，还有一些基础健身设施已经损坏但是未加修理的问题；在居民对于物业管理的意见本上，大多数居民的反馈的是社区卫生间没有厕纸的问题；地下停车库转弯的反光镜存在不清晰（不安全）的问题；道路两旁有些没划线的地方用来停车也是问题。

（三）社区管理的问题

首先是人员进出管理。尽管柳宿花园社区在不同的大门前均设置了保安，但整体而言柳宿花园社区的人员进出管理还是比较随意的，缺乏严格的规范。

其次是宠物管理,部分居民在遛狗时允许狗自由活动,存在一定的安全隐患。

(四)社区高龄老人的休闲与娱乐问题

据一位高龄老人反映,自己除了一些日常健身活动外,大部分时间会待在家中,对于社区的许多活动也不是很清楚。

(五)志愿服务活动内卷化的问题

由于地理位置以及社区居民构成等特点,柳宿花园社区获取了许多来自政府以及学生的志愿服务资源或是活动,但是居民对于活动的参与积极性反而没有那些较少举办志愿服务活动的社区中的居民高,志愿服务及活动的数量在增多的同时,服务及活动的质量、社区居民参与积极性很难成比例改善。

二、社区的需求

根据以上的问题反馈,在评估社区内外资源的基础上,笔者得出了社区居民的如下需求:

(一)居民停车方面的需求

在讨论停车位紧张、绿化点改停车位的选址等方面的问题时,社区物业应该尽可能提供机会让社区居民参与整个过程的讨论(或者让真正代表社区居民利益的社区领袖参与进来),以此实现居民的部分自治。

(二)基础设施方面的需求

对于有孩子的社区居民而言,她们希望社区能够增设更多专为小朋友设计的游乐设施,旨在为孩子们提供一个安全、有趣且能促进身心发展的娱乐空间。与此同时,社区居民也普遍关注到社区内部分基础性的健身设施存在老化或损坏现象,亟需进行修缮与更新,以满足不同年龄层居民对健康生活的追求与需求。

(三)高龄老人的日常休闲与娱乐的需求

社区部分高龄老人由于身体条件的限制,除了早晚的日常锻炼时间外,大部分时间都是一个人待在家里,也不了解社区的活动;且高龄老人独自在家存在着一定的安全问题。

（四）志愿服务活动类型的多样化的需求

社区组织了许多诸如捡垃圾的志愿服务活动，在一定程度上存在着志愿服务活动低效化的问题，尽管社区志愿服务活动数量多，但由于其重复率高、受益人群较为有限，因此志愿服务活动的质量难以得到凸显。

第二节 毕月社区问题与需求

一、社区存在的问题

（一）安全隐患的问题

一是居民楼外的电线裸露在外，过于杂乱，位置过低，无论是毕月新村还是旧村，都存在这一现象。二是在毕月旧村中存在不少的危房（无具体数据），甚至还有居民在内居住。由于这些房子是用土砖建造的，存在时间已久，因此在暴雨等天气中存在很大的安全隐患，甚至在平时也存在一定的安全隐患。

图 10-1 毕月危楼　　　　图 10-2 毕月危房

（二）噪声扰民的问题

因为杭金衢高速公路在村中经过，所以在高速公路附近的居民长期遭受噪声的困扰,尤其是在夜里。据《城市区域环境噪声标准》,在居民区范围允许的昼间噪声分贝为 50 分贝,夜间为 40 分贝,而高速公路附近测试的平均分贝高达 70 分贝,这显然构成了扰民问题。

图 10-3 噪声分贝记录

（三）村容村貌的问题

一是共享单车的闲置与乱放是一个普遍问题。进入社区可以看

图 10-4 废弃共享单车

到有很多的共享单车在社区的角落中立着或躺着。建筑材料随意堆放,村民没有所谓"公共场所"的概念,通常是按照"怎么方便怎么做"的行动逻辑来处理这些材料。二是小广告问题同样突出。小广告通常被张贴在电线杆上和居民住房的墙上,内容涵盖办证刻章、移动宽带、低价通管道等。三是垃圾分类问题,新村设有一些标明垃圾分类的垃圾桶,但是老村没有(即使有标明分类的垃圾桶,居民们也没有很好地做到垃圾分类)。

图 10-5 废旧垃圾

(四)空巢老人的问题

一是老人们的日常活动不多,生活较为单调。二是老人们的物质需求虽得到了满足,但精神慰藉不足,容易产生悲观情绪。居家养老照料中心主要提供老人们的就餐服务,除此之外,老人们经常去那里与自己熟悉的人聊天、看看电视、打打牌,基本的活动就只有这些。

二、社区的需求

(一)生理的需求

为了预防对药物的盲目滥用与过度依赖,应当培养起对保健产

图 10-6　毕月社区的空巢老人

品的明智辨识能力,学会区分真伪,确保健康消费。当前,社区内中老年群体中存在一股对保健品的过度迷信现象,不少居民在未经充分了解与咨询的情况下,频繁以高昂的价格购入各类保健品,这既可能浪费金钱,也可能因不当服用而危害健康。因此,提升公众的健康素养,增强对保健品市场的理性认识,显得尤为重要。

（二）安全的需求

学会独自应对突发事件是重要的。目前,独居老人的求救方式单一,社区存在很多危房。社区中很多居民申请房屋改造,因为老村要被重新规划,政府不建议居民在老村建造房子,很多老人以及外地人住在危房里,安全无法保障。

（三）娱乐和情感的需求

老年人渴望子女的陪伴,希望丰富娱乐方式。在居家养老照料中心,80 岁及以上的老人可以免费获得两餐的饭菜,而且还享受村集体利益的分红,一年最高可以获得 8 000 元的分红。毕月老人在物质层面上可以说是富裕的,但是精神需求无法满足。老人们的生活是极其单调的,活动的范围基本上是家与居家养老照料中心这两点的区间。子女大多数单独居住,偶尔来看望父母,老年人因此缺乏陪伴。

第三节 牧头社区问题与需求

一、社区存在的问题

（一）流动人口生活状态的问题

牧头社区存在大量流动人口,这些人与本地居民相处状态以及流动人口的社区融入问题,是影响社区的重要因素之一。流动人口对于社区的看法和社区的意识,本地居民对于流动人口的接纳和相处模式与他们社区生活的状态息息相关。

（二）老年人的问题

一方面是老年人居家照料与健康问题:部分老年人是夫妻同住或者独居,日常的健康和饮食得不到有效照料,因此老人们对养生和身体保健相关的问题很在意。另一方面是老年人孤独感问题:社区老年人的构成比较复杂,一些老年人是从其他的社区搬迁来此,邻里之间互不熟悉,孤独感较强,同时社区公共文化活动也比较缺乏。

（三）社区文化建设的问题

现有的文化宣传大多停留在纸张、宣传栏上,并没开展丰富多彩的社区活动。社区精神文化建设有极大的改进空间,可以进一步加强和提升。

二、社区的需求

（一）老年人休闲和社交的需求

老年人们在社区中的社会关系网络疏离,导致他们难以进行正常的交往。另外,老年人缺乏公共活动,找不到合适的休闲娱乐方式。社区尚未建设老年人日间照料中心,仅有一个大的房间作为老人们打牌和看电视的休闲场所。

（二）老年人保健的需求

老年人自身对养生保健服务有强烈需求，并且有一定的经济能力。所以他们希望社区能提供一些保健推拿等服务，以促进他们的身体健康。

（三）外来人口融合的需求

社区外部汇聚了大量外来人口，然而，这些新居民在融入本地生活的过程中面临诸多挑战，难以迅速建立起与本地居民之间的深厚联系与共鸣。这一现状，不可避免地引发了一系列因文化差异、生活习惯不同而产生的摩擦与矛盾，使得社区内部的和谐氛围受到了一定程度的影响。

第四节　轸水社区问题与需求

一、社区存在的问题

（一）基础设施方面的问题

1. 停车位不足，轸水社区内部约有 400 个车位，但社区车辆有 1 000 多辆，车辆与车位间的比例严重失衡，停车位严重稀缺。此外电瓶车

图 10-7　轸水停车位　　　**图 10-8　街边随意停车图**

智能充电桩也十分短缺。

2. 娱乐设施不足,社区内老人和儿童的数量较多,但却缺少相应的娱乐场所和设施的配置。

3. 照明设施不到位,社区内除了主路路灯较亮以外,小路岔路基本无照明设备,天黑时整体较为昏暗。

4. 安保设施不到位,轸水社区内缺少摄像头、防盗门等安保装置。

5. 晾晒区不足,社区居民晾晒衣物均自行在窗户外面安装晾晒架,尽管设有公共晾晒区,但由于数量较少,且很多居民因距离较远,故仍旧选择在窗外进行晾晒。

图 10-9 公共晾晒图

(二) 环境卫生的问题

1. 社区卫生状况不佳,小区内常有打扫卫生不及时的情况,这导致楼道内有堆放垃圾、垃圾桶满溢的现象,影响了居民的居住体验。

2. 宠物问题,社区内有不少居民养宠物,存在遛狗不牵绳,宠物狗随地大小便不清理的现象。

3. 线管老化,由于轸水小区历史悠久,社区内管道老化,出现水管破裂、漏水现象,导致居民楼墙壁漏水。

4. 噪声污染,小区南部距高铁沿线不足 100 米,虽然白天声音不大,但仍会造成一定的噪声污染。

（三）社区规划的问题

轸水社区的楼栋布局展现出一种独特的错落美感,却也不免显得有些纷繁复杂,采用了左偶右奇的排列规律,这种非传统布局方式赋予了社区一种别样的空间韵律。然而,由于楼房的建设紧密贴合地形,自然生长的痕迹显著,导致整体排列未能达到传统意义上的整齐划一。

社区内部道路设计巧妙地融入了自然地形,形成了多处陡峭而富有挑战性的坡道景观,但同时也带来了通行上的不便。这些道路普遍较为狭窄,加之一侧合理规划了停车位以满足居民需求,却也在一定程度上限制了车辆的双向通行能力,尤其是在高峰时段,错车行驶成为了一项需要细心规划的任务。

图 10-10　道路陡峭图

3. 社区内的楼道较为狭窄且楼层较高,缺少电灯或者是电梯等基础设施,而社区内老年人数量较多,腿脚不便,上下楼非常不方便。

（四）社区公共事务的问题

1. 居民委员会、业主委员会和物业管理公司作为轸水社区治理中的三大主体,各自代表着的不同利益,利益间的冲突容易导致社区工作开展困难。

2. 社区合并以后,物业的工作量比较大,工作复杂,人手短缺。同时物业与居民缺乏沟通,冲突现象时有发生。

3. 业主委员会的成员大部分为退休人员,年龄较大且无法代表小区内外来人口和普通上班族的需求。在换届过程中,业主委员会存在霸权行为。

二、社区的需求

（一）电瓶车充电桩的需求

社区内设有公共充电桩却没有遮雨棚为电瓶车遮风挡雨,这导致住户会将电瓶车停在为数不多的充电桩棚下或一楼通道。

（二）老年人日常休闲活动的需求

社区虽然会组织一些活动但缺少一定的带头人,并且没有固定的主题。接受采访的老人抱怨每天都很无聊,只是出来社区凉亭坐坐和其他老人聊聊天。

（三）生理健康的需求

轸水社区老年人居多,老年人的生理机能随着年龄在不断衰退,而社区内没有诊所,老人不愿意去市区医院看病,因此就医问题对社区独居老人来说是一大难题。

第五节　张月鹿社区问题与需求

一、社区存在的问题

（一）基础设施的问题

社区内室外场地缺乏体育活动设施,原因可能是社区位于 JH市中心,市区公共设施(突出表现为市中心医院与市人民第五医院住院部两家机构)和商业区对社区公共空间的挤占;另外这也与社区居民主要为中老年人有一定关系。加上疫情原因,社区内部分公共场地(如城隍庙)限制进出,对缺少手机使用技能的老人是一种限制。社区的部分室内设施使用状况并不乐观,如儿童活动室的使用量就并不多,民调民解工作室也很少成为社区居民纠纷调解的首选。这与城市社区成员个体化有关,很多的娱乐服务更多地在家庭单位内得以实现,而如社区纠纷调解事件的解决则由国家权力,即社区民警进行裁判。这侧面反映了社区的共同体建设仍然有进步的空间,一些社区设施需要加强面向居民的宣传,居民的社区共同体意识也需要加强培育。

(二)停车位的问题

社区内有数百个停车位,其中多数是为社区内商业区、医院等公共设施相配套的,社区内居民使用的停车位规划在社区内小片空地,如居民楼前以及社区道路两侧。目前,社区内停车位使用基本饱和。沿社区道路和居民楼划定的车位空间狭小,停车不便且挤占道路空间,容易引起道路拥挤以及消防隐患等问题。

(三)公共设施的问题

张月鹿社区内大部分设施都是比较完善的,但由于位于旧城区,设施规划存在一些问题,同时设施也存在老旧的情况。张月鹿社区内街巷比较狭窄,部分街巷正在进行管线改造施工,同时小巷缺少照明设施,这对居民行走带来不便,也存在着一定的安全隐患。此外,老城区居民楼内的楼道较为狭窄且楼层较高,没有配套电梯也缺乏空间进行电梯改造。社区内有较多数量的老年人腿脚不便,在这种高楼层的老旧居民楼里上下楼并不方便。老城区居民楼的管线都比较老旧,虽然张月鹿社区的水电供应不成问题,但会出现一些管道老化的问题。这些事务由社区居民委员会兼责处理,基本能满足居民的需要;同时社区进行管道和外墙面改造,社区管线问题正在得到解决。根据社区社工反映,社区老年居民突出反映的社区公共老人食堂问题,由于社区食堂的产权单位回收了老人食堂,原有的为社区老人提供伙食的服务被取消。但由于涉及食堂设施的产权问题,这一问题一直难以解决,社区居委会也选择回避这一问题。

（四）安保设施的问题

社区内有不同性质的居民楼,有属于政府机关配属的干部居民楼,这类居民楼有围墙与外界划分,有专门的保安;其他的居民楼以幢为单位,没有围墙分隔,部分居民楼也没有设置防盗门禁。据观察,独幢居民楼内也没有专门的监控设施,社区的治安存在着一定的不确定因素。

（五）居委会的问题

1. 社区作为多功能的载体,其角色纷繁复杂。居委会在执行过程中,往往将上级行政任务的完成、社区服务的提供以及设施的妥善保障置于首要地位,这在一定程度上导致了对激发社区居民主动参与积极性的策略和措施不够充分,影响了居民参与社区建设的热情与动力。

2. 社工站与社区居委会之间的合作关系尚显紧张,两者之间的沟通与协作机制尚待完善。这直接导致了社工站在自主策划与实施社区活动时,常常遭遇来自居委会的种种限制与束缚,难以充分施展其专业优势与创新思维。因此,社工站在促进社区居民公共参与、培育社区自治能力方面的潜力未能得到有效释放,影响了社区整体活力的提升。

3. 社区居民在社区公共参与中更多采取"被动参与"的形式,缺乏自主组织的能力与积极性。另外,社区居民公共参与的主体中,中青年意见表达不强烈,参与主体存在着不平衡。目前的社区居民参与主要是被动独立型参与,主要参与社区的休闲文体活动;另外社区居民少量提出的关于社区民生的事务,如社区老人食堂的问题,由于涉及与社区外单位设施的纠纷难以解决,也会打击居民的参与热情。

居民的权利意识不足,不仅体现在社区参与层次不够深入,还体现在社区居民的义务意识有待提高。他们将社区活动视为自己应有的获得服务的权利,但缺乏参与社区活动组织的意识。

二、社区的需求

(一)食堂的需求

社区老年居民普遍反映社区公共老人食堂问题。由于社区食堂的产权单位收回老人食堂,原有的为社区老人提供伙食的服务被取消。

(二)停车位优化的需求

鉴于社区内车辆日益增多,为满足居民停车需求,亟需规划并增设停车位,以确保停车秩序井然,缓解停车难问题,提升居民生活便利性。

(三)社区安全强化的需求

为营造更加安全和谐的居住环境,社区需要全面升级治安保障体系。具体举措包括安装高清监控设施,实现社区关键区域全覆盖,有效预防犯罪,及时响应突发情况,让居民住得安心,行得放心。

(四)志愿者队伍培育与发展的需求

鉴于本社区老年人口占比较高,关怀与陪伴对于老年人生活的重要性日渐突出。因此,社区需要重点加强志愿者队伍的建设与培养,鼓励更多热心居民加入志愿服务行列,为社区老年人提供生活照料、情感交流、健康咨询等多方面的关怀与支持,构建温馨互助的社区氛围。

(五)老年人的需求

1. 照护的需求

社区护理服务中的老年人主要是困难老年人和享受特殊护理政策的老年人。然而,对于一般的老人来说,由于资金和人力等原因,他们很少享受社区服务。同时,社区服务人员较少,特别是社区服务站的专业人员,很难为老年人提供更多的照顾和服务,很难满足老年人的需求。此外,在完善和推广社区养老模式方面还存在一些困难,如硬件设施落后、功能不完善、活动场地小、资金不足等,需要社区和相关部门予以重视。

2. 情感的需求

张月鹿社区老年人的情感需求,在于渴望得到家人的温暖陪伴与社会的尊重认可,希望保持与亲朋好友的紧密联系,减少孤独感。他们追求安全感与稳定感,期待在经济、健康及生活环境上得到保障。同时,老年人也希望在晚年继续实现自我价值,通过参与活动、学习新知等方式获得成就感。此外,他们渴望有倾诉心声的机会,以缓解心理压力,享受心灵的慰藉。

第六节　参水社区问题与需求

一、社区存在的问题

（一）活动参与度低的问题

曾经组织过的活动无人参与。参水社区居住的人员主要是老板、官员等等,社会地位高。其中南市小区直接对接街道,一般与社区不联系。

（二）人力资源少的问题

流动人口数量大,以及城中村占比大,居民的文化程度有限。志愿者资源匮乏,参加活动的人寥寥无几。另外,社区党群服务中心承接项目多,任务繁重,人员配备不足。

（三）居民自治不完善的问题

社区基本没有业委会,居民之间沟通联系少,缺乏积极参与居民自治的意识与能力。

二、社区的需求

（一）身体健康关怀的需求

社区当前在关怀年老体弱及身体瘫痪群体方面存在明显不足,相关政策与服务的覆盖面尚显狭隘,未能充分满足这一特殊群体的需求。这不禁让居民对自身未来的养老问题感到忧虑与不安,期望社区能够加强关注,提供更加全面、贴心的健康照护与政策支持。

（二）生活受限与经济援助的需求

对于长期患病、行动不便的居民而言,生活的半径被极大地压缩,他们因健康原因无法远行,日常活动受到诸多限制。更令人遗憾的是,缺乏必要的抚恤补助金支持,使得他们在面对生活压力时更加举步维艰。因此,居民们迫切希望社区能够关注到这一群体的生活困境,提供必要的经济援助与生活便利服务。

（三）社交互动的需求

在小区内部,居民之间的交流与互动显得尤为稀缺,许多人常常感到孤独与隔绝。这种社交互动的缺失不仅影响了居民的心理健康,也削弱了社区的凝聚力与归属感。因此,社区应当积极搭建社交平台,组织丰富多彩的社区活动,鼓励居民走出家门,与邻里建立更加紧密的联系与友谊。

（四）退休军人的需求

1. 社会适应心理调试需求

军人有着深厚的军队情节。离开纪律约束严格的军营后,由于工作和生活环境都发生了巨大变化,加上社会竞争日益激烈,他们的社会适应能力面临严峻的考验。由于每个人的社会适应能力不同,部分退役军人会因个体与环境互动过程不协调,而呈现出社会适应不良的现象,主要表现为:不愿接受已退役的事实、对未来职业发展茫然、胜任新工作困难、受挫感强、情绪易波动等。

2. 荣誉激励需求

荣誉是军人的第二生命,作为社会的特殊群体,军人为保家卫国贡献了自己的青春,理应获得崇高的社会地位和相应的荣誉激励。退役军人虽然离开了部队,但他们对自己曾经的军人身份有较高认同,仍然希望别人尊重自己作为一名军人的荣誉。

3. 关注与重视的需求

由于我国长期处于和平环境,人们对经济和文化建设的关注度高,国防观念和拥军意识有所弱化,社会对退役军人的关注不够,这使得他们感觉自己被边缘化,心理失落感极为强烈。

4. 尊重和优待的需求

一是部分基层工作人员在工作时对退役军人尊重不够,如将信访的退役军人纳入重点稳控对象范围。二是退役军人希望获得优待来体现尊重。他们希望发放退役军人优待证,凭证免费享受各类便利服务,获得普通市民以外的优待。三是退役军人希望通过精神褒扬与物质奖励相结合的形式来展示他们所得的荣誉,进一步增强他们的光荣感、自豪感。

第七节　牵头社区问题与需求

一、社区存在的问题

（一）小区布景设计的问题

牵头社区居住建筑的布置是采用行列式的布置形式,这种布置形式虽然整齐、成本低、采光较好但也存在不少缺点。

1. 识别性差:小区景观千篇一律,缺乏小区特色,走入其中容易迷失方向。

2. 私密性差:门对门,易对望,私密性差。

3. 景观利用率低:不重景观,尤其是小区外的自然景观,导致浪费环境资源。东南面的建筑密度较背面的建筑密度大，疏密不均，无法享受到人工湖边的美好风景。

（二）社区规划设施的问题

1. 道路规划是否合理直接影响居民的人身安全以及工作效率。牵头社区是南北走向的小区，干道只有 6 米宽，随着车辆的增加，又加上车辆占道，这样的宽度是远远不够的，按照现在的标准至少应该在 7—9 米，否则很容易发生事故。宅前小路的交叉口未作缘石处理，呈直角状态，使小区交叉口面积缩小，行走不方便，威胁居民正常生活。

2. 停车设施布置不合理。小区建立的下沉式停车库使用不便，而且车位是购买供个人使用的，当有外来车辆进入小区时就会出现车辆无处停放的问题。

3. 地面停车位预留量过少，车辆占道现象严重。

（三）建筑设计不合理的问题

1. 居民楼设计问题

（1）小区建立的下沉式地下车库导致一楼地面标高只有 1.2 米，给一楼的住户造成了许多的不便，如视觉效果、私密性、噪声影响等等。

（2）防盗窗设置有碍美观。

（3）夜晚小区的路灯会直接照进房间，影响住户睡眠。

（4）入户楼梯设计不合理。单元的入户楼梯坡度过陡，首阶楼尺寸 190×260，其余尺寸 155×255，严重违反规范，走起来极不舒服，安全性也有待考证。

（5）无障碍设施缺乏。小区单元未设置无障碍设施。

2. 车库设计问题

（1）下沉式车库坡度太大，驾驶经验少的人难以掌控，容易发生碰撞，而驾驶经验丰富的，因坡度太大造成耗油大也不愿开进车库，故出现住户经常占用车道的情况,从而导致了道路拥挤的现象。

（2）车位入口高度也偏低,测量得出只有 1.8 米,普通私家车可以停放,但吉普车无法停放。

（3）车库内部空间较小,有门装置的宽度不是很宽敞,易发生事故,行车危险。

（四）片面强调绿地面积的问题

1. 小区绿地"精品"意识不强

小区片面地追求绿地面积,大种草皮。小区土方未做微地形处理,局部地段土方回填不到位,土方缺失较多,施工粗糙,自然景观营造水平较低,整体绿化水平较差。事实上,绿色生态环境是一个整体,应该从生态多样性错落有致等方面考虑,使整个小区一年四季都能鸟语花香、绿树成荫。

2. 小区植物配置不合理

居住区绿化要适时适树,尽量选用有观赏价值的乡土树种和花卉。牵头社区搭配不合理,乔、灌、花、草搭配不均匀,视觉效果差,仅停留在简单绿化表面,不能形成小区景观特点。居住区植物配置必须从人们的生理及心理上去考虑,以方便居民为第一原则,因地制宜。如宅旁绿地应考虑建筑物间的朝向,结合日照与通风要求进行植物配置,以免影响室内的采光。而牵头社区两幢建筑物的车库上种的乔木太高,影响一楼住户的视线跟室内采光。

二、社区的需求

通过在社区中观察以及与社区老人访谈接触发现,目前居住在牵头社区中的退休老人的物质生活很宽裕,他们会给自己安排丰富多彩的退休生活,例如唱歌、跳舞、旅游,给自己安排了很多娱乐节目,但表示近年因为身体原因,很多活动都停止了;并且在人际交往方面,他们表示与社区的其他老人,即非在职退休老人没有共同话题。所以有以下需求:

（一）情感的需求

在社区中,有这样一群特别的老年人,他们曾是职场上的佼佼者,拥有高收入与高文化水平,如今已光荣退休,享受着晚年生活。然而,随着子女们各自忙碌于事业与家庭,白天鲜有时间陪伴左右,这群老人不禁陷入了情感上的孤独与空虚之中。他们渴望得到更多的关心与陪伴,不仅仅是物质上的满足,更是心灵上的慰藉与交流。一句温暖的问候、一次耐心的倾听、一份真诚的关怀,都能成为他们晚年生活中不可或缺的阳光,照亮他们的心房,让他们的晚年生活更加温馨与幸福。

（二）自我实现的需求

退休并不意味着生命的终止,而是开启了另一段丰富多彩的人生旅程。该社区的老年人,尽管已经告别了职场的风云变幻,但他们内心依然燃烧着对知识的渴望与对自我价值的追求。他们希望老有所学,不仅是为了打发时间,更是为了实现自我成长与超越。无论是学习一门新的语言、掌握一项技能,还是投身于公益事业、发挥余热,他们都希望能在晚年继续发光发热,让自己的生命之树常青,实现个人价值与社会价值的双重提升。

（三）社交的需求

随着年龄的增长,老年人对社交的需求也愈发强烈。他们渴望结交更多的朋友,寻找那些兴趣相投、志同道合的伙伴,共同分享生活的喜怒哀乐,相互扶持,共同成长。在社区的大家庭中,他们希望能够打造一个属于自己的社交圈,通过参加各种兴趣小组、社团活动等方式,拓宽自己的社交网络,丰富自己的晚年生活。在这里,他们可以无拘无束地畅谈人生,分享经验,找到归属感与认同感,让晚年生活更加充实与精彩。

第十一章　老年社区项目

第一节　柳宿社区"长者'俱'乐部"项目

【项目微信推文】(素材来源:"JH乐福社工"微信公众号)

1. 柳宿社区|回顾长者"俱"乐部第一次招募活动(服务对象招募)

https：//mp.weixin.qq.com/s/xx9ANJTtDKiM8kDn1Mtr4w

2. 志愿者培训会|"联结你我他"(2018.11.16志愿者培训会)

https：//mp.weixin.qq.com/s/Q6kovg1LoFNwHgjqsRxOzg

3. 柳宿社区|"为你打 call"社区交友会(2018.11.25"为你打call"——社区交友会)

https：//mp.weixin.qq.com/s/bJZ-HR6xJBPkNbXdTCMOzA

4. 兴趣小组系列|"养生动动手,健康人人有"(2018.12.16"养生动动手,健康人人有"——第一次兴趣小组)

https：//mp.weixin.qq.com/s/PbcEeRi3sDKNorr2eRj06g

5. "我画我说"社区交友会|WC公益创投项目("我画我说"——社区交友会)

https：//mp.weixin.qq.com/s/ZFs1jir8EXWfv42nHjAifA

6. 兴趣小组:"共创幸福城"|WC公益创投项目(2019.3.24"长者有所趣,社工助老行,共建幸福城"——第二次兴趣小组)

https：//mp.weixin.qq.com/s/eC5H4tMYhSuPlimaJVHaZA

7. "老少同堂,为妈妈献礼"(2019.5.12"1+2＞3——长者'俱'乐部老少手工课堂")

https://mp.weixin.qq.com/s/N3UGw2rbtH5ikzqkkJ5pgw

8. 兴趣小组："我学我乐我健康"|WC 公益创投项目（2019.5.19"我学我乐我健康"——第三次兴趣小组）

https://mp.weixin.qq.com/s/Cguv0_1m8Mg4UF8gErrjhg

9.【活动预告】"活力赛场"＋"垃圾分类"等你来！（2019.7.14"活力赛场展风采，垃圾分类共参与"主题趣味活动游园会活动预告）

https://mp.weixin.qq.com/s/Z54XCTTEF9ma_c5MoiC2Mg

10. "活力赛场"展风采，"垃圾分类"共参与（2019.7.14"活力赛场展风采，垃圾分类共参与"主题趣味活动游园会）

https://mp.weixin.qq.com/s/FTQkIzYxyfJoDqweG7sIbQ

11. "纸上生花"创意剪纸|柳宿社区第四次兴趣小组活动（"纸上生花"创意剪纸——第四次兴趣小组）

https://mp.weixin.qq.com/s/DhQV7hGIUegRFUcBpAKFiQ

12. 乐动夕阳，以歌会友|柳宿社区音乐小组活动（2019.8.17"乐动夕阳，以歌会友"——第一次音乐小组活动）

https://mp.weixin.qq.com/s/pjV982mUgVGe_5k_MysaiQ

13. 乐动夕阳，以歌会友|柳宿社区第二次音乐小组活动（2019.8.24"乐动夕阳，以歌会友"——第二次音乐小组活动）

https://mp.weixin.qq.com/s/sQNJDTxndViAlSQi2zj8-A

14. 长者"俱"乐部|号外！柳宿社区第二届长者文化节要开幕啦（2019.9.28"邻里守望心连心，情暖社区促和谐"柳宿社区第二届长者文化节活动预告）

https://mp.weixin.qq.com/s/cwNl-8qcYP9vDXhMyfKBZQ

15. 柳宿社区第二届长者文化节|WC 公益创投项目（2019.9.28"邻里守望心连心，情暖社区促和谐"柳宿社区第二届长者文化节）

https://mp.weixin.qq.com/s/wtSt_V8BKYJkAhao3MYVWg

第二节　毕月社区"耆老之乐,其乐融融"项目

一、项目基本信息

项目名称:耆老之乐,其乐融融

项目周期:2019 年 6 月—2019 年 12 月

项目实施地点:JH 市毕月社区

项目直接受益人数:毕月 30 位独居老人

项目间接受益人数:毕月其余老人 200 人

项目领域:为老服务

二、项目背景

（一）需求调查分析

根据前期调查,调研小组发现毕月独居老人主要有以下三方面的需求:

1. 生理需求:老人普遍怀揣着对生命的热爱与渴望,享受更多的时光,保健意识强,但证伪能力弱。

2. 安全需求:老人们居住的老房子存在安全隐患,且独居老人出事故时无人照看,人身安全得不到保障。

3. 归属与爱的需求:大多数老人们的子女每周定期看望老人一次,只是简单地说说话、做做饭,不太会从情感上关心老人,察觉不到老人的真实需求。

（二）受益群体描述

毕月独居老人:物质层面得到了保障,但精神情感较少受到子女的关注,虽然大部分独居老人的子女住在毕月或市区,但他们并不常与老人来往,只是偶尔回来探望;平日里的活动地点是在照料中心和家里,文化娱乐活动单调。

三、项目目标

（一）总目标

在一定程度上保障老人的安全,关注老人的精神生活,提升毕月社区独居老人的幸福感,营造养老友好型社区氛围。

（二）具体目标

1. 为独居老人提供爱心营养早餐,提升老人的生活饮食质量,开展保健知识讲座,提高老人的保健意识。

2. 为老人及其家属开展预防与应急培训讲座,降低老人发生意外事故的几率,提升老人及家属应对突发状况的能力。

3. 培育社区爱心队伍为老人开展陪伴服务和文化娱乐系列活动,丰富老人的空余生活,加强老人与子女的联系。

四、项目实施计划

（一）活动一:志愿者培训

活动时间:2019 年 6 月—2019 年 7 月(每两周一次)。

活动内容:一是利用已有的志愿者的资源——经管学院志愿者队伍,邀请他们做老人的陪伴服务;二是招募社区志愿者,形成社区志愿者队伍,开展有关需求分析、制定计划、实施计划、评估等相关培训。

活动目的:培养社区领袖,建设一支长期的陪伴服务队伍,锻炼他们的策划、组织能力,持续为高龄老人提供陪伴服务、文化娱乐活动,营造年轻老人为高龄老人服务的社区氛围。

形式:团体辅导。

地点:浙江师范大学 16 幢某教室。

参与人数:浙江师范大学志愿者 15 人和社区居民 7 人,一共 22 人。

物资:培训手册及打印资料(30 元)、志愿者帽子(100 元)。

（二）活动二:文化娱乐活动

活动时间:2019 年 6 月 7 日(星期五)。

活动内容:陪伴高龄独居老人度过中国传统节日,一起包粽子。

活动目的:让高龄独居老人在传统节日里不再孤单,和年轻群体与同辈群体感受传统节日的文化氛围,增加老人们之间的互动,帮助他们建立或扩大社交支持网络。

形式:传统节日活动。

地点:毕月居家养老照料中心。

参与人数:毕月30位独居老人,22位志愿者。

物资:包粽子所需要的材料(800元)。

(三)活动三:爱心营养早餐

活动时间:2019年7月开始。

活动类别:送餐服务。

活动内容:向JH周围的企业拉赞助,获得赞助后以其企业的名义为老人们提供爱心营养早餐,并提供送餐服务。

活动目的:为老人提供爱心营养早餐,保障老人的健康安全,同时增强老人的幸福感,也提高企业的社会责任感。

形式:爱心活动。

地点:毕月居家养老照料中心。

收益人群:毕月30位独居老人。

物资:与企业签订免费提供营养早餐上门服务的合同,该活动的预算由企业协商后而制定。

(四)活动四:保健讲座及保健知识咨询服务

活动时间:2019年7月13日(星期六)。

活动内容:让专业的保健医生来为毕月居民(主要是毕月老人)开展关于保健健康的知识,在讲座结束后给居民解答关于保健健康方面的疑惑。

活动目的:引导毕月老人对于保健品和健康生活的正确认识,避免因无知而上了伪劣保健品推销活动的当。

形式:讲座及咨询。

地点:毕月居家养老照料中心。

参与人群:毕月老人及自愿参与的村民。

物资:制作保健知识宣传手册(300元)、租赁音箱(50元)、饮料(100元)、制作宣传横幅(20元)、医生的午餐补贴和路途补贴(1 000元)。

(五)活动五:应急培训

活动时间:2019年8月10日(星期六)、8月11日(星期日)。

活动内容:第一次讲座是链接相关的资源为毕月独居老人以及家中有老人的村民开展"老年人预防事故、自救与急救"的培训,教授老人护理急救知识;第二次讲座是为每位独居老人配备求救手环,设置好家属、近邻以及医院的电话。

活动目的:让老人、老人的家属及参与培训的村民学会在"常见病症""突发意外"下如何自救和进行急救,了解在自救和急救中需要注意的问题,提升老人及家属应对紧急状况的能力,增强老人的安全感;为独居老人提供一个在突发状况下能够及时求救的途径,以更好地保障老人的安全。

形式:培训讲座。

地点:毕月居家养老照料中心。

参与人数:毕月30位独居老人及自愿参与的村民。

物资:JH急救服务中心人员的午餐和路途补贴(1 000元),急救所需的材料(500元),租赁音箱(50元)、饮料(100元)。

(六)活动六:陪伴服务

活动时间:2019年9—12月。

【注:每周进行一次,共进行16次,陪伴内容均如下所示】

活动内容:将志愿者分成7个小分队,每个小分队里有3人(1位社区居民+2位学生),分别进入不方便走动的独居老人家中,陪伴老人聊天,帮老人做些力所能及的家务活。

活动目的:高龄独居老人走不出来,调研小组便走进去,去到他们的身边,用陪伴温暖他们的心灵,让独居老人不再孤单。

形式:家访。

地点:经过筛选的 14 名高龄独居老人的家中。

参与人数:毕月 14 位独居老人,22 位志愿者。

物资:饮料(80 元)、纪念品七寸照片(15 元)。

(七)活动七:生日沙龙

活动时间:2019 年 9—12 月每隔三个月的月初(9.01、12.01)。

活动内容:为高寿老人贺寿,一起听戏,唱歌,吃长寿面和蛋糕,让他们开心地度过自己每年重要的日子。

活动目的:让高龄独居老人共享生日的喜悦,增进老人们之间、老人与亲属间的互动,从而稳固支援系统,结识更多同辈群体。

形式:生日沙龙。

地点:毕月居家养老照料中心。

参与人数:该月份生日的高龄独居老人以及老人的家属、邻居、朋友,约 30 人。

物资:租赁音箱(50 元)、长寿面原材料(300 元)、低糖蛋糕(300 元)。

(八)活动八:回忆青春

活动时间:2019 年 12 月 28 日(星期六)。

活动内容:诉说毕月历史,分享自己的故事。

活动目的:倾听毕月独居老人的故事,回顾老人的人生历程,让老人感受到自己是这个村庄不可或缺的一部分,增强对村庄的归属感。

形式:故事会。

地点:毕月居家养老照料中心。

参与人数:毕月 30 位独居老人及其家属,22 位志愿者。

物资:饮料(80元)、租赁音箱(50元)。

五、可行性分析

(一)资源的获取

首先,社区具有众多的志愿者团队,如果能够保证志愿者时间的投入,很多学生也愿意去参与志愿者活动;其次社区不仅经济较为发达,在资金方面可以补助一下,还能为调研小组提供场地、桌椅等资源,村中时间较为空闲且有爱心的社区精英也可作为培训的对象;在财力方面,调研小组可以申请政府基金或是向社会组织、社会大众募捐,多种筹资渠道并用。

(二)社区的接纳

目前社区还未曾开展针对高龄独居老人的服务,在这一片服务领域处于空白的状态,而调研小组与毕月一起合作开展这一服务可以弥补这一空白,增加毕月村民的信任度,丰富毕月的服务内容,同时也有助于提升毕月社区的形象。

(三)老人的参与

由于调研小组是根据前期调查来分析老人的问题,所以其服务是基本切合毕月独居老人的需求的,在活动设计上也是尽量吸引老人,因此相信老人对于调研小组的服务会有较好的参与度与评价。

六、风险分析及预案

风险一:志愿者参与热情随着时间在下降。

对策:针对志愿者制定一定的奖励机制,让其在活动过程中形成成就感,多鼓励赞扬他们,让他们在活动后分享反馈,增强他们的参与感,另外使其对项目目标意义形成认同,对爱心队伍有一定的归属感。

风险二:参与活动人数过多,居家养老照料中心容纳不下。

对策:找一个更大的备选场地。

风险三:在生日沙龙中老人家属来参与的人数过少,达不到加强亲子关系的效果。

对策:提前与家属约好时间,并在活动开展前用短信或电话的形式通知。

风险四:在保健知识咨询服务中,可能由于居民热情高涨,有太多的居民都想问医生问题,医生答不过来,导致场面混乱。

对策:提前给志愿者做关于保健健康知识的培训,帮助医生解答居民疑惑。

风险五:在开展保健知识讲座和应急知识培训中,可能会出现居民缺席的情况。

对策:以纸质的方式将保健知识和应急知识提供给缺席的居民。

风险六:总结活动中老人不会讲普通话或者讲普通话不流利。

对策:让老人说方言,并让居民志愿者来翻译总结他们所说的内容,这样让老人表达得畅快流利,志愿者们也能够听得懂。

风险七:社区爱心志愿者在设计、开展活动过程中出现困难,导致活动开展失败。

对策:这是正常的现象。调研小组在前期会随着爱心志愿者一起设计、开展活动,在活动中告知志愿者在活动过程中需注意的地方,然后调研小组再慢慢退出,将任务交给志愿者们。如果最后活动真的失败,调研小组也要协助志愿者一起找出失败的原因。

第三节 牧头社区"多彩夕阳"项目

一、理念

在中国当前老龄化迅速的背景下,面对大量的老年人及其老年生活、养老问题,目前中国的养老产业并没有足够的承载力,未来一段时间内,家庭和社区仍然要作为养老的主要载体。但是又一明显的问题是,社区对于时代变化中的养老需要并没有做出亟须的改善。

我国目前社区力量依旧薄弱,组织力、资源调动力等仍较低,对于老年人的健康需求、生活照顾、心理安抚、日间陪伴、文化活动等尚不能起到完全满足的作用,但社区又需要承担起这份责任。特别是老年人的社区文化活动,与老年人生活和心理有着密切的联系。

增权理论强调发展个人的能力,从而增强能动性。在社区的老年人文化生活创建中,调研小组要注重老年人自身能力的提升,同时关注老年人群体自身组织能力的发掘和提升,寻找并培育老年人领袖;生态环境理论注重人与环境间各系统的相互作用及其对人类行为的重大影响,社区老年人文化生活的创建离不开社区整体文化氛围的营造、社区组织的参与、老年人家庭及亲近群体的关怀支持等等,这都是相互配套的。

二、目标和目的

(一)目标

1. 丰富社区中的老年活动,通过举办老年课堂、太极养生等活动增进老年人对于养生知识的学习、充实老年人生活;

2. 推动社区中老年人群体的交流和熟悉,帮助他们成为相互陪伴的朋友;

3. 帮助社区中的不同年龄段的老人促进对于老年痴呆症的了解,并学习相关日常预防技巧,降低老人及其家人对于老年痴呆症的心理担忧;

4. 发掘和培养社区老年领袖群体,帮助创建社区老年文化组织。

(二)目的

促进老年人群体的融合和熟悉,形成相互支持和肯定的同辈支持网络,使他们的生活在多样的活动和对新事物的学习中变得丰富多彩,得到社区的尊重和重视、并获得子女的更多陪伴;同时通过老年文化组织的产生和发展促进社区文化组织和社区文化的成长,让社区的组织性和文化动员力进一步的发展。

三、对象

牧头社区 65 岁以上的老年人约 80 名，其中 80 岁以上的老人约为 10 名左右，70—80 岁的老人约有 28 名，65—69 岁老人约为 30 名。本项目系列活动主要面向 65—80 岁的行动能力良好的老年人，约为 50 名。

四、内容和形式

（一）"不要忘记我的故事"——预防老年人痴呆活动

活动时间：4 月份前四周每周日下午 3：00—4：30。

地点：牧头社区老年人活动中心。

小组人数：70—80 岁的老年人 8—12 名。

招募方式：通过海报宣传的自愿报名，同时由社区居委会、社区内的公益组织彩虹公益致电邀请老年人一同参与。

后期组织：成立社区老年人协会，由老年人代表和社区居委会代表、驻社区彩虹公益组织代表共同组成。

活动内容：通过健脑手指操的学习来提高老年人保健和预防老年痴呆症的能力；通过小组活动为老人扩展人际关系提供渠道，使他们能找到志同道合、相互支持的好友；建立老年健身操小组，将健身操锻炼制度化为每周一次的活动，为老人提供休闲活动和社交的渠道。

（二）"学习让生活更快乐"——老年人课堂学习活动

活动时间：5 月份每周日下午 3：00—4：30，计 90 分钟。

地点：牧头社区老年人活动中心。

参与者：65—70 岁的老人 15—20 名。

招募方式：通过海报宣传进行自愿报名，同时由社区居委会、社区内的公益组织彩虹公益致电邀请老年人一同参与。

后期组织：成立老年人学习会，由老年人代表和社区居委会代表、驻社区彩虹公益组织代表共同组成。

活动内容：包括饮食养生课堂、园艺种植课堂、"一起来唱戏"婺剧课堂。增加老人对健康和养生知识的了解，提高他们自我照顾的能力。同时为老人提供一个社交和陶冶性情的平台。现场展示一些常见的绿植和当季花卉，由园艺师介绍讲解不同绿植花卉的特征和老年人适合种植的种类，然后由老年人分享自己喜欢的绿植和花卉，邀请其中有种植爱好和经验的老人家进行故事分享展示。

（三）"这段路让我陪你走"——老年人子女陪伴散步打卡活动

活动时间：5 月 1 日到 5 月 31 日之间的共计五个周末中，每周六、周日 6:00—9:00 与 17:00—21:00。

地点：牧头社区及周边。

参与者：65—70 岁的老人 15—20 名。

招募方式：通过海报宣传的自愿报名，同时由社区居委会、社区内的公益组织彩虹公益致电邀请老年人一同参与。

活动内容：在周末的早晨和傍晚，组织参与活动的老年人和他们的子女，在社区及周边的绿地内散步聊天。通过相关的运动 App 记录路线，由子女分享朋友圈后截图发给项目工作人员。在一个月内打卡数量最多的前三名老年人和子女将获得社区颁发的最佳敬老家庭荣誉，参加者都能得到一份参与荣誉证书，满 2 次及以上者可以领取小礼品。通过老人和子女之间的散步和散步过程之间的交流，促进老人和子女之间的联系与相互理解，以减轻老人们的孤独感和隔离感，提高情绪水平，改善身心状态。

（四）"宁静致远"太极养生

活动时间：5 月 1 日到 5 月 31 日之间的共计五周中，每周三、周六上午 8:00—9:00。

地点：牧头社区中心绿化带。

参与者：65—70 岁的老人 10—15 名。

招募方式：通过海报宣传的自愿报名，同时由社区居委会、社区内的公益组织彩虹公益致电邀请老年人一同参与。

活动内容:通过练习太极拳,提高老年人保健与养生的能力,改善身心状态。邀请牵头的太极拳俱乐部的老师和同学作为教练,带领参加的老年人练习太极拳 24 式,一周练习 5 式。在练习过程中,同时组建老年人太极拳俱乐部,推选队长。在一个月后,由太极拳俱乐部每周自行组织 1—2 次太极集体晨练。

(五)老年人领导者的发掘与培育

在项目需求调查进行中发现的两位热心积极、关心社区事务的老人,他们具有成为社区老年人活动领袖的气质和条件。在系列活动的开展中,需要他们运用在社区中的关系,为项目争取支持者和参与者;同时在活动的策划中要积极咨询他们的意见和建议,活动的开展组织也要他们在其中发挥应有的作用。

在项目进行过程中,参与项目活动的老年人中积极的成员,表现出参与社区、关怀社区的倾向,并具有一定能力的,值得工作人员加以额外的重视,并加强与他们的联系。在此后的活动中,适当加大他们对于活动策划组织的参与程度,提高他们对于社区老年文化活动组织的主动意识。

在项目的后期,重视老年人领袖在活动组织中的合作和脱离社工的独立组织能力,并鼓励他们在成立的相关组织中担任职务,并帮助增长活动组织、资源链接和调配的基本能力,使社区中的老年人具有自我组织的核心人物和能力。

五、预期的问题及应变计划

(一)预期问题

1. 向老年人宣传的途径较少;

2. 老年人参与活动的积极性较低;

3. 老年人觉得活动缺乏乐趣;

4. 老年人身体健康情况和文化水平难以适应活动需要。

（二）应变计划

1. 通过上门拜访、打电话以及从老年人的家人方面出发向老年人宣传本次活动；

2. 通过主打保健养生和趣味性吸引老年人参加，通过滚雪球的方式以"一带一地"宣传，并拉动老年人参加；

3. 根据老年人的反馈及时调整活动的内容形式，并充分了解他们的需求；

4. 注意老年人的身体状况，在长时间的活动中要注意有节奏的休息，调整活动的理解难易度，以通俗的语言和表达让老年人更容易理解。

六、项目可行性及可持续性

本项目运用增权理论和生态系统理论，关注老年人在社区生活中的现实问题，从老年人喜闻乐见的具体活动出发，围绕老年人的需求，从老年人的健康、亲情陪伴、生活乐趣、社会融入等方面入手，满足老年人的需求并促进其发展，让他们感受到晚年社区生活的充实。

同时，在项目过程中笔者致力于培育社区老年人活动领袖，提高社区自身组织活动能力，而这个过程也是社区成长的过程，能够营造带动社区新一代领袖们成长的氛围，缓解由城市化过程中原子化、分散化而导致的社区中邻里疏离感，重新开始营造社区环境。

本项目以设计精巧且富有趣味的活动为依托，能够满足老年人需求，吸引老年人参加，且成本较低，活动效果明显，具有推广的优势条件。

第四节　轸水社区"网络凉亭"项目

一、项目背景

人口老龄化的趋势是不可避免的，社区居家养老也被誉为成功的亚洲经验,但在本土文化中,老年人群体也逐渐出现被污名化的趋向,社区居家照料的问题也日益突出。而 JH 市 WC 区的轸水小区,是典型的老龄化社区,虽然它是单位制的社区,但社区中主体人群是老人,530 多名退休长者,其中 120 多名高龄长者。社区长者日常的活动就是买菜、做饭、到凉亭坐着唠嗑,长者们的日常文娱休闲活动形式非常单一,对多种形式的文娱活动非常期待。

故为了响应民政部的《"互联网＋社会组织(社会工作,志愿服务)"行动方案》,提高社区长者的社会参与度,为长者提高交流的平台,加强社区资源的可及性,支持和实现长者的积极老龄化。本项目和浙江师范大学法政学院社会工作系以及广福医院爱与陪伴机构合作。通过增能理论和社会生态理论针对社区教育、社区关怀、长者互助团体等主题进行策划,以长者共同完成音乐发表会为项目成果,期望能让长者们营造一个友好互助的快乐家园,过着自己能选择的、快乐的晚年生活,实现幸福快乐的人生心路历程。

二、受益对象描述

(一)直接受益对象

1. 居住在社区内,拥有智能通信工具,且具有一定思考能力的社区长者共 30 人。此部分长者拥有可以连接互联网的工具,满足参加项目活动的条件。同时,使用互联网,需要具有一定的理解能力,以便接受互联网所带来的信息。

2. 社区还有不会使用互联网工具的长者或青年等其他居民共 15 人。在项目过程中,调研小组将招募一些会使用互联网的居民,成为项目的志愿者,并由这部分志愿者去服务行动不便,无法来参加活动的其他长者,从而促进志愿者的成长,完成志愿者的价值呈现。

(二)间接受益对象

社区内其他长者及长者的家属,预计 300 人次。通过项目改变社区其他居民对于长者的看法,增加长者学习新事物的支持力度来源。同时,当长者学会使用互联网后,他们将能更加简便地联系家属,增进家庭关系,也能让家属及时地了解长者动态,保证长者安全,减轻家属心理压力。

三、项目目标

(一)总目标

通过互联网的使用,实现社区长者的增能,并向社会传递新观念,去除对长者的标签化,正视长者的多方面需求,并尽可能满足,从而建设一个适宜长者的和谐社区,提升长者的幸福感,并增加其对社区的归属感及融入感。

(二)具体目标

1. 让服务对象学会使用互联网,以便通过使用这些功能联系家人以及获得外界信息,缩短他们与外界的距离,减缓其脱离社会的速度。

2. 通过使用互联网,社区长者得到新技能并获得信息,实现自我增能,提高自我效能感,使其更有信心涉及其他领域,促进老人更多层面的成长。

3. 为社区长者建立一个平台,通过这个平台,建立友好关系,扩宽其社会支持网络。

4. 挖掘社区内热心居民,将他们融入项目成为志愿者,在项目结束后,鼓励他们自行组织开展其他活动。

四、项目实施计划

(一)项目开启仪式暨人员招募

活动内容:启动项目,为项目的开展组建志愿者队伍,在学校和社区以发放传单、上门宣传、集体宣讲、外展摆摊等形式招募高校志愿者和社区志愿者,同时也在社区进行服务对象招募,志愿者还需通过面试进行筛选。通过启动仪式,以文艺汇演的形式搭建一个平台,让社区居民与工作人员有一个初步认识的机会,吸引社区更多居民关注该项目,提高居民的社区参与度。

活动次数:活动两次,分别对志愿者和服务对象进行招募。

（二）"有缘社区来相会"见面会

活动内容:开展首次社区见面会,通过设计各种交友活动,一方面促进社区老人之间的相互认识,为社区的老年人搭建交友的平台,帮助他们在社区结交新朋友,维持与扩展社会关系网络,实现朋辈群体之间的相互支持,增强社区老年人对社区的归属感和认同感。另一方面,促进工作人员、志愿者与服务对象三方的相互认识与了解,为后期活动的开展奠定良好的基础,以增强活动的可持续性。

活动次数:活动一次,初步了解。

（三）网络入室教学

活动内容:志愿者与长者相结合,开展入室教学服务。在活动中,以生动有趣的方式带领长者们下载微信,并教授他们初步使用微信,学会加好友,发消息,并分享这过程的感受。通过一系列的活动,让长者真正的接触互联网,并学会使用互联网,从互联网获取信息。通过本次活动,一方面长者学会了简单地使用手机,掌握新的学习技能;另一方面,增加了长者与外界的联系,建立人际交往联系,让其感受到其他人的关爱,减少其孤独感。

活动次数:活动将每月定期开展,旨在让老年人学会一些基本操作,同时在活动的过程中发掘社区领袖。

（四）社区茶话会

活动内容:组织服务对象携带自家的甜点或是零食来分享,由社工或社区领袖主持开展一次茶话会,并最终将茶话会的时间固定在每个月或是每周的同一时间,以此加强社区老年人之间的朋辈支持,促进社区独居老年人的自助与互助,并增强服务对象的社区归属感。在活动过程中,让长者、志愿者分享参加活动所得,为其提供了一个交流平台,不仅融洽了相互之间的关系,同时增进了居民互助意识。

活动次数:活动将每月根据实际情况定期开展。

(五)团建

活动内容:让社会工作者、志愿者以及服务对象一起进行团建,互相分享日常生活,以增加彼此的关系。该活动提供了一个交流平台,不仅融洽了相互之间的关系,同时增进了居民互助意识。

活动次数:活动一次,在社工机构活动室内举行。

(六)"有爱一同"毕业典礼

活动形式:文艺汇演、展示等集体活动。

活动地点:轸水小区。

活动内容:通过举行毕业典礼,增强仪式感,进一步提升长者的获得感,并且在典礼开展之前给老年人布置拍摄一段视频或是一组照片的作业,由志愿者和社工一起评选,选出最优并给予奖励,可以检验老年人对于手机的学习程度。

活动次数:活动一次,总结本次项目的所思所想。

五、项目可行性

(一)项目接纳程度高

项目于2019年3月—5月开展了社区需求调查,前期有较为良好的调研基础,并且在调查过程中与大多数社区中的服务对象初步建立了关系。项目组曾与社区中的党群服务中心、居委会、物业有过交流,他们十分欢迎外来的机构与组织进入社区为社区中的老年人服务,并表示可以提供场地、桌椅等协助活动的开展。

(二)服务需求广泛和迫切

项目的主要服务内容是社区老年人"自助养老"小团队的建设、

促进社区交友以及社区参与。在前期调研过程中发现老年人由于独居的因素，在社区交友、生活照料、提升自我价值感和自我效能感方面需求迫切，项目有实施的必要性和可行性。

（三）项目负责人经验丰富

项目负责人在早期服务过程中积累了丰富的为老服务、项目执行、管理等方面的经验，能够较好地开展为老服务，同时能够保障项目执行和管理方面的规定。

第五节　张月鹿社区"我寄夕阳与喜月，独往古稀遇知音"项目

一、项目概述

张月鹿社区是一个典型的现代化程度高、收入水平高、生活质量高的完善社区，衣食住行的基本需求已经得到基本满足。然而，无论社区多么发达，弱势群体都是必然存在且需要帮助的。张月鹿社区中，独居老人是主要的弱势群体，针对这一弱势群体的存在，笔者评估了老年人的需求，通常独居老人的需求主要分为四个层次：分别是生理需要、安全需要、爱和归属感以及自我实现的需要。通过调查了解到，张月鹿独居老人群体普遍具有高收入、高文化水平、缺乏陪伴的现状，项目将重点放在满足独居老人爱和归属感以及自我实现的需要方面，开展独居老人互助活动。

二、项目目标

1. 建立独居老人的同辈支持网络，降低独居老人的孤独感；

2. 形成组内互帮互助的良好氛围，增强独居老人的同辈支持水平；

3. 促进独居老人的发展，让他们有能力自己设计小组活动，增强小组结束后老人间互动的可持续性。

三、项目特点

项目重点强调为老年人提供参与社会活动的机会和条件,并强调老年人对社会活动的参与及在活动中对自我的重新建构;通过重拾有意义的生活以激发独居老人的生命整合动力,帮助他们重新接受和悦纳自己。项目助力于老年人身心健康维护及促进生命发展,在提高老年人幸福感方面已为社会工作实务所验证。不同主题的社区活动可以为老年群体搭建和拓宽社会支持网络,使他们获得更多积极的信息和发挥社会价值的机会。通过与社区其他老年人的互动也可以重拾浓厚的邻里情,对独居或配偶关系丧失造成的冲击和伤害起到一定的缓冲和修复作用。所以本次项目活动将把搭建参与社会活动平台、提升重返社会行动意识、重拾邻里互助文化、培育反哺式社区社会组织四个内容融合进此次活动,并期望以此来修复独居老人社会支持网络,促进社区融入,推动疫后社会恢复。

四、项目的准备

(一)线下宣传与居民走访

此次项目主要采取的方式是线下的宣传。在宣传的过程中,希望通过简单的介绍与社工站的海报展示引起老人的兴趣,并且在宣传的过程中进行简单的访问,以便对社区内的老人状况有更深一步的了解。

考虑到老年人对智能机的使用熟练度可能并不高,没有选择以QQ群、微信群等线上群组进行活动讨论,所以对于感兴趣、有意愿参与活动的老年人,仅留下了老人的电话与住址以方便二次征求意愿与明确活动时间。

(二)对外沟通

在对外沟通的环节中项目成员主要联系了社区的专业社工或专业社会工作学者,在活动中为社区居民进行一些关于社会工作知识的介绍与讲解,并向他们简单介绍了活动目标与活动内容后邀请他们参与了活动。在沟通了活动时间与活动流程后,本团队与专业社工的联络沟通圆满达成。

（三）海报制作

在设计中明确了活动时间与地点,并将浙江师范大学与心喜月社工站的 logo 摆放在一起,简单介绍了主办方。

图 11-1　宣传海报

五、项目的实施

通过以上的活动设计思路,本团队以小组工作的方法介入,并将此次活动分为前、中、终期三个阶段。

（一）前期（第一环节、第二环节）

前期目标:促进组员熟悉,营造小组氛围。

在活动前期,项目设计了"初相识,定规范""忆往昔,愈内心"两个环节的活动内容。

第一环节中,主要目标是促进组员相互熟悉,营造小组氛围,所以在该阶段,社工将引导组员建立初级关系,制定小组契约,明确小组目标,并在该阶段结尾引入组员的感受分享与社工总结。

第二环节中,期望能够营造小组氛围,让组员敢于在组内分享,敢于向其他组员表达自己;帮助组员初步释放悲伤情绪,追忆过往美好,促进组员间情感交流,进一步增进组员间的关系。所以在第二环节中,项目设计了"追忆"环节,首先由组员分享独居的原因,然后再顺理成章地引导组员回忆并分享独居前的美好回忆(就业时、年轻时的经历与分享老照片)。

(二)中期(第三环节、第四环节)

中期目标:促进组员互助,增强同辈支持。

在活动前期,设计了"你向往,我实现""寻优势,共出力"两个环节的活动内容。

第三环节中,期望增强小组的团体意识与组员间的互助意识,并利用小组力量帮助组员解决问题。所以在环节设计中,增加了"对老年生活的向往",通过分享"我向往的老年生活"以及实现向往生活的困难,让组员们共同帮助解决困难。

第四环节中,不仅需要进行小组中期回顾,还需要在环节设计中让组员意识到自身存在的优势以及身边可利用的资源。所以在第四环节中,将进行"说优点"的暖场游戏,并分享对于独居老人的看法,引导组员寻找独居老人存在的优势。在游戏与分享过后,与组员共同设计下次的活动内容。

(三)终期(第五环节、第六环节)

终期目标:促成支持网络,实现持续互助。

在活动终期,共设计了"共参与,自管理""说离别,不再见"两个环节的活动内容。

第五环节中,把小组主导权交给小组成员,在社工的引导下尝试让组员们自己管理小组。本环节的活动内容按照第四环节的设计内容正常进行。

第六环节中,巩固组员的成长与收获;处理组员离别情绪;鼓励组员积极面对未来生活,并相互保持联系;促进组员后续的交往。所以在第六环节中,首先由组员分享小组收获,并鼓励组员在小组结束后定期自行设计活动,且以可依托的社工站为平台,为后续的活动提供场地;然后,鼓励组员间互赠贺卡,互送祝福;在环节最后进行影片放映,组员分享,社工进行总结。

六、项目评估

（一）过程评估

前期、中期、终期结束时以提问的方式让小组成员发表自己对于小组目标完成情况的看法。

（二）结果评估

第一节小组开始前和最后一节小组结束后发放量表,让组员填写;组员满意度评估。

七、项目成效

（一）给居民情感上的共鸣

人是一种情感动物,随着物质的丰富,居民的情感需求会越来越强,如果活动能够激发居民的情感共鸣,满足居民情感需求,就很容易吸引居民的参加。

（二）成就激励

人人都有一颗向好之心,追求自我实现,让自己变得更完美,这是每一个人的需求。而且根据马斯洛的需求层次理论,自我实现的需求是一种成长性的需求。也就是说当其他的需求一旦得到满足之后,相应的动力就会减弱,而自我实现的需求它会持续不断的增强。

（三）社交归属

人是一种社会动物，需要在人际交往中获得归属感。除了物质奖品和精神激励，还有两种常见的提升活动吸引力的方式，那就是增加社交互动和提供优质内容。社交互动简单的讲就是要让居民能够玩起来，只要给居民合适的工具和场景，大家参加互动的积极性是很高的。加入社交互动之后，即使是最简单的活动也能够产生化腐朽为神奇的效果。

第六节　参水社区退役军人项目
第一次活动"温情暖兵心，重温军旅情"项目

一、项目概述

2021.1.1我国正式实施《退役军人保障法》，这是我国第一部关于退役军人的专门法律，它的出现意味着退役军人的权益得到广泛关注，该法律涉及退役军人权益的方方面面，为退役军人工作提供了基本的法律依据。自保障法颁布以来，各级退役军人事务部门坚持以习近平新时代中国特色社会主义思想为指导，深入贯彻习近平总书记关于退役军人工作重要论述，积极抓好法律学习宣传贯彻工作，取得积极成效。参水社区内退役军人众多，共计有162人，包括军队转业30人，退役士兵132人，部队离退休干部和士官1人，复员军人2人，残疾军人6人。所以本组将目标人群定位在参水社区的退役军人，通过前期访谈了解退役军人需求，设计项目方案。

二、项目目标

结合退役军人工作实际，关爱退役军人，关注其需求，在社区层面加强社区参与。旨在为退役军人提供较为稳定和谐的氛围，使其受到的关心与其贡献匹配。

三、项目特点

经过对参水社区进行的为期一个多月的走访调查,项目组对参水社区有了一个大致的认识与了解。通过社区漫步和与部分居民的接触,项目团队对于社区的历史、区位以及基础设施等基本概况有了更广泛的了解,通过对退役军人展开调查,以便于更加全方位、多角度地对服务对象的需求进行评估并做活动设计。因此,该项目特别注重提升退役军人的荣誉感。在整体的活动安排上设置了三次活动,第一次活动以"归属感"为切入点,开展类似于退役军人活动站的开幕式活动,增进退役军人彼此间的了解,增强退役军人在社区中的归属感;第二次活动在前期的基础上,增加退役军人与其他居民的交流互动,提升退役军人荣誉感;最后一次活动与退役军人共同商讨,设计一次社区游园会,邀请社区居民参加,退役军人充当游园会志愿者,提高退役军人的自我效能感。

四、理论依据

（一）社会支持理论

人类生存需要与他人共同合作,并仰赖他人协助。任何人都不可能离开社会环境而独立生存。良好的社会支持网络能够使人拥有健康的情绪和精神,以应对生活中的困境。退役军人可以从社区中获得相关的支持,从而提高其生活质量。

（二）社会交换理论

社会交换理论认为,一个人对他与另一个人的交往或友谊所得到的报酬和所付出的代价是心中有数的。尽管人们并不特别去计算这些报酬和代价,但人们主要关心的是某个关系的总结果,即总的来看,这种关系是使自己得到的多（报酬多于代价）,还是使自己失去的多（代价多于报酬）。退役军人在役期间为国家做出贡献,因此他们对于退役后社会对其的关爱和尊重存在期待,期望得到与贡献相匹配的尊重。

（三）角色理论

角色理论是关于人的态度与行为如何受其在社会中的角色地位及社会角色期望所影响的社会心理学理论,该理论试图按照人们所处的地位或身份去解释人的行为并揭示其中规律。退役军人的角色转换要求他们适应社区生活,如果能在转换中得到关注,那就会增加退役军人在社区中的参与感,使其角色适应良好且在社区中扮演新的社会角色。

五、项目准备阶段

（一）社区对接

第一次开展活动时,实际办活动的经验不足且时间紧迫,在与社区对接时,我们未能亲自前往社区与社区工作者面对面沟通,只和工作人员进行了两次线上通话。不过,社区工作人员的效率还是比较高的,在他们的帮助下社区已经成功招募了活动成员,并准备好了活动的宣传横幅以及参与活动后的礼品。

图 11-2　参水社区退役军人项目活动宣传图

（二）活动宣传

在活动宣传方面，第一次活动的人员招募由社区负责完成。主要采用线上宣传的方式，在微信群里发送通知和海报来邀请服务对象参加。此外，还通过电话邀请的方式同时进行宣传。

六、第一次活动

（一）前期（第一环节、第二环节）

前期目标：促进组员熟悉，营造小组氛围。

在活动开始之前，我们提前三个小时携带横幅前往参水社区党群服务中心进行场地的布置工作，包括桌椅摆放、摆放零食水果、烧水、悬挂横幅、检查设备。为了促进居民之间的认识，我们准备进行热身游戏——天气预报，"小雨拍肩，中雨拍腿，大雨鼓掌，暴雨跺脚"。主持人念到词语时，参与者要做出相应的动作。随后，我们按照活动计划书依次进行活动。这个过程中，由于参与者是老人，我们不能进行太过剧烈的活动。

另外在自我介绍环节，老兵在信息卡上填写自己的基本信息（包括：姓名、年龄、所住小区、入伍及退伍时间、兵种、兴趣爱好），以促进互相熟悉。这样可以带动整体的活动气氛，并吸引不愿意加入的老人一起参与进来。

图 11-3　老兵正在自我介绍

（二）中期（第三环节、第四环节）

中期目标：促进组员互助，打造退伍军人交流平台。

开设退役老兵固定活动站点，邀请社区管理人员发言致辞、讲解有关政策，介绍并解读现在有关退伍军人的宏观政策或其他地区政策，挖掘老兵比较性需求，社区工作人员介绍社区现有的相关服务，使老兵感到受到社区重视。

图 11-4　社区管理人员发言致辞

（三）终期（第五环节）

终期目标：回顾往事，探索自我。

图 11-5　老兵观看电影

在最后的"我爱讲历史"活动中,大家都比较爱看视频,因此整体的积极性较高,也能共情视频中人物的情绪,播放战争电影片段,向大家提问有关电影片段中的问题,如:该片段描述的是哪个战争;该时代有哪些重要的历史故事;是否有经历过该时代的老兵愿意讲述当时的故事。

七、第二次活动方案

（一）社区人员及院领导致辞

活动内容:由社区工作人员总结第一次提升退役军人归属感的活动的相关经验,并介绍本次"赓续红色血脉,传递薪火精神"参水社区退役军人活动的基本流程。

（二）红歌演唱

活动内容:由云宫社区歌唱队演唱1—2首红色歌曲(曲目由歌唱队自己定),在红歌演唱的过程中工作人员引导参水社区的退役军人也参与其中,共同奏唱他们熟悉的红歌,回顾那一段难忘的军旅生活。

（三）故事汇

活动内容:退役老兵分别上台分享他们记忆犹新的军旅故事,以激发其他老兵的共鸣,共同回忆那段美好而又充实的生活。

（四）相声表演/朗诵

活动内容:浙江师范大学社工系的学生将带来相声和朗诵表演,通过节目的表演活跃现场的氛围,吸引更多的人参与到活动中来,从而重新了解退役军人、关注退役军人,让他们感受到社会的关心和重视。

（五）帆布包 DIY

活动内容:帆布包 DIY 动手活动,旨在增强退役军人和社区居民的参与感。通过手绘专属的帆布包,退役军人画出自己独特的军旅标志,社区居民画出自己想象中的军人,在这个过程中退役军人与社区居民分享自己设计,从而促进退役军人与社区内普通居民的沟通交流。

八、项目创新点

采取了线上微信群的建设与线下活动同期宣传的方式,让活动宣传方式更加全面,这不仅有助于整合活动居民,还增强了实际宣传效果,参与群聊的居民会感受到更强烈的使命感,对活动充满期待。同时也通过社区工作人员的网络进行成员的招募。在活动设计上合理运用相关资源,通过做游戏、讲解、分享、观看短片、抢答竞赛等多项形式使我们的活动对象能够沉浸其中,获得良好的体验,并为后续退役军人荣誉感的建设奠定坚实的基础。

第七节　牵头社区"追溯人生,智慧晚年"项目

一、项目特点

通过在社区中观察以及与社区老人访谈接触发现,目前居住在牵头社区中的退休老人的物质生活宽裕,他们会给自己安排丰富多彩的退休生活,例如唱歌、跳舞、旅游,但这些活动近年因身体原因多已停止;在人际交往方面,他们表示与非在职退休老人没有共同话题。鉴于此,本项目将重点聚焦于满足他们的实际需求,特别是人际交往、表达、休闲娱乐以及自我价值实现等方面的需求。

二、项目目标

（一）总体目标

用文字记录社区老人的生命故事,让老人能在回忆并讲述自己生命故事的过程中,理清自己的人生历程,从而协助老人重新整合人生意义,获得自我接纳和生活满足感,从而积极地面对和享受生活。

（二）具体目标

1. 培养老人积极、乐观进取的心态，自我价值肯定；

2. 在相互分享的过程中增进老人的相互了解，促进老人们的人际交往，增加社会支持；

3. 编制生命故事集，使老人在后续生活中有一个回忆和支持的精神依托；

4. 社区其他居民从中获得老人的生活经验，促进社区建立良好的互动关系。

三、项目准备阶段

1. 进行生命历程访谈，收集并记录老人的生命故事。

通过入户访谈，让老人回顾他们过往生活中最重要、最难忘时刻，从回顾中让老人体验快乐、成就感等多种有利身心健康的情绪，有效调整老人心态，获得自我肯定。

2. 后期开展生命故事分享会，以便进行成果展示和分享。

四、项目实施阶段

（一）前期（第一环节）

前期目标：增进组员间的熟悉感，营造轻松的小组氛围。

成员围成圈坐好，以传球的形式进行游戏，每位拿到球的成员要说出自己的名字和喜欢的一项运动或者其他兴趣爱好，接着再将球传给下一位成员。当球再次传到第一位成员时结束。

（二）中期（第二环节、第三环节）

中期目标：引导成员缅怀过去，重新认识自我。

PPT 播放老物件图片，让成员通过抢答的方式讲出老物件的名称和用途，说出这一物件在当今社会的替代品，并引导成员讲述自己与老物件之间的故事。让长者在回溯人生长河的过程中，清晰重现生命记忆，发现自己的闪光点，从而提升自信心与成就感，进一步增

图 11-6　小组成员活跃气氛

强自我肯定。在纸上画出自己的"生命河"(包括各个阶段发生的重
大事件等),思考生命中重大事件给自己带来的变化和影响,以及这
些事件如何塑造了现在的自己。最后,请老人分享他们愿意透露的
生命事件。

图 11-7　小组成员兴趣分享

（三）终期（第四环节）

终期目标:兴趣分享,找寻伙伴。

通过分享找到与自己有共同兴趣爱好的人,建立友谊,分享自己退休后的老年生活,分享自己现在最喜欢做的娱乐活动,生活小技巧,保健知识,营养菜谱等。

五、项目的成效分析

活动结束后追加的个人访谈了解到,有半数老人认为这个活动拉近了他们的关系,同时老人们也比较详尽的分享了他们的生命故事。少数不会写字的老者,也由工作者代笔帮助他记录了自己的人生故事,或者用图画的方式记录了下来。在这整个活动中,老者的参与度普遍比较高,也有少部分老者从开始的不愿意分享,到后面自己主动分享,甚至自发的进行了才艺展示。活动开展的还是比较顺利,活动效果也比较好。

六、项目的不足

（一）没有应急预案

活动中暴露了不少问题,如前期准备不充分,以及面对突发情况做的预设不够多。

（二）服务人数不够

由于天气原因,没有达到 20 人的服务预期。虽然团队成员后来临时下楼去邀请老人参与,但是效果不太理想,仅邀请了 10 个在晒太阳的老人到场,活动才得以开展。

第十二章 反　　思

第一节　有聚乃融：探索长者
——社区融合的有效路径
JH市柳宿花园社区"长者'俱'乐部"项目的经验

对社区社会工作者而言，社区内的老年群体是他们服务过程中不可或缺的重要对象。特别是在当今中国人口老龄化的时代背景下，聚焦于社区老年群体的服务更显其重要性。

从社会宏观视角来看，我国的人口老龄化现象日益显著，老年人口规模庞大，老龄化速度加快。与此同时，众多老年人倾向于选择居家养老或社区养老模式，这一趋势使得社会对社区老年服务的需求不断攀升，呈现出显著的增长态势。

而从老年个体微观层面来看，老年群体的需求日益多样化，涵盖了从物质生活到精神生活，再到社会生活的各个方面。这些变化对社区社会工作者提出了更高的要求，促使他们不断创新服务方式，以满足老年群体的多样化需求。

与此同时，老年群体对服务质量的要求也在不断提高。这要求社区社会工作者不仅要关注服务的内容，更要关注服务的质量和效果。他们需要深入思考如何在社区这个生活空间内，为老年群体提供更优质、更贴心的社区社会工作服务，让每一位老年人都能感受到社区的温暖和关怀。

同时需要在此处特别指出的一点是，区别于面向社会全体老年人的普惠型的养老服务和面向具体老年个体的有针对性的养老服务,社区社会工作者在设计和提供社区老年群体服务时所希望达致的目标并不仅限于该社区内老年群体自身需求的满足,更有对社区整体提升的考量。而在整个过程中,社区社会工作者所要考察的内容也并不仅限于老年群体自身,更有对社区情况以及老年群体与社区之间"联结"的关照。换句话说,社区社会工作语境中的"社区老年群体服务"无论是其所要服务的老年群体,还是服务项目本身始终都应是处于"社区"这一空间之内,与社区紧密联系在一起的,社区社会工作者不能人为地将老年群体与社区割裂开来,忽视两者之间的"联结"而一味埋头于仅仅为老年群体提供服务(严格而言,这样"割裂"的服务或许都不能够被归入真正的社区社会工作服务的范畴之内)。因此从这个意义上来讲,社区社会工作者在开展社区服务时不仅需要重视"老年群体",同时也需要把"社区"时刻放在心间,并将社区与老年群体有机地"结合"在一起,以此促进两者的共同发展。

在这一点上,于2018年至2019年在JH市柳宿花园小区成功实施的"长者'俱'乐部——城市社区老年人关爱计划"项目无疑为我们提供了建设性的经验,同时它也促使我们在总结项目经验的基础上进一步思考和探索长者—社区相融合的有效路径。当然,在这里也需要说明的是,随后在下文中所要呈现的蕴含在这一项目实施过程中的经验并非某种抽象或者带有普世性质的东西,其更多是建立在一个具体社区的实际与社区社会工作实践之上的,因此这也就意味着我们既不能将这些经验简单地"复制粘贴"到其他社区的社会工作实践当中,同时在进一步审视这些经验的过程中也需要结合该社区的具体情况,而不能将两者割裂开来。沿着这一思路,"进入"社区是我们接下来所要进行的第一步。

一、需与应:社区与项目相契合

"长者'俱'乐部——城市社区老年人关爱计划"项目所服务的JH市柳宿花园小区位于JH市北郊。就"社区"而言,该社区东临迎宾大道,南临环城北路,西临金罗公路,北靠北二环西路,社区南门、东门和西门均设有交通站点,交通便利;社区内众多居民楼以及其他建筑设施大致以柳宿为中心井然错落,社区东部以老年人居住为主,而其西部则主要为年轻人居住;社区内各项管理制度以及服务设施较为完备,社区活动和志愿服务频繁,社区所拥有的和能够调动的内外部物质、精神资源也相对丰富。就"社区居民"而言,社区常住居民主要由机关单位人员、企事业单位退休人员、大学教职工及其家属和部分市中心拆迁居民等人员组成。此外,社区内亦不乏一些从外地来社区暂住,协助在JH市工作、生活的子女照顾孙辈,一段时间后再返回家乡居住的中老年居民。

由是观之,柳宿花园小区从总体上看可谓是一个环境相对优美、设施相对完善、服务相对丰富的社区,然而当笔者"进入"社区之后,却也能够发现:对于从外地来社区暂住、协助子女照顾孙辈的中老年居民而言,在暂住与从外地来到社区的双重因素的作用下,他们对社区的归属感相对较低;而对于居住在社区内的一些老年居民而言,他们在社区内的社交圈和社交活动范围也较为有限,存在与社区内其他居民互动较少、对在社区内举办的活动不甚了解等情况。

因而,基于上述对柳宿花园小区的认识,"长者'俱'乐部——城市社区老年人关爱计划"项目将它的关注点主要放置在了满足社区老年居民角色适应、社会交往和社区参与这三大需求之上。在项目方案设计和具体实施的过程中,该项目从长者与社区相联系的角度出发,以"长者—社区双向融合"代替"长者单向融入社区",从以下两方面同时着手——一方面采用多种形式为社区内的老年居民搭建"长者俱乐部"和参与社区生活、自我展现的"舞台",在丰富社区老年居民空闲生活、提升其自我效能感的同时,增进老年居民间、老年居民与社区内其他居民间的互动和交流,从而引导老年居民以积极正向的心态融入社区生活,提升其对社区的归属感和认同感;另一方面积极创造社区其他居民与老年居民互动的机会,努力搭建两者之间互动的桥梁,使社区内的其他居民在与老年居民互动和共同参与社区活动的过程中逐步增进对其的了解,从而在社区内营造良好的尊老爱老氛围——最终达致社区与生活其中的老年居民相互融合的目标。

二、聚与融:长者与社区相融合

以社区实际为基,以上述理念为引,在 2018 年至 2019 年这一年时间里,"长者'俱'乐部——城市社区老年人关爱计划"项目以"据"(兴趣引导,协助老年居民拥有快乐老年生活)、"聚"(平台构建,协助老年居民扩展社区社会关系)和"剧"(舞台搭建,协助老年居民参与社区社会生活)三者作为其核心特色,在柳宿花园小区内相继开展了社区交友会、兴趣小组、摄影比赛、老少手工课堂、音乐小组、垃圾分类主题趣味活动游园会和社区长者文化节等一系列服务活动。虽然从表面上看,各项服务活动的板块分隔使它们相互之间的独立性较强而联系则相对较弱,但如若能抛开表面的形式而将它们的内核串联起来,便能够从中较为清晰地发现"融"这一隐含其间却又同时贯穿始终的逻辑主线。

(一)以聚会友——"我"与"我们"的融合

作为一个重点关注社区内老年居民的社区社会工作项目,促进社区内老年居民之间的相互融合可谓"长者'俱'乐部——城市社区老年人关爱计划"项目在具体实施过程中所要达致的重要目标之一。为了能够较好地实现这一目标,该项目以兴趣作为着力点,先后在社区内开展了社区交友会和以养生保健知识、毛线画、剪纸、音乐为主题的小组活动等多项主要面向社区内老年居民的社区服务活动。这些社区活动除了协助社区老年居民学习新知识和新技能、丰富其老年生活和提升其自我效能感之外,更重要的是采用小组工作的方式,以趣为引,在社区内为老年居民搭建了一个可供相聚和共同参与活动的"平台"。这一"平台"一方面增进了老年居民之间的了解与互动,将"我"融入"我们"之中,另一方面也增进了"我们"的凝聚力和"我"对"我们"的认同感与归属感。同时这一"平台"从项目活动逐渐延伸到了老年居民的日常生活当中(随着项目进行,许多长者自发结成了活动小团体,在平时生活中相约健身和聊天)。当然,"我"与"我们"的这种融合并不仅限于社区交友会和兴趣小组活动,而是贯穿于项目的整个实施过程之中,也贯穿于社区老年居民共同参与的全部过程之中。

(二)以情共融——"我们"与"社区"的融合

除却促进"我"与"我们"相融合这一目标,"长者'俱'乐部——城市社区老年人关爱计划"项目所要实现的另一个重要目标是促进"我们"与"社区"相融合。为实现这一目标,该项目以"双向"作为着力点,在"我"与"我们"相融合的基础上着重作了以下两方面的努力:一方面,该项目通过社区摄影比赛、长者文化节等活动,努力为社区老年居民搭建自我呈现以及参与社区活动的"舞台",协助老年居民积极与社区生活相融合,并增加其对社区的认同感与归属感;另一方面,该项目通过共同参与活动、展示老年居民在兴趣小组中的作品等方式,积极引导社区内的其他居民在与老年居民互动的过程中增进彼此的了解,特别是认识到他们身上所蕴含的积极正向的一面。显然,上述努力与那些促进长者单向融入社区以及割裂长者—社区之间联系的社区服务并不相同,它既没有像前者那样强调社区而弱化长者,也没有如后者那般弱化社区而强调长者。相反,它更多的是从长者与社区相联系的角度出发来思考服务的设计与实施的,即化长者单向融入社区为长者—社区双向融合,从而在此基础上实现长者自身与其所在社区整体的共同发展。

三、鉴与思:探索长者—社区融合的有效路径

综合以上阐述,除了以长者与社区相联系而非割裂的理念贯穿项目全程之外,"长者'俱'乐部——城市社区老年人关爱计划"项目在项目设计与具体实施的过程中还存在着不少其他的可容圈点之处,而这些亮点以及从中"提取"出来的经验也在一定程度上为我们今后进一步探索长者—社区融合的有效途径提供了新的思路,同时也使我们对于社区社会工作有了更多反思性的认识。

（一）有"聚"乃"融"——从个体到群体再到社区

尽管该项目的各项服务活动——无论是从其服务的内容来看,还是就其服务的形式而言——都各有其独特之处。然而就其本质而言,无论是主要面向社区老年居民的社区交友会、系列兴趣小组等小组活动,还是社区居民共同参与的老少手工课堂、垃圾分类主题趣味活动游园会、长者文化节等社区活动,都无不突出这样两个字——"聚"与"融"。自始至终,该项目都致力于为社区居民提供"相聚"的机会,搭建"相聚"的平台。从"我"与"我们"的相融到"我们"与"社区"的相融,这种"相聚"的意义已经从原来面对面的相聚拓展到了心灵层面的"相聚",即更多时候表现为社区居民在交流与互动中相互了解的增进和心理距离的拉近,而伴随着这一过程,长者与社区的相互融合也在悄然发生。

（二）"人""社"相融——以双向融合代替单向融入

该项目另一个较为突出的亮点便是它在促进长者—社区相融合的过程中,并没有将其着力点仅放置在社区老年居民身上(不仅是推动长者去与社区相融),而是"巧妙"地选择了从长者与社区其他居民两处着手,以长者—社区双向融合的模式代替了长者单向融入社区的做法。而这一点也为我们在今后的社会工作实践中进一步探索长者—社区融合的有效路径提供了新的思路。

（三）化"为"为"与"——以相伴同行代替单向输出

除了以上两点之外,该项目在长者文化节活动组织、开展过程中的一项"巧思"也可容圈点:在该场服务活动的组织与开展过程中,社会工作者并没有单一地采用单向输出的方式（即仅链接社区外部资源进入社区，而忽略服务群体的主观能动性和社区本身所拥有的资源），而是在活动筹备时起便积极将社区长者纳入进来（一方面，开展音乐小组为长者自组织、排练长者文化节节目创造有利条件；另一方面，积极挖掘社区资源，邀请社区内的退休教师来为组员讲解音乐知识和唱歌技巧）。这项"设计"不仅使长者真正参与到了项目当中，在活动中展现了自己，同时也使社会工作者能够化"为"为"与"，成为服务群体真正的同行者，并在一定程度上避免了其在服务开展过程中将服务群体"对象化"的情况。

第二节 "耆老之乐，其乐融融"

JH 市毕月社区独居老人的"颐养"项目的经验

自 2000 年迈入老龄化社会之后，我国人口老龄化的程度持续加深，家庭规模的缩小、老年人口数量的增加导致老年人的需求不断提高，这给社会和家庭都带来了巨大的压力。独居老人作为老龄人口中的特殊群体，其养老问题变得日益严峻。导致独居老人问题常态化的原因主要有三个，一是子女外出打工，无法及时照顾家中的老年人；二是子女与老人之间存在严重的代沟，使得老人主动独居；三是部分老年人无配偶无子女，无依无靠成为社区中的独居老人。

基于丰富的实践背景，2019 年在 JH 市毕月社区成功实施的"耆老之乐，其乐融融"——社区独居老人"颐养"项目，为我们提供了极具建设性的经验借鉴。这一项目的成功不仅彰显了我们对独居老人颐养生活的深刻关注，更激励了我们在总结项目精髓的基础上，进一步深思并探索更为高效、切实可行的独居老人养老方案。

该项目的实践经验是基于毕月社区特有的实际情况和社会工作

实践得出的独特成果。因此,需要在细致审视这些经验的基础上,充分考虑每个社区的实际情况和独特性,以确保这些经验能够得到合理、有效地应用和推广。基于这一认识,社会工作者应当"进入"社区,进行深入探索作为未来工作的核心任务。只有通过实地调查、深入了解每个社区的具体情况,结合其独特的背景和需求,才能制定出更加符合实际、更具针对性的独居老人养老策略,从而为他们的晚年生活带来更多的温馨与关怀。

一、社区现状与需求

"耆老之乐,其乐融融"——社区独居老人"颐养"项目所服务的 JH 市毕月社区位于新狮街道西北,距离 JH 市区 2.5 公里。东接迎宾大道,距杭金衢高速公路入口 1.5 公里;南贴浙江师范大学,人员流动量大;西临北山路;北靠 JH 山,离国家级双龙洞风景区较近。前村为新村,商业繁荣,有老年活动室、菜市场、水果市场等配套设施;后村为老村,是历代村民主要的居住生活区域,有毕月龙头房和许多清代建筑,历史悠久,文化底蕴浓厚。社区拥有毕月支部委员会、毕月居民委员会、毕月经济合作社、毕月村民监督委员会、毕月居家养老服务照料中心等重要的组织。在人口组成方面,毕月现有人口 1 210 人,其中妇女 530 人,60 岁以上老人 257 人,由本地居民和外地居民两部分组成。

总的来说,毕月是一个交通便利、经济繁荣、设施完善、资源丰富的社区。但是通过了解笔者发现社区内还是存在一定问题:居民楼外的电线裸露在外,杂乱且位置过低;旧村中存在不少的危房,甚至还有居民在内居住;而对于社区中老人们,他们的日常活动不多,生活较为单调,虽然物质需求得到了极大的满足,但精神慰藉不够,容易产生悲观情绪。

基于对毕月社区的深入洞察,"耆老之乐,其乐融融"独居老人"颐养"项目精心策划,旨在全面满足社区独居老人在生理、安全以及归属与爱方面的多层次需求。在策划与实施阶段,项目成员不仅精心组织陪伴服务、健康讲座和文化娱乐活动,以丰富老人的日常生活,提升他们的生活质量,更着重于通过这些活动,增进老年居民之间以及老年居民与社区其他成员间的互动与交流。该项目致力于营造一个充满爱与温暖的社区氛围,引导老年居民以更加积极、乐观的心态融入社区生活,从而增强他们对社区的归属感与认同感,共享和谐美好的晚年时光。

二、老年人与社区相融合

以社区实际为基,以上述理念为引,在 2019 年毕月社区"耆老之乐,其乐融融"——社区独居老人"颐养"项目以满足独居老人生理、安全和归属与爱三个需求作为其核心特色,在毕月社区内先后开展了保健讲座、保健知识咨询、应急培训、爱心早餐、生日沙龙等一系列文化娱乐活动。本次项目共设有三个主要目标,一是为独居老人提供爱心牛奶,提升老人的生活饮食质量;二是为老人及其家属开展预防与应急培训讲座,降低老人发生意外事故的几率,提升老人及家属应对突发状况的能力;三是培育社区爱心队伍为老人开展陪伴服务和文化娱乐系列活动,丰富老人的空余生活,加强老人与子女的联系。

为了能够较好地实现这些指标,该项目以兴趣作为着力点,先后在社区内开展了文化娱乐活动、生日沙龙、保健知识讲座等活动。这些社区活动除了协助社区老年居民学习新知识和新技能、丰富其老年生活和提升其自我效能感之外,更重要的是采用小组工作的方式,以趣为引,在社区内为老年居民搭建了一个可供相聚和活动的"平台",让他们能互相了解、畅快交流,为组建良好的朋辈群体打下基础。

作为一个重点关注社区内老年居民的项目,"耆老之乐,其乐融融"——社区独居老人"颐养"项目,十分关注项目实行过程中老年人与社区居民之间的沟通交流以及居民对社区的融合度。一方面,该项目通过保健知识培训,提高老人的自我认知水平;爱心牛奶送上门,为老人们送去幸福感;特殊节日活动,不仅提升中国浓厚的传统文化氛围,还可以在活动过程中积极引导社区内的其他居民与老年居民互动。另一方面,该项目通过观察活动中的互动情况,及时发现社区居民身上的闪光点,同时给予一定的支持和肯定,并鼓励他们参与今后的社区活动,加强对社区的了解和认识。社区工作者们经过为期一年的活动策划与开展,不仅对社区居民有更加深入的了解,而且与社区建立起良好的联结,促进社区的和谐发展是其最大的目标。因此,"耆老之乐,其乐融融"——社区独居老人"颐养"项目紧扣前期制定的相关目标,尽可能地兼顾老年服务对象生理、安全和归属与爱的需求。当然项目实行的过程中不可能面面俱到,高层次需求的满足需要借助多方力量共同进行。

三、鉴与思:探索独居老人养老的有效路径

（一）满足个体的多样化需求

尽管该项目的各项服务活动——无论是从其服务的内容来看,还是就其服务的形式而言——都各有其独特之处,然而就其本质而言,项目主要面向的是社区老年居民。但是就不同个体而言,他们的需求是多样化的,有最基本的满足日常饮食和药物的需求;有不被危房所困的安全的需求;还有高层次渴望陪伴和关心的归属与爱的需求。"耆老之乐,其乐融融"——社区独居老人"颐养"项目在实施的过程中,针对毕月社区独居老人的不同需求开展了形式多样的活动:通过保健知识培训,提高认知水平;爱心牛奶送上门,送去幸福感;特殊节日活动,感受中国浓厚的传统文化氛围,旨在满足个体的多样化需求。

（二）发掘个体的潜能

该项目在独居老人活动组织、开展过程中的一项"巧思"也可容圈点:在该场服务活动的组织与开展过程中,社会工作者并没有单一地采用单向输出的方式,而是在活动筹备时充分考虑服务群体的主观能动性和社区本身所拥有的资源。爱心早餐所需要的经费来自社区周围的热心企业,可见服务充分调动了社区的资源;应急知识的培训不仅能够让老年人学习老年安全的相关知识,保护自身安全,更重要的是在关键时刻能够学以致用。独居老人在活动中,并不是作为活动的附庸,而是主动帮助其他老人解决困难。这不仅增强了老人的自身价值实现和社会参与感、自我效能感,也缓和了社会矛盾,促进了社会的和谐进步。

（三）提高社区凝聚力

除了以上两点之外,"耆老之乐,其乐融融"——社区独居老人"颐养"项目另一个较为突出的亮点在于,通过为期一年的项目实施,社区开展了形式多样、主题丰富的活动,在社区构建了一个互动平台,促进了居民与居民的沟通与交流,加强了居民与社区协调与合作。各部门各司其职、通力合作,使得所有项目顺利完成。本次实践不仅仅使项目的主要对象独居老人在一定程度上满足了他们的需求,更重要的是令他们感受到社区的温暖,有助于构建和谐幸福的毕月社区。

第三节　有聚乃融:老年人文化生活增益的有效途径

JH市牧头社区"多彩夕阳"项目的经验

近年来我国人口老龄化现象严重,政府对老年人的关注度越来越高,老年问题成为当今最突出的社会问题。但是随着我国各项制度的不断完善,帮助老年人提高生活质量不仅仅是解决基本的物质需求问题,更重要的是关注他们的精神健康问题。老年人的晚年幸福感对家庭乃至整个社会都有着至关重要的作用,因此老年问题愈演愈烈。随着老年人对文化生活方面的追求日益强烈,老年人的精神追求也备受社会的关注。

基于上述背景,2019 年 JH 市牧头社区成功推行的"多彩夕阳"老年人文化生活增益项目,无疑为我们提供了极具价值的经验启示。这一项目的成功实施,不仅让我们在实践中获得了宝贵的经验积累,更激发了我们在已有成果的基础上,进一步深入思考并积极探索更多元、更高效的途径,以丰富老年人的文化生活,提升他们的生活质量。

一、社区现状与需求

"多彩夕阳"——老年人文化生活增益项目所服务的 JH 市牧头社区地处 JH 市区北郊,东临金带街,南接环城北路,西靠 ZJ 科贸职业技术学院,北连城北综合园区,地理位置优越,交通便捷。原有大坟头、瓦窑头、牧头、相对、乌山 5 个自然村组成,2001 年城北工业园区进行土地征用,该村进行新农村建设,将大坟头、瓦窑头、相对 3 个自然村搬迁到牧头。社区拥有党员活动中心、社区办公室、便民服装中心、居家养老照料服务中心等功能场所,各类服务功能齐全,但是居民对这些设施的使用率较低,大多数设施被闲置。近年来,社区先后获得先进党支部、环境整治工作先进集体、村务公开和民主管理工作先进单位等多项荣誉。外来人口的入住,为牧头社区增添了许多商户,带来了兴旺的人气。

总的来说,牧头社区地理位置优越、交通便利、设施齐全、商户林立。但是通过与相关工作人员以及居民的聊天中,我们发现牧头社区流动人口较多,流动人口与本地居民关系相对比较疏远,矛盾时有发生;社区的部分老年人属于独居老人,日常的健康和饮食得不到有效照料;一些老年人由于从其他的社区搬迁来此,邻里之间互不熟悉,孤独感较强。除了本地居民与外地居民的问题,另外一个需要我们去关注的就是社区内的老年问题:老人们反映他们的老年生活单一,孤独感、无助感时有存在;同时他们对养生保健服务有强烈需求,有一定的经济能力的长者更是设想社区能提供一些保健推拿等服务以促进他们的身体健康。

在深入了解牧头社区的需求后,笔者启动了"多彩夕阳"老年人文化生活增益项目,其核心聚焦于提升老年人的文化生活品质、加强朋辈间的互助以及促进他们在社区中的适应能力。通过开设老年课堂、举办太极养生等活动,旨在增强老年人对养生知识的兴趣和学习,使他们的日常生活更加充实和有意义。同时,本项目积极促进社区内老年人群体的互动与交流,帮助他们建立深厚的友谊,成为彼此生活中的重要陪伴。此外,项目成员还特别关注社区中不同年龄段的老人,通过提供关于老年痴呆症的教育与预防技巧培训,降低他们及其家人对这一病症的担忧,营造更为安心和谐的社区环境。

二、老年人与社区相融合

在 2019 年这一年时间里,"多彩夕阳"——老年文化生活增益项目以兴趣为引导,开展丰富多样的活动,为他们参与社区生活搭建平台,促进朋辈群体之间的交流与互助。基于此,牧头社区相继开展了健脑手指操、饮食养生课堂、园艺种植课堂、"一起来唱戏"婺剧课堂、老年人子女陪伴散步打卡、养生太极等丰富多样的活动。

作为一个重点关注社区内老年居民的社区社会工作项目,牧头社区本次项目设有三个具体的目标:一是促进社区老年群体的熟悉和融合,形成相互帮助的同辈支持网络;二是创办丰富多彩的社区老年活动,充实老年人日常生活和精神生活;三是发掘和培育社区老年群体领袖,协助其创建社区老年文化组织。为了能够较好地实现这些目标,牧头社区先后开展了社区交友会、预防老年痴呆、学习健脑手指操、饮食养生、园艺种植为主题的小组活动等多项主要面向社区内老年居民的社区服务活动。这些社区活动除了协助社区老年居民学习新知识和新技能、丰富其老年生活和提升其自我效能感之外,更重要的是采用小组工作的方式,以趣为引,在社区内为老年居民搭建了一个可供相聚和共同参与活动的"平台"。这一"平台"一方面帮助老年人了解相关老年知识,学习预防日常慢性疾病的技巧,同时降低老年人以及家人的心理担忧;另一方面也促进了老年居民之间的了解与互动,老年群体的交流从项目延伸到日常生活之中。

同时牧头社区从社区老年居民的实际需求出发,正视老年人多方面的需求。在项目设计的过程中考虑到老年文化生活这一精神需求,于是牧头社区举办形式多样的活动,帮助老年人找到自己的兴趣爱好,丰富老年生活,协助老年居民积极与社区生活相融合,并增加其对社区的认同感与归属感。在参与活动的过程中,积极引导社区内其他居民与老年居民的互动,促进彼此之间的了解。

三、鉴与思:实现老年人文化生活的有效路径

"多彩夕阳"老年文化生活增益项目在核心维度上紧密围绕老年文化生活的丰富、朋辈间深厚的互助情谊以及老年人与社区的深度融合展开,项目的规划与实施过程,为社区工作者进一步探索长者与社区间更深层次互动与融合提供了实践经验。同时,这些经验也引发笔者对社区社会工作深层次意义与价值的重新审视,为打造一个更加和谐融洽、包容共享的社区环境注入了强劲而坚实的动力。

(一)"宁静致远"——朋辈支持享融合

从最初的社区交友会,让老年人们彼此相识,到之后形式多样、内容充实的小组活动,如预防痴呆的讲座和老年课堂的学习,这些活动让老年人们不仅积累了宝贵的老年生活知识,更重要的是,他们通过社区居民的广泛参与,结识了众多志同道合的伙伴。随着项目的推进,社区居民们纷纷敞开心扉,相互沟通、交流,逐渐形成了一个紧密的朋辈群体。他们如同熊熊燃烧的火焰,每当彼此需要时,都毫不犹豫地伸出援手,共同营造了一个充满温馨与和谐的社区环境。

（二）"步履不停"——子女陪伴创融合

老年人子女陪伴散步打卡活动可以算是牧头"多彩夕阳"项目的一个亮点,将着力点放置在老年人的子女的身上,子女给予老年人的陪伴是无法替代的,对于减轻老年人的孤独感子女发挥着十分重要的作用。牧头社区的老年人大多单独居住,子女在本地或者外省打工,见面的机会十分有限,只有节假日或空闲之余探望父母。"多彩夕阳"——老年文化生活增益项目设置了老人和子女打卡散步的活动,呼喊子女多多陪伴和关爱居家的父母,增进两代人之间的感情,减轻老人的孤独感,给他们带去温暖,让他们的老年生活不孤单。

（三）"不要忘记我"——自我成长促融合

除了以上两点之外,该项目在老年文化增益活动组织、开展过程中的一项"巧思"也可容圈点:不仅注重社区为老年人创造条件,帮助他们获取资源,而且强调发掘老年人自身的潜在资源。项目通过帮助老年人学习相关养老保健知识,提高自我照顾的能力,同时在活动过程中培育社区领袖,提高社区的活动组织力,而这个过程也是社区成长的过程,能够带动社区新一代领袖们成长的氛围,让因原子化、分散化导致的邻里疏离感得到缓解,这对重新开始社区营造无疑是有促进作用的。

第四节　轸水社区"网络凉亭":老年互助

JH 市轸水社区"网络凉亭"独居老人互助网络项目的经验

随着整个社会老龄化的速度不断加快,老年人口的数量愈发庞大,而我国作为人口大国,人口老龄化也十分严重。《中华人民共和国老年人权益保障法》强调要以改革创新为动力,坚持以人为本,充分发挥政府、社会和家庭的作用,围绕社会养老保障、老年健康支持、老年社会服务、老年宜居环境和老年群众工作,以政府主导和社会参与相结合的原则,建立健全老年人关爱服务体系,不断提高老年人生活满意度和幸福感。

现今社会上很多的子女与父母分居,社会"远游"的风气较盛,社会独居、空巢老人的数量也不断增加,同时这部分老年人的问题也凸显:一方面他们可能得到资源的支撑会减少,另一方面由于身体受到限制,会出现与社会脱节、得不到照料、自我效能感低等问题。

2019年JH市轸水社区成功实施的"网络凉亭"——独居老人互助网络建构项目为我们提供了建设性的经验,同时它也促使我们在总结项目经验的基础上进一步思考和探索老年互助的有效路径。

一、社区现状与需求

"网络凉亭——老年互助"项目所服务的JH市轸水社区,位于丰亭西路88号,属于祝福社区的辖区之一,地处WC北部,辖区范围东起八一北街,南连丰亭西路,西至五星公园,北止于环城北路。社区东侧八一路有五个公交站点,南侧紧邻沪昆高铁,交通便利;社区内各项管理制度以及服务设施较为完备,社区活动和志愿服务频繁,社区所拥有的和能够调动的内外部物质、精神资源也相对丰富。社区内外来人口较多,占比三分之一以上,大部分外来人口为自由职业者,即各种小商贩,在轸水社区周围经营生意;而老人多数为退休人员,比如水电局干部、WC区监狱退休老人。其余的年轻人分布较广,有来自食品公司、医院、供电局等的职工。

轸水社区从总体上看可谓是环境优美、设施完善、交通便利、人文气息浓厚的社区,但是通过调查了解之后发现轸水社区存在这样几个普遍的现象。首先,社区内的长者数量较多,尤其是独居、空巢老人;部分长者虽与子女居住,但是子女的昼出夜伏,老人与子女时间作息不同因此接触的时间很有限,极大的降低老人与子女的接触质量,此部分老人仿佛居住在隐形"空巢"之中,心理孤独等问题仍存在。其次,为了方便联系子女,社区长者配备了智能手机等通信工具,但项目团队在与他们的沟通中发现,长者们不太会使用手机,甚至连一些基本的操作有时候还会出错。配备通信工具但却超出了长者们的能力范围的现象使我们对本次项目设计有了新想法,"网络凉亭"这个词应运而生。

基于上述对轸水社区的认识,"网络凉亭"老年互助项目通过教授互联网的使用,实现社区老年人的增能,并向社会传递正视老年人的多方面需求的新观念,建设一个适和老年人的和谐社区,提升老年人的幸福感,增加其对社区的归属感及融入感。在项目方案设计和具体实施的过程中,该项目从老年人与社区相联系的角度出发,让老年人学习使用互联网,学习利用互联网联系家人以及获得外界信息,缩短其余外界的距离,减慢其脱离社会的速度。此举为社区老年人建立一个"网络凉亭",通过互联网,建立友好关系,扩宽其支持网络。最终实现增能,提高老年人的自我效能感,使其更有信心涉及其他领域,促进老人更多层面的成长。

二、老年人与社区相融合

根据社区的实际情况,结合服务对象的真实需求,轸水社区"网络凉亭"项目通过开展"有缘社区来相会"见面会、网络入室教学、团建和"有爱一同"毕业典礼等一系列活动,助力老年人与社区的融合。

作为一个重点关注老年居民的社区社会工作项目,促进社区内老年居民之间的融合是本次"网络凉亭"项目在具体实施过程中所要实现的重要目标之一。本次项目设有三个目标:一是为老年人创造机会,帮助他们学习新技能,丰富老年生活,适应社会角色的改变;二是为老年人提供社会交往的平台,扩展社会关系网络,并鼓励老年人建立社区老年人自助群体,实现朋辈间的支持与互助;三是支持和鼓励老年人参与社区活动,增加他们对社区事务的参与,提升自我效能感。

为了更好地实现本次项目的目标,"网络凉亭"以兴趣作为切入点,首先在社区内开展了"有缘来相会"为主题的相识活动。该活动从老年人需求出发,设置老年人感兴趣的活动,在社区内为老年居民搭建了一个可供相聚和共同参与活动的"平台",这一"平台"一方面增进了老年居民之间相互了解相互认识,另一方面增强了社区的凝聚力、认同感与归属感。

在项目设计过程中,引入智能通信工具——手机,开设"网络凉亭"之智能手机提升小组,协助长者学会使用智能手机的基本功能。小组成员们学会使用互联网后,一方面能更加方便的联系家属,增进家庭关系,也能让家属及时地了解长者动态,保证长者安全,减小家属心理压力;另一方面,手机给老年人提供了一个与同辈群体交流的平台,能够方便了解老年伙伴的空闲时间,为社区中的交流沟通创造了更多的机会。老年人在参加小组活动的同时,学习新技能、新知识,在动员、鼓励中积极响应为他们策划、组织的舞台,逐步发展成为项目志愿者乃至社区领袖,从而增加对社区的归属感。

三、鉴与思:探索独居老人互助网络的有效路径

"网络凉亭"这一独具匠心的老人互助网络项目,始终秉持着长者与社区紧密相连、和谐共融的理念,并将其贯穿于项目的每一个环节。此外,项目执行过程中积累的经验,不仅给予了我们宝贵的观察角度和创新启示,更在潜移默化中,为社会工作的未来发展奠定了坚实的理论基础和实践指导。

(一)掌握实用技能,提高自我效能

项目关注到轸水社区的多数长者都拥有新型智能手机,但发现他们使用起来并不顺利,很多功能不会使用,经常使用错误。只有少部分长者可以使用拍摄、微信功能,大部分长者还停留在接电话阶段,往往因为子女忙于工作,长者们没有机会习得使用新型手机。"网络凉亭"——独居老人互助网络项目通过一系列的活动,让长者近距离接触互联网,并学会从互联网获取信息。通过本次活动,一方面长者学会了简单地使用手机,掌握的新的学习技能;另一方面,长者与外界的联系得到增强,长者们在互动中感受到其他人的关爱,减少了孤独感。

(二)增设项目亮点,动员社区参与

该项目另一个较为突出的地方就是"网络凉亭"在开始阶段就利用主题新颖且符合老年需求的活动,吸引了一大批老年人的参与,建立了良好的群众基础,促进了后期活动的顺利展开。同时项目也结合了社区独居老人个性化的需求,项目中形式多样的手机教学活动极大地激发了社区居民学习的积极性,加强了居民之间的沟通交流,形成良好的社区长者间的互动模式。项目在促进社区独居老人互助网络的过程中,长者们一边接触互联网,一边收获学习新事物的信心,增加自我效能感,减小与社会的脱离。

(三)培育社区领袖

除了以上两点之外,还有一个值得我们去学习的地方:在该场服务活动的组织与开展过程中,社会工作者并没有忽略服务群体的主观能动性和社区本身所拥有的资源,而是在活动筹备时便积极将社区长者纳入进来,在"缘来社区来相会"、网络入室教学、社区茶话会等活动过程中,及时发现善于沟通、学习能力强、总体表现优秀的社区成员,积极发挥他们的潜能,培养社区领袖,建设一个适宜长者的和谐社区,提升长者的幸福感,增加其对社区的归属感及融入感。

第五节　我寄夕阳与喜月,独往古稀遇知音

JH市张月鹿社区独居老人互助小组项目的经验

老龄化问题一直都是世界难以解决的问题,在中国传统社会中,

4-2-1 模式是家庭构成的普遍模式,而在现代社会,我国社会受人口结构变化、人员流动等因素的影响正加速步入老年化社会,人口流动性越来越强,许多年轻人都选择离开原生家庭,前往外地生活,从而衍生出许多独居老人。这些独居老人长期得不到家庭的照顾,身体功能也在逐渐衰退,还长期缺乏精神支持。独居老人作为老年群体中的弱势群体,理应得到社会更多的关注。

JH 市张月鹿社区的独居老人虽然是群体高收入、高文化水平的一群退休老人,但是子女白天忙碌于工作,致使老年人普遍缺乏陪伴,面临寂寞、空虚等心理层面的问题,他们渴望得到更多的关心和陪伴。在 2019 年,JH 市张月鹿社区精心策划并成功实施了名为"我寄夕阳与喜月,独往古稀遇知音"的独居老人互助小组项目。该项目深刻关注老年居民的情感需求,通过搭建互动平台,强化同辈间的情感支持,并推动组员间的互助合作,有效帮助老年居民减轻了孤独感,显著提升了他们的晚年生活幸福指数。这些富有创新性的尝试与深入实践,不仅积累了宝贵的经验,更激励社区工作者基于这些经验,继续深入思考和探索老年互助的有效模式与路径,以期在未来为更多老年居民带去温暖与关怀。

一、社区现状与需求

"我寄夕阳与喜月,独往古稀遇知音"项目所服务的 JH 市张月鹿社区地处 JH 市江北老城区,东起胜利南街,南至解放东路,西临八一北街,北靠人民东路,是江北商贸、金融、文化集聚地。张月鹿核心生活区历史文化气息浓郁,东西方文化交汇,社区内不仅有一系列关于传统婺剧的介绍与展出,建有带传统色彩的城隍庙,还建有天主教教堂与晚清时的西式牧师楼。社区内建有幼儿园与小学,服务设施较为完备;社区内设有党政机关,社工站,居民委员会组织架构完善;社区定期开展各种志愿活动;社区有拥有的资源也相对比较丰富。

由此可见,张月鹿社区总体来看是一个环境优美、文化气息浓郁、设施完善、服务相对丰富的社区。但是通过实地走访张月鹿社区之后,发现社区也存在一些问题。社区内虽然设有一些基础设施,但是居民反映室外场地缺乏体育活动设施;而对于社区内的一些离退休老年人来说,他们的收入水平和文化水平相对较高,想要实现自己的价值而不是碌碌无为地度过晚年生活。他们在社区内的社交圈和社交活动范围也较为有限,子女又长期在外打工,因此,老年生活十分孤独。

因此,基于上述对张月鹿社区的认识,"我寄夕阳与喜月,独往古稀遇知音"独居老人互助小组项目将它的关注点主要放在了社区独居老人的身上,重点满足独居老人情感的需求以及自我实现的需求。该项目通过为社区独居老人搭建平台参与社区生活以及展现自我的平台;丰富老年人的社区生活实现自我价值的同时促进社区居民之间的互动与交流。通过组员之间的互动交流,促进组员互助,增强同辈支持。

二、独居老人与社区相融合

以社区实际为基础,以上述理念为引,在 2019 年这一年时间里,"我寄夕阳与喜月,独往古稀遇知音"独居老人互助小组项目以兴趣为引导,开展丰富多样的活动,为他们参与社区生活搭建平台,促进朋辈群体之间的交流与互助。基于此,张月鹿社区相继开展了"忆往昔,愈内心""你向往,我实现""寻优势,共出力"等丰富多样的活动。在整个精心策划的项目中,多样化的活动形式与内涵丰富的内容,无不鲜明地体现了促进社区与独居老人和谐共融的核心理念。这些活动不仅为社区注入了活力,更为独居老人带来了温暖与陪伴,彰显了社区对老年人的深切关怀与尊重。

为了能够较好地实现项目目标,张月鹿社区先后开展了"忆往昔,愈内心""你向往,我实现""寻优势,共出力"等丰富多样的活动。这些社区活动除了促进社区内独居老人这一群体相互认识彼此熟悉之外,更重要的是采用小组工作的方式,以趣为引,在社区内为老年居民搭建了一个可供相聚和共同参与活动的"平台",这一"平台"一方面帮助独居老人建立同辈支持网络,降低孤独感;另一方面也营造良好的氛围,使得项目工作可持续发展。

同时张月鹿社区从独居老人的实际需求出发,正视独居老人多方面的需求。在项目设计的过程中考虑到社区独居老人情感的需求,于是张月鹿社区举办形式多样的活动,丰富老年生活,协助独居老人积极与社区生活相融合,并增加其对社区的认同感与归属感。在参与活动的过程中,积极引导社区内其他居民与独居老人的互动,促进彼此之间的了解。

三、鉴与思:实现独居老人互助的有效路径

（一）忆往昔,促相识

尽管该项目的各项服务活动——无论是从其服务的内容来看,还是就其服务的形式而言——都各有其独特之处。通过营造良好的小组氛围,让独居老人勇敢地在组内分享自己的想法,敢于向其他同辈群体表达自己;帮助组员初步释放悲伤情绪,追忆过往美好,促进组员间情感交流,进一步增进组员间的关系。本次项目的重点不是回忆往事,而是为社区独居老人搭建一个与同辈群体相互认识的平台,以此促进项目的进行。

（二）创平台,促互助

该项目另一个较为突出的亮点便是它在促进独居老人—社区相融合的过程中,并没有将其着力点仅放置在社区独居老人身上,而是"巧妙"地选择了从独居老人与社区其他居民两处着手。通过社区居民与独居老人的互动合作,增加他们的团体合作意识,利用社区其他居民的力量共同帮助独居老人解决他们的问题,以此促进同辈群体

之间的互助合作。

（三）寻优势，共成长

在项目进行的过程中关注他们的变化，培育社区领袖，适当地将主导权交给他们自己，以此鼓励他们在活动结束后定期自行设计并开展活动，这在一定程度上帮助社区独居老人实现自身的价值，也能很好地促进项目的可持续性发展。

第六节　"温情暖兵心，重温军旅情"

JH 市参水社区退役军人服务项目的经验—

党的十九大报告提出要"让军人成为全社会尊崇的职业"，营造全社会爱军拥军的氛围，不断提升退役军人荣誉感、幸福感、自豪感。社区是培育爱国主义情怀、提高居民国防意识、传承红色基因的主阵地。一方面可以不断引导社区居民了解、认识并尊重退役军人，增强退役军人在社区乃至社会的归属感。另一方面，紧密结合退役军人为人民奉献的价值理念，为退役军人提供多元平台，提高退役军人的社区荣誉感。

在此时代背景下，"温暖老兵心，重温军旅情"社区退役军人服务项目不仅积极响应了党的十九大报告的号召，更在实际操作中积累了宝贵的探索经验与深刻启示。该项目旨在深化退役军人的社区融入感，强化其社会荣誉与地位。通过精心策划的政策宣讲活动，有效促进了退役军人与社区居民间的互动交流，不仅拓宽了军人的社交视野，也加深了居民对军人群体的理解与尊重，从而构建起双方友好、和谐的共处关系。

一、社区的需求与现状

"温暖老兵心，重温军旅情"——这一退役军人归属感服务项目，深植于文化底蕴深厚的 JH 市参水社区。参水社区自 2003 年 9 月成立以来,其地理位置得天独厚,坐落于环城南路以南、义乌街以东、海棠东路以北,并与武义江毗邻。该社区的管理与服务设施完善,不仅社区活动和志愿服务频繁开展,而且拥有并能调动丰富的内外部物质和精神资源。自 2020 年起,参水社区党委在党建引领下,推行多元共治策略,构建了一个"横向到边、纵向到底、协商共治"的基层治理体系。这一体系不仅提升了社区治理效能,也孕育了独特的社区党建品牌——"合美参水",象征着社区的和谐、美好与幸福。

在参水社区这个大家庭中,流动人口众多,约有 3 000 至 5 000 人,为社区注入了活力。同时,社区也是老年人的温馨家园,他们在这里享受着宁静与安逸。值得一提的是,参水社区在三江街道中还拥有相当数量的残疾人群体,社区始终致力于为他们提供全方位的支持与关怀。

总的来说,参水是一个环境优美、交通便利、设施完善、资源丰富的社区。但是通过了解发现社区内还是存在一定问题,社区居民的经济水平比较高,居民对社区活动的参与度比较低,活动难以顺利组织。居民自治不完善,社区没有正式的业委会,居民之间沟通联系少,缺乏积极参与居民自治的意识与能力。同时我们还关注到了一类特殊群体:退役军人,通过与他们的沟通了解了他们的特殊情况:一是离开纪律约束严格的军营,由于工作和生活环境都发生了巨大变化,生活有些难以适应;二是退役军人虽然离开了部队,但他们对自己曾经的军人身份有较高认同,仍然希望别人尊重;三是社区内的退役军人很少参加社区的活动,与社区居民之间缺乏沟通交流。

正是基于对参水社区的了解,"温暖老兵心,重温军旅情"社区退役军人服务项目将它的关注点主要放置在了社区退役军人归属感的实现方面。"项目设计政策宣讲"、"我来讲历史"的活动让退役军人了解有关退役军人的最新政策,维护自身的权益;同时回顾自己的军旅生活,促进社区居民对退役军人这一群体的了解。同时该项目也为参水社区居民间提供一个互动交流的平台,通过活动让居民体验到自己对活动的参与感与融入感并扩大了居民的交友圈,让参与活动的居民更加了解退役军人,并建立良好的信任关系,在促进居民交流的同时提升了居民之间的凝聚力,也增加了退役军人群体的归属感。

二、退役军人与社区相融合

以社区实际为基础,以上述理念为引,在 2021 年这一年时间里,"温暖老兵心,重温军旅情"社区退役军人服务项目以兴趣为引导,为退役军人开展丰富多样的活动,为他们参与社区生活搭建平台,促进朋辈群体之间的交流与互助。

"温暖老兵心,重温军旅情"项目将服务对象聚焦于参水社区的退役军人,并为他们量身定制了一系列的社区活动。通过这些活动,力图达到以下两个目标:首要任务是加强退役军人与社区居民之间的交流和理解,以构建一个更加和谐共融的社区环境。其次,项目成员精心设计和实施了一系列多元化的社区活动,旨在通过这些活动加强退役军人对社区的认同感,让他们深切感受到自己是社区大家庭中不可或缺的一员。

为实现这些目标,参水社区已成功举办了多场充满活力和创新元素的社区活动。这些活动不仅为退役军人提供了一个展示和分享军旅经历的舞台,更重要的是,它们以趣味为桥梁,搭建了一个退役军人共聚一堂、共同参与、深入交流的"欢乐天地"。在这个天地里,退役军人可以毫无顾忌地敞开心扉,分享他们的故事和经历,使社区居民能更加深入地了解并尊重这一特殊的群体。同时,这些活动也促进了老年居民之间的交往与互动,让这种友好和谐的社区氛围从活动现场延伸到日常生活的方方面面。

三、鉴与思：退役军人服务的有效路径

（一）破冰促相识

项目通过设置一些简单易懂的小游戏，活跃现场的气氛，为社区居民与退役军人创造平台，使得社区居民了解社区中退役军人这一特殊的群体，帮助他们彼此熟悉了解，促进社区居民之间的融合。采用游戏破冰这一独特的方式，社区不仅为退役军人创造平台促进居民之间的相识，而且帮助退役军人增强其社区归属感，帮助他们更好地融入社区这个大家庭中。

（二）政策晓时事

该项目另一个较为突出的亮点便是它在增强退役军人归属感的过程中，并没有将其着力点仅放置在退役军人身上，而是"巧妙"地选择了政策宣讲的方式着手。社区通过讲解退役军人有关政策方针，一方面使得退役军人了解国家最新政策动态，另一方面帮助退役军人获得相应的补助维护其自身权益。国家的补助、社区的关怀、居民的互助共同促社区退役军人的融入，以此增加他们的归属感。

（三）往事忆军旅

除了以上两点之外，该项目在退役军人活动组织、开展过程中的一项"巧思"也可圈点：在该场服务活动的组织与开展过程中，社会工作者并没有单一地采用单向输出的方式，而是以社区居民为主，尤其是退役军人。通过播放电影片段，不仅回顾的是电影中的历史片段，更重要的是帮助退役军人由此回忆自己独一无二的军人生活，促进社区居民对退役军人更深一步的了解。这样的设计不仅使退役军人真正参与到了项目当中，在活动中展现了自己，同时也使社区居民更加真实地认识退役军人，社会工作者成为服务群体真正的同行者，并在一定程度上避免了其在服务开展过程中将服务群体"对象化"的情况。

第七节　追溯人生，智慧晚年

JH市牵头社区老年服务项目经验

随着人口老龄化的加剧，越来越多的人步入老年生活。从生命历程的角度来看，退休意味着个人生活的全面变革。首先，个体要适应社会角色的转变，从长期从事的工作岗位中退出，往往会伴随着身份认同的确实和成就感的降低。其次，随着年龄的增长，老年人逐渐开始经历子女离家，亲友离世等生命事件，这会有可能打破他们原有生活的平衡和期望，产生无助感。因此，社会工作专业者肩负着重要的使命，即协助退休老年人顺利适应角色变换，缓解因退休带来的失落感，使他们能够平稳地过渡到悠闲的退休生活。这一过程不仅需要专业的心理支持和情感慰藉，还需要引导他们积极面对生活的变化，帮助他们找到新的生活方向和目标。

在帮助老年人适应退休生活的基础上，更应该进一步激发他们的内在动力，帮助他们找回自我价值。老年人拥有丰富的生活经验和智慧，他们在社会、家庭和个人层面都扮演着重要的角色。首先需要引导他们认识到，即使退休了，他们依然能够为社会、为家庭、为自己做出贡献。通过参与社区活动、志愿服务、兴趣爱好等方式，老年人可以重新发现自己的价值，感受到生活的意义。同时还需要增强老年人的主体意识，让他们意识到自己是生活的主人，有权利选择自己的生活方式和节奏。我们可以通过开展各类培训、讲座等活动，提高老年人的自我认知和自我管理能力，让他们更加自主地安排自己的生活。

为达到上述目标，"追溯人生，智慧晚年"社区老年服务项目作出了有益探索。该项目帮助老年人回忆人生，梳理他们的生命历程，从而协助老人重新整合人生意义，增强自我效能感。项目成员通过肯定他们的成就、鼓励他们的努力、提供必要的支持和帮助,让老年人更加自信地面对生活,享受老年生活的美好。此次项目实践让我们不断与老年人群体进行深入交流,更加明确了服务方向,为我们提供了改进服务的宝贵建议。同时,项目中多样的活动,个性化的服务等多种尝试和策略都为我们进一步探索服务创新提供了启示。社区工作者应当继续秉承"以人为本"的服务理念,不断创新服务方式,提高服务质量,为老年人创造更加美好的晚年生活。

一、社区现状

"追溯人生,智慧晚年"社区老年服务项目所服务的是 JH 市的牵头社区,该社区共有三个小区,居民约有 2 800 户,位于环北路南侧、玉泉西路北侧、迎宾大道西侧 JH 市师大街 288 号,占地面积 91 469.7 平方米,总建筑面积 105 466.32 平方米,绿地面积 36 000平方米,绿地率 39%。小区设有篮球场和网球场、车库、园林小品景观和大型水系人工湖,环境优美,交通便利,是 ZJ 高等学府牵头教授学者的聚居地。社区内设置有多个垃圾分类站,通过对垃圾桶内的垃圾分类情况调查,这个社区基本符合 JH 市的垃圾分类管理要求,并且有一个小广场,一个有健身器材的活动中心,同时有一个篮球场以及一个足球场,社区内还有一个幼儿园以及多家商店,基本能满足居民日常生活的需求。

总体而言,牵头社区是一个文化氛围浓厚、环境优美、交通便利的社区。但是通过成员在社区中观察以及与社区老人访谈接触发现,目前居住在牵头社区中的退休老人的物质生活很宽裕,他们会给自己安排丰富多彩的退休生活,例如唱歌、跳舞、旅游,但表示近年因为身体原因,很多活动都停止了;并且在人际交往方面,他们表示与社区的其他老人,即非在职退休老人没有共同话题。于是本项目就将退休的老年人作为服务的对象,通过互相交流和互动追溯他们人生中的重要事件,从而认识到自身还是有价值的,并不能因为退休就否定自己的能力。

基于上述对牵头社区的认识,"追溯人生,智慧晚年"社区老年服务项目通过用文字记录社区老人的生命故事,让老人能在回忆并讲述自己生命故事的过程中,理清自己的人生历程,协助老人重新整合人生意义,获得自我接纳和生活满足感,从而积极地面对和享受生活。建设一个适和老年人的和谐社区,提升老年人的幸福感,增加其对社区的归属感及融入感。在项目方案设计和具体实施的过程中,该项目从老年人角度出发,让老人回顾他们过往生活中最重要、最难忘时刻,从回顾中让老人体验多种有利身心健康的情绪,有效调整老人心态,获得自我肯定。

二、鉴与思:探索服务退休老人的有效路径

(一)结合专业知识,提升服务专业水平

该项目从专业角度出发,选择和项目目标以及内容相符合的专业知识,将其所涉及的专业知识点以及应该注意的地方都和项目紧密结合,所涉及的专业知识如下:首先是社会支持理论,老年人生活得幸福安康与否,不仅关系到个人与家庭,还关系到整个社会的和谐发展。老年人的健康包括生理、心理与社会三个层面,但目前,很多老年人的生活状况令人担忧,尤其是心理与社会层面存在许多问题。缺乏社会支持网络是其中一个重要因素。因此,建立良好的社会支持网络对于老年人来说十分重要,除了家人应成为其重要的支持者外,还要充分利用亲戚朋友和社区的网络。对于社会工作者来说,需要在社区中,为老年人提供建立新的社会支持系统的机会,帮助他们扩大交际圈。在社区中开展"生命历程分享会"的主要目的,就是利用分享会的形式,帮助老年人在社区中建立新的朋友交际圈,扩大他们的社会支持网络;其次是缅怀治疗,回忆以前的生活事件,即使不用做严格意义上的治疗,对老人也能起到特定的作用。几十年的生命历程往往带给老年人非常丰富的经历,这些经历对于他们来说也是一笔宝贵的财富。通过回顾一生的经历，回忆曾经的荣耀或低谷，他们能够更好地认识自己，放下负面的消极情绪，建立正面的积极情绪，重新获得对自己人生的掌控感。在与他人讲述、分享的过程中，可以降低老年人的无助、失落感，提升他们的自我满足感；最后是需求层次理论，按照马斯洛的需求层次理论，人的需要分为五个层次，生理、安全、社交、尊重以及自我实现的需要，每一层次的需要与满足，将决定个体人格发展的境界或程度。老年人通过讲述自己人生故事的方式，完成社交需要和尊重需要的满足，并通过跟别人分享自己的生命历程进行，可以使他们不断自我反思，使他们获得发掘潜能的契机，达到自我实现的目标。这些理论知识都在很大程度上丰富了项目的发展过程，让该项目更具有专业性，能够让服务对象接受具有专业性的服务。

（二）发挥退休老人的自主性和主体作用

在项目临近结束时，项目成员共同精心打造了一场与老人们的深入交流机会——个人访谈。结果让人十分满意：大部分老人都表示，此次活动让他们之间的关系更加紧密了。这些富有智慧的长者不仅愿意与他人分享自己的人生经历，而且讲述得十分详尽和生动。值得一提的是，对于那些书写有困难的老人，团队成员表现出了极高的耐心和关爱，他们不仅代笔记录下了老人的珍贵回忆，还有老人选择用画笔来描绘，将他们的故事以图像的形式生动地展现出来。

这次活动中，老年群体的积极参与成为了一道独特的风景线。虽然一开始有些老人可能有些拘谨，不太愿意敞开心扉，但在项目成员持续不懈地鼓励和引导下，他们逐渐敞开了心扉，不仅开始主动分享自己的故事，还自发地展示了他们的才艺，充分展现了他们的魅力和活力。

这个项目之所以能够获得退休老人们的热烈响应和广泛支持，关键在于该项目始终将老人作为活动的核心。从规划阶段到实施阶段,项目成员都与老人们保持着紧密的联系和沟通,深入了解他们的需求和期望。通过一系列的深入对话和交流,让老人们深切地感受到,他们并没有被社会遗忘,反而依然受到大家的关注和尊重。同时,项目成员也及时给予他们反馈,帮助他们增强自我认知,让他们明白,即使退休了,他们依然能够为社会做出贡献,实现自己的价值。这不仅让他们的闲暇时光更加充实,也为他们带来了生活的满足感和意义。

第四编

社区妇女服务

妇女是物质文明和精神文明的创造者,她们在中国革命、建设与改革中扮演着重要角色,她们是推动社会发展和进步的重要力量。随着社会的快速进步与发展,我们要用新的视角与眼光,重新认识男性与女性生理和心理差异造成的社会分工与社会角色的不同,平等地看待男女地位,坚定的支持妇女建功立业、支持她们去实现自己的人生理想和梦想、为广大女性充分发挥潜能、脱颖而出打造宽广舞台。

与此同时,为了更好地践行党中央所倡导的新时代中国特色社会主义妇女发展思想,社会工作对此有了新的领悟。我国大多数的女性无论是在工作中还是生活中,都有着能够发挥自己独特的精神与品质的能力,可是到最后很多女性却成为了家庭的附属品。毋庸置疑家庭的稳定与发展不仅关乎个人,甚至关乎国家的稳定与发展大计。但是当女性退居幕后的时候,可能会有这样的社会问题出现,例如:男性成员忽视女性成员、女性成员贬低其他女性成员和女性成员自身低价值化等现象。因此,社会工作者在利用自己的专业知识与技能,在专业价值和伦理的指导下,根据社会发展的潮流与趋势,依托社区发现需要帮助的群体,探索她们的问题与需求,通过为她们设计服务方案与计划,开展服务活动,帮助她们缓解压力与宣泄情绪、重塑自我与性别意识,提升自我认知水平、最终用睦邻与守望相助的理念形成支持小组,和她们共同建构权力关系和建立互助网络体系,以达到女性群体自身的自我效能提升和社区的融合与发展,从而不断地摸索出适合社区和女性之间的发展路径。

第十三章 初始社区

第一节 明堂社区

一、社区历史

明堂社区于 2002 年 12 月成立,是个开放式集镇化社区。

2019 年 6 月,明堂社区连续 3 个月在创文明城市市测中取得 85 分以上的好成绩后,获得了 JH 市首批"文明社区"称号与"创建人口健康教育宣传阵地特色社区"称号。

二、社区自然环境与设施

(一) 区位与边界

明堂社区位于 ZJ 省 JH 市,占地面积 0.68 平方公里,东邻武义江,

图 13-1　社区区位划分

西连东阳街,南毗永和路(水枧头小区),北接桥何路(假日城市花园)。

(二)环境设计与土地使用

辖区内有 4 个城中村:明堂小区、詹宅小区、下马滩新区、田畈新区;4 个小区:冠达满庭芳、香格里东区、新纪元香墅、棕榈湾。

1. 环境设计

城中村均为开放式小区,由于土地改造的不完全,村中环境一般,绿化覆盖率不高,除了特定的垃圾桶投放点位,在小区内几乎很难找到垃圾桶,只有少部分烟头垃圾桶。詹宅小区还有大块的开发区征用大片菜地,垃圾偷倒的现象也时有发生。新建小区环境优美,绿化覆盖率高,属于高档住宅小区,几乎每家每户门前或者庭院内都会种植各种花草树木。小区内还有小池塘,里面可以饲养鱼类。除了垃圾分类投放定点外,小区内基本上每隔十来米就有一个垃圾桶,很难看到垃圾乱扔乱丢的现象。

图 13-2　城中村(左图)与新建小区(右图)环境对比

2. 土地使用

城中村的土地使用主要分为耕地和建设用地,村民在耕地上种植蔬菜瓜果,但这些耕地占整体土地的比重较小,而建设用地占据着绝大部分比重。村民在土地上建自建房,多为 6、7 层公寓楼,房屋较为密集,因为土地规划的不合理,小区内的停车位划分十分有限,经常出现乱停乱放的现象。

新建小区的土地基本上都是建设用地,房屋规划十分清晰,也设有专门的地下停车场,但也出现了电瓶车乱停乱放的现象,有的电瓶车甚至停在了健身设施的场所。

图 13-3 电瓶车乱停乱放

(三)社区交通

社区距离市中心约 5 公里,附近没有 BRT 等快捷高速的交通工具,只有 20 路公交经过,发车频率大约 6—15 分钟一趟,社区内有共享单车和共享电动车,对于短距离出行较为便利。

四个城中村的主干道平坦宽阔,但城中村内部的道路相对狭小。由于城中村的大多数居民为外来人口,从事工地上的体力劳动,而工地距居住地较远,不少城中村居民选择用摩托、电动车等小型交通工具。城中村内部区域缺乏监管,导致了摩托等骑行工具停放随意,少部分私家车也会挤进巷道内。城中村在最初设计时,各巷道的设计本就狭窄,再加上车辆随意停放也使得居民更难通行。

(四)基础设施

1. 教育学校

幼儿园:社区内幼儿园较多,但规模较小,缺乏儿童娱乐基础设

图 13-4　共享电动车

施。入园的大部分是外来人口的孩子,例如下马滩小区的下马滩新区幼儿园、明堂小区的明堂幼儿园和东方红幼儿园、詹宅小区的朱贤桥幼儿园和 JH 市技术经济开发区假日幼儿园。本地孩子则更倾向于学区。

　　小学:东苑小学和江滨小学等,离社区不超过 3 公里。

　　初中:社区辖区内设有 JH 十五中、湖海塘中学等。

图 13-5　明堂幼儿园

2. 医疗设施

社区内设有卫生服务总站,为居民提供一些基础的医疗卫生保障;城中村比较开放,小区内药店、诊所较多;而新建小区相对来说比较封闭,小区内没有专门的医疗卫生组织。

图13-6 明堂卫生服务站

3. 安保系统

城中村没有正规的门卫,处于十分开放的状态,村内的摄像头也比较少,有的房屋甚至没有装防盗门。不过村民自发组织起了一个护村巡逻队,定期在村内进行巡查以及安全隐患的排查,为居民的安全保驾护航。

新建小区的安保系统则十分完善,门卫十分严谨负责,陌生人进入都会询问来人的目的以及身份,小区内遍布摄像头,居民的安全意识也十分强。

4. 文娱场所

社区内:街道文化总站设在明堂社区内,站内文娱设备齐全,包括健身器材、阅览室、舞蹈瑜伽室等等,为居民提供了一个很好的休闲娱乐平台,社区内还设有老年人活动中心,当地人称之为"铁皮棚";而室外的娱乐场所较少,设备也比较老旧,比如明堂小区内的篮球场很久未翻新,地面坑坑洼洼,新建小区内的娱乐场所甚至成了居民停放电动车的地方,详情见图 13-8。

图 13-7　明堂小区内的篮球场　　　　**图 13-8　老年活动室**

社区外:社区毗邻 JH 梅园——具有水体净化和雨洪调蓄、梅花展示、生物多样性保育、审美启智等综合生态服务功能的城市公园。周边风景较好,一般居民都会去江边散步或者在公园里面跳广场舞,为社区居民提供了休闲娱乐场所,这在一定程度上满足了居民的精神文化需求。

图 13-9　梅园一景

（五）商业服务与经济

1. 商业服务

城中村内小商店众多，水果店、零食店、饭店、理发店等一应俱全，满足了居民基本的生活需求，而新建小区内基本上都是住宅区，很少有类似的商店，居民一般会到城中村这边来购置基本的生活用品或是驾车到市中心等地方进行购物。

笔者还发现在明堂小区附近有一家汽车专卖店——"保时捷中心"，推测可能是因为这里地价便宜。

图13-10 保时捷中心

2. 经济

集体经济：城中村仍采用集体经济形式，明堂社区综合市场属于村民集体所有，村委会会组织给居民每人发价值一千的菜票，一年一发，但需要在半年内消费完，这激活了菜市场的经济。

个体经济：居民在获取营业执照后在社区内开设商店等，城中村的居民除了工作所得的酬劳外还可以通过收租来增加额外的收入，詹宅小区内的自建房的一层有开办一些加工点如服饰加工点,在小区内还有人摆摊卖小商品。

图 13-11 明堂综合市场

图 13-12 城中村内的一些摆摊点和加工点

三、社区居民

(一)社区人口情况

明堂社区户籍人口约 2 800 人,流动人口 12 000 余人,其中城中村占绝大部分,户籍人口 1 580 人,流动人口 11 000 余人。该社区流动人口较多，主要来自云南、贵州、四川等地，其文化背景、生活习惯等与本地人差异较大。其中18岁以下的青少年群体和60岁以上的老年人群体较少，中壮年人居多，学历程度普遍不高。

（二）住房状况

城中村房子一般属于自建房，部分于2003年进行改造，共有房屋388幢，楼道单元468个。由于"农转非"，土地征用后居民自己建房，城中村大多数房屋已有一定年岁，少部分危房也有人居住，部分自建房改造效果较差。除了自家使用外，其余房间均出租给外来人口居住，大部分普通自建房公寓租金为每月300—500元，少部分配有电梯的公寓价格较高，此外，店面房价会更昂贵一些。

新建小区均为封闭式高端小区，整体布局合理有序，环境优美，基础设施完备，并配有专门的物业进行管理，房屋以高层、洋房和别墅为主。

图13-13　新建小区（左）与城中村房屋（右）对比

（三）经济状况

社区内居民平均收入较高，其中外来人口多从事体力型和技能型的工作，包括装修、基建等建筑类工作；本地居民也有着较为稳定的工作，城中村居民还可以通过出租房屋来增加额外的收入，一般年收入在 10 万元左右,也会依地段以及出租情况浮动。不过其中大部分妇女群体没有工作,她们主要负责出租房屋的管理。

（四）特殊群体

社区内存在 30 人左右的残疾人群体,其中残疾等级较低的人能够正常生活甚至工作,部分残疾程度较严重的一般居家不外出。残疾人群体都有家人照顾,并享有政府的补贴资助。为了提高社区残疾群体的参与感和融入感,社区也会邀请一些残疾人参与社区组织开展的慰问活动。

除此之外,仅有一位居民由于遗传了父亲的精神疾病,并且处于独立立户的状态而被纳为低保边缘户。

四、社区内正式结构和组织

明堂社区各类组织众多,首先明堂社区形成了以党委为核心的党组织体系,其次建立了以"党建＋社工＋慈善＋志愿者"的社区网格化治理新机制,还设立了"明堂居住出租房旅馆式智能化管理服务总台",对城中村出租房屋实现旅馆式智能化管理。除此之外,社区内建有综合文化站,文化站内健身器材、图书阅览室、舞蹈室等齐全,社区活动一般都会由文化站组织开展。

五、权力与领导

（一）选举政治

城中村居民选举积极性很高,但小区居民的积极性较低。此外,年纪大的老人也十分积极行使选举的权利。

（二）行政管理政治

社区党委下设三个党支部,有党员 123 名,社区居委会干部 8 名,经济合作社成员 5 名,共有 4 个社区管理服务网格。

六、社区资源分析

（一）人力资源

明堂社区专业的社工人才及矛盾调解员让社区发展充满活力。

这些专业人才和金牌调解员已经在社区开展了以调解邻里矛盾为主要服务目标的"睦邻友好"项目并设立了主要面向妇女群体的"茶花姐妹"一格一姐工作室以及"和姐"工作室。社区也形成了"党建＋社工＋慈善＋志愿者"的社区网格化治理新机制，并设立了"明堂居住出租房旅馆式智能化管理服务平台"。另外入驻社区的社会组织也在社区内开展了老年人智能手机培训活动，目前已举办过 2 次，参与人数达到 100 余人。此外，自然村内还设有护村巡逻队，多为当地人，安保意识较强。

图 13-14　居委会内的社区资源

（二）物力资源

社区内设有综合文化站，能够满足人们阅读、健身、娱乐等需求，社区还会联合社工站与一些机构和学校进行合作、链接相关资源，为社区内特定群体提供服务，如与社区辖区幼儿园合作举行"庆六一"活动、"毕业晚会"等；与辖区家政服务中心合作开展"送温暖"、"烘焙 DIY"等活动；与宁波银行合作预计开展"便民服务"。目前，社工站正致力于打造社区居家养老服务中心。除此之外，社区内监控摄像头密布，安保系统较好。各个小区内的超市以及附近的生鲜市场、饭店等都能够满足人们日常的消费需求。社区内还建有一座规模不小的基督教堂,为有宗教信仰的人提供参拜的场所。

图 13-15　基督教教堂(位于詹宅小区)

(三)财力资源

居民经济合作社投资建设的综合市场通过发放菜票的方式促进了资金的流动,激发了经济活力,本地居民还可以通过收租的方式每年获得一笔不少的收入。

综上,根据调研到的材料,绘制表 13-1 明堂社区资源点存表。

表 13-1　社区资源表

	社区内部资源		社区外部资源	
	正式资源	非正式资源	正式资源	非正式资源
人力资源	社工站内社工专业人才;金牌调解员调解邻里矛盾;护村巡逻队;政府领导;村书记;党群服务中心工作人员;社区领袖;志愿者;社区党委;社区居委会	社区居民关系融洽,邻里之间互相照顾,形成了良好的人际关系网络;有一些领导居住在社区的高层,可以和社区负责人一起为社区治理出谋划策	社会组织提供人才支持	社区之前有一对双胞胎盲人兄弟,他们现在在外创业,偶尔会回社区为居民提供盲人按摩服务

（续表）

	社区内部资源		社区外部资源	
	正式资源	非正式资源	正式资源	非正式资源
物力资源	社区街道具备综合文化站,有场地以及相关设施;社工站;党群服务中心;"茶花姐妹"一格一姐工作室;"和姐"工作室;居家养老服务中心;垃圾分类站;快递驿站;基督教堂	社区内有许多自营的超市、饭店、小手工作坊等为居民提供便利的场所;城中村居民以家庭为单位出租的房屋	社会组织为社区提供服务可以帮助社区链接到物质资源;社区联合家政服务、牙科医院等定期为居民开展服务	
财力资源	政府部门的财政支持;社区内相关服务的收费;村集体经济合作社;综合市场集体分红		宁波银行的投资援助和活动建设经费	

第二节　角木蛟社区

一、社区的现状

（一）社区简介

角木蛟社区位于 JH 市区城北,与国家级风景名胜双龙洞相毗邻,距离市中心 4 公里,东临浙师大附中 JH 二中,南接市区江北,西临驻金某部队,北靠浙江师范大学。角木蛟社区是人流集中、配套设施齐全的繁华商业区。社区内常住外来人口比例远高于本地人口,外来人口主要为务工人员和个体商户。社区内社会组织稀缺,居委会负责管理社区一切事务。虽然实行网格化管理,社区被划分为若干服务片区,但本质上仍维持"大队制"的管理形制。所以角木蛟社区是一个乡土社会和法理社会属性兼具的混合社区——城中村。

（二）社区居民

1. 人口情况

社区常住人口 7 000 多人,其中外来人口 6 000 多人,当地人

图 13-16　角木蛟社区入口处

口 1 000 多人。

2. 住房

靠近浙师大的老街,那里的旧房屋大多建于四十多年前,而即便是新修建的房屋,至今也已有十几年的历史。在这里,每栋楼的最底层都被设计为商业空间,而房主们则选择居住在顶楼,将其余的楼层出租给需要的人。这条街道上,一部分建筑属于公有(包括居委会的办公地点),另一部分则是私人所有。社区内,公寓和宾馆林立,常常吸引着外来的流动人口或是浙师大的学生们前来租住。

3. 职业状况

社区内居民构成多元,以自主创业的个体工商户为主流,许多都是自五湖四海的外来人口,他们带着各自的地域特色与勤劳智慧,不仅促进了社区经济的繁荣,也促进了不同地域文化的交流与融合,共同编织了一幅和谐共生的社区画卷。

4. 文化体育活动

社区居民们积极组建并发展了腰鼓队、健身球队、舞蹈队、太极拳队等 10 余支丰富多彩的文化体育活动队伍。其中,腰鼓队和太极拳队以其精湛的表演技艺和独特的艺术魅力,多次在各种比赛中脱颖而出,荣获金、银奖的殊荣。此外,还有一支由居民自发组成的婺剧表演队,他们也在社区举办的各类晚会中献上精彩的节目,为居民们带来欢乐。

社区还举办了多种文艺活动,如打渔鼓和稻琴表演,这些活动不仅丰富了居民们的文化生活,也传承了地方特色文化。有一年六一儿童节,社区还在福泰隆超市前组织了一场别开生面的文艺表演,吸引了众多居民和孩子们的参与。此外,社区还组织了较为固定的社员参与市中心的文艺表演,展现了社区居民的文化风采和活力。

二、社区的历史

角木蛟经过旧城改造之后,社区居民经济来源主要依靠房屋出租、开店经商、外出经商。部分居民通过再就业技能培训,从事服务业或自主创业成为个体户。村民的人均收入达到万元以上;社区集体经济收入逐年增加,现年均集体经济收入达到300万元。

角木蛟社区在上级党委政府的领导和关怀下,社区三委干部积极努力地为社区居民办实事、办好事,在发展集体经济的同时也十分重视文化建设,并结合和谐新农村建设,大力支持社区文化建设。他们将文化活动设施建设作为新农村建设的重要内容,投入资金建设专门的体育文化活动场所、棋牌室、多功能活动厅、农家书屋等,积极完善文化活动基础设施,添置各类运动器材。同时社区居民组建了腰鼓队、健身球队、舞蹈队、太极拳队等10余只文化体育活动队伍。

在经过2013年WC区城管部门对角木蛟"小香港"开展的针对"占道经营、违章停车、乱扔垃圾"等社区专项问题的整治工作之后,社区的环境状况逐步朝着好的方向发展。去年,为了营造人人参与创建文明城市的良好氛围,角木蛟社区两委、党员以及市区志愿者对角木蛟社区进行集中整治,使得社区环境卫生面貌得到了一定的改善。

近年来,社区先后获得 WC 区"小康型老年体协示范社区"、"街道级书记主任好搭档"、"综治工作先进集体"、"环境整治先进集体"等荣誉 10 多项。

三、社区权力和组织

（一）社区权力

1. 选举政治

居委会换届选举（书记,委员等等）,由居委会各大队内部参与投票。选举流程为社区内部推荐部分党员参选,所有居民参与投票选出候选人,之后将竞选成功的党员的相关资料档案提交到乡政府进行审查,审查通过后,产生新一届领导班子。

图 13-17 分别是角木蛟党群服务中心（左图）、社区办公区域示意图（右图）

2. 行政管理政治（行政归属）

上属"WC 区新狮街道"。

3. 市民政治

在社区治理的广阔舞台上,该社区秉持着公开透明的原则,确保每一位市民,即社区的每一个成员,都能积极参与到村（社区）长的民主投票选举中来。这不仅体现了对每位社员政治权利的充分尊重,也是构建民主、和谐社区环境的重要基石。

4. 社区政治

角木蛟社区在名义上依托"居委会"的框架进行全方位的事务管理，但实质上，其管理模式深植于传统的"大队制"，既保留了集体归属感，又融合了现代社区管理的理念与元素，形成了一种独具特色的管理形制。

（二）社区组织

角木蛟居委会作为社区直接提供服务的政府组织，主导社区各方面的建设服务事务。社区内开展"联邻帮户·守望相助"行动，以"网格化管理，组团式服务"为基本构架，本着就近服务和方便联系的原则，将社区划分为若干服务片区，明确联邻帮户责任，开展"联系不漏户，党群心贴心"活动，使党员干部联系群众进户到人，做到联系全覆盖。

在走访社区和询问居委会工作人员之后，未发现驻扎在社区内的非政府组织和企事业单位。

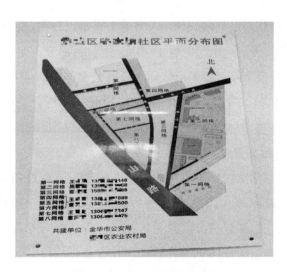

图 13-18　角木蛟社区网格图

四、社区的资源

（一）地理位置

角木蛟社区坐落于 JH 市区北侧，东面是 JH 二中，南面为 JH 粮食干校，北邻浙江师范大学，西面是由 JH 市区开至双龙风景区的北山路和驻 J 部队。处于人口聚集的区域，学生的各类消费需求量大。

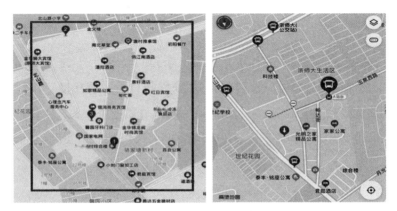

图 13-19　角木蛟社区地理位置划分图(左)、交通线路图(右)

（二）交通

交通便利，道路宽敞、车流多，附近公交站点较多，出行方便。社区内停车位众多，小轿车、电瓶车、自行车混杂；部分道路宽敞便于通行，社区附近公交站点较多，有"师大公寓公交站(127 路)、角木蛟公交站(315 路、330 路、18 路、37 路等)、新世纪学校公交站(302 路、315 路、330 路)、浙师大公交站(330 路)"等，居民出行较为方便。

（三）医疗保障

社区内有两家医保定点药店——九德堂与老百姓药房，它们为居民提供了便捷、全面的药品服务。此外，居民在寻求医疗服务时，亦可轻松前往广福医院分院及角木蛟社区卫生服务站，这两家医疗机构以其专业的医疗团队与先进的医疗设备，为社区居民的健康保驾护航，确保了医疗服务的全面覆盖与高质量供给。

（四）生活保障

社区附近有商铺、超市、餐馆、快餐店、饮品店、水果店、生鲜店物流店等，还有菜市场和多个银行。这些丰富的商业设施不仅提供了便利的服务，也促进了社区的经济繁荣。

图 13-20　角木蛟社区商铺图集

（五）学习教育

社区内有幼儿园、小学（浙师大附小和原北山路小学）、中学（浙师大附属中学）各一所，可以满足孩子的基础教育。

（六）社会服务

老年文化活动中心：由社区组织管理，给社区有需求的老人提供饮食和娱乐场所，向全体社区居民开放。

走进居委会，一楼醒目地悬挂着"综合文化服务中心""社会矛盾纠纷调处化解工作站"以及"公共法律服务点"的标识牌，彰显着其多元化的服务职能。登上三楼，首先映入眼帘的是"便民工作服务流程"的展示板，为来访者提供清晰的服务指引。进一步参观，墙上整

图 13-21　角木蛟社区老年文化活动中心(左一)、
学雷锋志愿服务站(中)、角木蛟居规民约(右一)

齐地悬挂着一系列工作制度条约,包括社区文化中心管理制度、廉政建设管理制度、一次性告知制度、首问负责制度以及工作人员岗位职责,这些规范确保了社区工作者在提供服务过程中的专业性和高效性。

居委会内还特别设立了"和姐"工作室,专注于提供"亲子教育"与"婚姻家庭"方面的专业咨询。同时,为了满足儿童成长的需求,还设有"未成年人活动中心"和"四点半学校",为孩子们提供一个安全、有趣的课外活动场所。鉴于角木蛟社区外来租客众多的特点,居委会还设立了"出租房屋旅馆式管理服务台",并安排值班人员提供咨询服务,确保社区管理有序。

此外,居委会还设有党员活动室,定期开展"党员教育、普法教育、市民教育、科普教育、家长学校"等活动,提升居民的综合素质。同时,学雷锋志愿站也为社区内的"基础便民服务、民兵连、退役士兵服务"以及"卫计办、社区妇联、监察工作联络"等提供活动场所,确保各类社区服务工作得以顺利开展。

综上所述,居委会从医疗卫生、文化教育、法律援助、矛盾调解和弱势扶持等多个方面出发,为角木蛟社区的居民提供全面而周到的社会服务,确保每位居民都能感受到社区大家庭的温暖与关怀。

综上,根据调研到的材料,绘制表 13-2 角木蛟社区资源点存表。

表 13-2 社区资源表

	社区内部资源		社区外部资源	
	正式资源	非正式资源	正式资源	非正式资源
人力资源	社区调解员;退伍士兵;社区村书记;村长;志愿者;社区党委;社区居委会	腰鼓队、健身球队、舞蹈队、太极拳队等10余只文化体育活动队伍	社会组织提供人才支持;浙江师范大学学生志愿者	
物力资源	社区居委会具备综合文化中心,有场地以及相关设施;两家医保定点药店(九德堂与JH老百姓药房)、卫生服务站;小学;篮球场等设施;老年文化活动中心	社区内有许多自营的超市、饭店等为居民提供便利的场所;城中村居民以家庭为单位出租的房屋;新六艺、金马围棋、游艺美术、儿童乐园等儿童培训中心	社会组织为社区提供服务可以帮助社区链接到物质资源;社区组织较为固定的社员参加市中心文艺表演	
财力资源	政府部门的财政支持;社区内相关服务的收费社区;若干独立的商铺的租金(收益中的一部分用以维持老年文化活动中心的正常运转,也有用来给社区内有需要的困难老人当做生活费)			

第十四章　社区问题与需求

第一节　明堂社区问题与需求

经过前期的调研,明堂社区的问题基本浮现出来,笔者将其归纳为楼宇间隔过窄、绿化覆盖两极化、停车位划分不合理、公共交通较少、卫生管理较差与外来人口的社会融入六个问题。

（一）楼宇间隔过窄

城中村的楼栋之间间隔十分狭窄,路旁还会堆积许多杂物,小区与小区之间并没有明晰的划分,这会为寻找门牌号带来困难。如果社区发生了诸如火灾这样的事故,消防车和救护车会在救援过程中因为道路过于狭窄而受阻。虽然社区目前还没有发生过什么重大事故,但楼栋的排列问题确实存在一定的安全隐患,这也是社区需要去重点关注的问题。

因此,在制定社区规划时,需要遵循以下原则:"以人为本"原则,以人的需要、人的利益、人的发展作为社区规划的出发点和归宿点的原则;系统性原则,社会是一个大系统,社区是这个大系统的微缩形态;协调性原则,社区规划要重视各种关系的有效处理和各种矛盾的有效化解;先进性原则,社区规划必须具备先进性,否则就失去规划的价值;发展性原则,当代社会是一个快速变迁的社会,社区规划所规范的各项社区要素均处于发展变化之中;可行性原则,社区规划能够付诸实施,从而有效实现规划目标的特性。

（二）绿化覆盖两极化

总体来说社区的绿化情况呈现两极分化的现象,城中村的绿化覆盖率低,房屋之间的间隔小,基本上没有绿植建设的位置。比如花坛的建设、绿植的栽培等等。而新建小区的绿化覆盖率特别高,进入小区首先映入眼帘的便是一大片的绿植、高大树木,这样的居住环境让人赏心悦目。小区的居民也反映说每个月都会有人定期来维修、裁剪这些树木。但是也有一些树木比较高大,在一定程度上影响了房屋的采光程度。

所以城中村需要提高植被覆盖率,扩大花草树木的种植面积,同时需要有人定期来维修、裁剪这些树木,避免影响采光等。

（三）停车位划分不合理

停车位划分十分不合理,街道狭窄,电动车没有专门的地方停放导致占据了人行道的位置。有的个体经营户甚至将车位划到了自己所经营的店铺旁边,私自变成车位。车辆与车位严重失衡的问题不仅给居民停车造成了困难,而且阻挡了行人的道路,更容易造成交通堵塞、安全隐患的问题。所以,必须合理划分停车位,适当的增加停车位置,同时区别划分机动车与非机动车的位置,加大对不合法合规停车行为等的惩戒力度。

（四）公共交通较少

社区周边可以利用的交通工具较少,附近只有一路公交车经过,这给居民的出行造成了一定的不便。社区内的共享单车和共享电动车只能满足短距离的出行需要,同时存在一定的安全隐患,因为电动车的不规范驾驶导致的安全事故屡见不鲜。

因此群众需要相关部门合理规划交通路线及公交站的站点,适当增加公交线路和车次。在路口增加交警或者志愿者监督群众的开车、骑车、停车等行为规范。

（五）卫生管理较差

明堂社区实行垃圾分类的制度,每个小区内都有专门的垃圾投放点位,同时每个点位有严格的时间控制,只能在规定的时间内进行垃圾投放。但是由于外来务工人员出门较早，上班时间与垃圾投放时间并不重合，因此容易出现走廊杂物堆积、垃圾发臭等情况。同时笔者发现会有居民在规定时间之外通过投放点的设置漏洞投放垃圾，在卫生方面居民的意识还有待提高。

因此，社区必须加大正确进行垃圾分类的倡导力度，合理规划环卫工人的上岗时间，增加志愿者引导活动，呼吁居民及时处理家庭产出的垃圾，避免在楼道、走廊里堆放垃圾。

（六）外来人口的社会融入问题

随着城市化进程的快速发展，大量的乡村人口蜂拥进城，一个新的阶层——农民工悄然登上历史舞台。明堂社区有大量的外来务工人员，由于文化、语言方面的差异，部分外来人口与本地人口会出现沟通困难的情况，同时他们对于这个社区的归属感很低。其中，作为女性的"进城女工"摆脱了传统意义中的家庭束缚和对男性的依附，进而实现自我个体化，成为"进城女工"是一个新的主体建构的过程。然而这个主体在城市没有生根的土壤，没有言说的空间，她们的主体性被模糊在非城非乡、亦城亦乡的身份认同之中，因此成为"进城女工"也是一场持久而艰难的斗争。

在明堂社区，有一群坚韧的女性，她们在生活的压力下，常常从事着技术要求相对较低、收入颇为有限的工作。除了每月定期为家人寄去生活费用外，她们还需独自支付房租。然而，由于身处异乡，她们往往难以享受到充分的社会保障和福利支持。她们的娱乐方式寥寥无几，身处异地又缺乏亲密的朋友圈，更难以主动参与社区的各项活动。长期沉浸在繁琐而重复的家务和照料工作中，她们在身心上承受着巨大的压力，难免会感到疲惫不堪，有时甚至会陷入深深的厌倦和自我怀疑之中。这些女性默默地为家庭付出，为社区的建设贡献着自己的力量，她们的生活状态值得更多的关注与关爱。

综上所述，鉴于明堂社区的实际需求、项目的深远意义以及确保项目的有效执行性，在经过对前五个问题的深思熟虑和初步回应后，笔者最终将焦点锁定在明堂社区女性群体的社会融入问题上。接下来，笔者将细致分析这些女性的具体需求，为后续策划和实施适宜的项目活动奠定坚实的基础，确保每一项举措都能精准地满足她们的需求，促进她们更好地融入社区生活。

（一）收入方面

明堂社区进城务工女性大多是和自己的丈夫去从事一些技术含量不高、收入低的装潢类工作。在走访明堂社区过程中通过对话交流了解到，由于休息不好、体能消耗较大，装修工人工作的特殊性使其高收入并没有连续性。可以说，进城务工女性的低收入使她们很难负担城市生活的成本。

（二）住房方面

明堂社区自建房有 380 多幢，除了自家使用外，其余房间均出租给外来人口居住。大部分普通自建房公寓单间租金为每月 300 至500 元，少部分有电梯的公寓价格较高。此外，店面房价格会更昂贵一些。低收入的进城务工女性群体，除去衣食住行之外，还要负担农村老家的老人和孩子的生活开销。尤其是住房，对薪水微薄的她们来说是一笔很大的开销。加之经济适用房和廉租房是社会福利保障性质的政策性住房，一般要求申请者拥有当地城市常驻户口，因此作为外来务工人员的他们很难申请。在城市里没有一个稳定的住所，进城务工女性很难真正融入城市生活。

（三）社会保障方面

完善的社会保障能给予进城务工女性安全感。当前的社会保障体系不够完善，还不能解决农村进城务工女性的后顾之忧。托幼育儿、照料老人和看病等服务，不仅是进城务工女性的家庭责任，更是整个社会服务保障体系应具有的以人为本的服务理念。

随迁流动子女如何享受平等教育、获得健康发展也是进城务工女性反映最多的问题。由于城市公办学校入学门槛高,随迁流动子女只能选择民办学校或打工子弟学校就读。而收费相对低廉的打工子弟学校的办学资质、软硬件条件、教师素质和稳定性等状况堪忧。另外,随迁子女可能遇到的排挤凌霸、心理障碍等问题,也需要得到帮助和引导。这些都成为进城务工女性的困扰和压力。

(四)参政能动性方面

女性往往受传统文化价值、社会性别定位和社会角色期待的影响,更倾向于选择回归家庭而放弃政治角色。进城务工女性情况更为严重,她们既没有在男性权利格局下掌握话语权,也没有参与城市社区公共事务治理的实践经验。处于弱势地位的进城务工女性,因袭旧俗,鲜有机会参与城市社区的公共事务和城市治理。

(五)社会关系融入方面

进城务工女性由于自由支配时间少、休闲娱乐单一、社会人脉资源狭窄,导致其在社会关系方面表现为融入程度较低。这些女性社会交往以业缘、地缘、血缘为主,内倾性和表层性的特征明显。在明堂社区的街头走访时发现,街边相互聊天的女性多为同乡、亲戚。由以上可知,进城务工女性的社会交往网络仍然是外来务工人员,其中以迁出地老家的社会关系为主,与迁入地当地城市居民联系较少,交往只限于表层。进城务工女性群体和城市居民群体之间,无论在社会心理还是在生活中,都存在着疏离感。由于务工女性多住宿舍或者租住地相对封闭、集中,人员流动频繁,住所经常变动,造成务工女性居住空间的边缘化,使得其交往对象和社会关系局限于业缘、地缘、血缘为基础的单一网络。另外,进城务工女性认为自己从事的工作低人一等,加上过客身份、背井离乡、受人排斥的隔膜心理和自我保护意识,造成农村进城务工女性和城市居民之间的疏离,这无疑会加剧她们社会交往的"内卷化",导致"一个城镇,两种居民"的隔离交往状态。

第二节　角木蛟社区问题与需求

随着中国的现代化发展,社会中出现了"流动人口"这样一类特殊群体,他们生活的城市社区以"地缘"或"业缘"形成成片分布的流动人口聚居区。流入的城市社区不仅是流动人口生存和发展的场域,更是流动人口融入城市的跳板。角木蛟社区的流动人口也不外如此。基于对角木蛟社区的基本情况调查发现,角木蛟社区中存在着大量的流动人口,这一部分人口在社区中占比近 90%,数量之庞大让人无法忽视他们的需求。因此团队坚持以"人"为中心,将项目聚焦在角木蛟"人"的身上,发现他们的生活困境,以此来展开项目。

经了解,社区中流动人口主要流出地为我国各经济欠发达地区,绝大多数流动人口流入此地是为了其生存需要。当这一群人进入到一个陌生社区中,社区融合则成为了一个需要引起重视的问题。语言不通、饮食差异、文化差异等因素是否会影响流动人口对角木蛟社区的融合感成为有待考量的问题。因此社会工作调查团队围绕着流动人口的社区融合问题展开,通过实地走访观察,以及在角木蛟社区对部分流动人口以及有户籍的原住民进行了一系列访谈后,得出了以下几方面的结论。

一、社区居民的问题

（一）融合问题

1. 制度融合

大部分访谈对象表示并未享受到任何优惠政策,甚至无法与本地居民享有相同的政策或福利,"都是他们本地人,外地人哪里有份"。由于无法采访居委会负责人以获得有效信息,笔者尝试从政府网站寻找相关信息资料。笔者在 WC 区人民政府网站内搜索"流动人口""外来务工人员"等相似关键词时发现,网站内与此相关的报道和文件极少、重复性高,且主要为纲领性文件,并无具体相关文件。2020-09-23 发布的《新狮街道办事处 2019 年度部门决算》文件中指出街道办事处的部门职责包括"落实人口计划指标,加强流动人口的计生管理工作,搞好计划生育工作。"但并无其他文件明示人数比例等相关数据。所以整体而言,角木蛟社区的流动人口的制度融合度不高,可能只是象征性地被纳入到部分公共服务中,并无具体的相关文件和政策。

2. 就业融合

角木蛟社区的流动人口就业融合度高,主要从事经商和务工。老乡介绍是流动人口选择流入地的主要途径和重要因素,尤其对于务工人员而言。但就业融合度易受其他因素影响,如爆发新冠疫情后,大部分个体户经济受到重大打击,出现经营困难现象;部分用工单位由于经营困难缩减用工人数,导致部分务工人员找不到工作。

3. 居住融合

角木蛟社区内无商品房,所以无法从是否买房或者是否已拥有房产判断流动人口的融合程度。流动人口在角木蛟的居留时间有长有短,长则二十几年,短则几个月,居留时间较长的多为经商的个体户。务工人员居留时间具有不确定性,有访谈对象表示哪里有比较好的工作就去哪里,"来哪打工不是打工""我们哪里都可以去啊"。

4. 生活融合

基本没有访谈对象表示生活方式上存在融合困难。角木蛟社区内有各式各样的餐饮店,还有数家菜市场和生鲜超市。即使流动人口原先的生活方式与本地居民存在不同,也能得以一定程度的解决。不少访谈对象是举家迁移到角木蛟社区的,一定程度上反映了流动人口的生活融合度较高。

5. 心理融合

大多流动人口表示与居委会接触少、不参加社区活动,认为"我们不归居委会管"。这些话语中透露出他们内心中的漂泊感,认为自己与社区是疏离的,对社区没有任何归属感。虽然访谈对象中的本地居民表示对流动人口并没有歧视或排挤,认为他们还是比较好相处的,而流动人口虽未提及曾受过本地居民的歧视,但也抱怨过居委会和政策的区别对待,希望居民能够平等接纳自己。

(二)问题的规模、分布状况和程度

1. 社会居民的融合问题,尤为显著地体现在两大群体之中:外来流动务工人员以及那些为了与子女团聚而迁居到本社区的老年人群体。

一方面,对于外来流动务工人口而言,跨地域的迁徙让他们难以真正建立起与当地居民之间的深厚联系和信任。这种隔阂不仅影响了他们的生活质量,也可能对城市的整体和谐与稳定造成不利影响。另一方面,跟随子女迁居到本市的老年人群体,同样离开了熟悉的生活环境,来到一个全新的地方开始生活。尽管有子女的陪伴,但面对陌生的社区、不同的文化氛围以及可能存在的代际沟通障碍,他们往往会感到孤独和无助。这种心理上的不适应,加上对新环境的不熟悉,使得他们在社区中的参与度较低,难以形成强烈的社区归属感。

2. 谈及这一问题的规模,可以说是相当庞大的。随着经济的快速发展和城市化进程的加速,越来越多的外来流动人口涌入 JH 市,寻找生活与工作的机会。这一趋势几乎涵盖了各个年龄段、职业背景和社会阶层的人群,因此,关于外来流动人口如何更好地融入当地社会、建立归属感的问题,也显得尤为突出和普遍。无论是初来乍到的年轻创业者,还是为了家庭团聚而来的中老年群体,都或多或少地面临着融入新环境的挑战。

3. 至于问题的严重性,则体现在外来流动人口及迁居老人在社区参与和身份认同方面的低认同感上。许多外来人口由于语言障碍、文化差异、工作繁忙等原因,往往选择保持相对封闭的生活状态,不主动与当地居民建立联系,也缺乏深入了解社区文化的意愿。同样,部分迁居老人可能因年龄、身体条件或心理调适等因素,难以迅速融入新的社区环境,对社区活动的参与度不高,对社区文化的兴趣也有限。这种缺乏互动与了解的状态,进一步加剧了他们在社区中的边缘化感,降低了他们的社区归属感和身份认同感,长此以往,可能会影响到整个社区的和谐与稳定。因此,如何促进外来流动人口及迁居老人的社会融入,成为了一个亟待解决的重要课题。

(三)经历者特质

1. 大多来自外省,部分来自 ZJ 省内其他市;

2. 一些人是为了做生意来到 JH,有些是独自来,也有举家来的,部分老人主要是为了帮子女带孩子;

3. 跟当地社区的居民接触不多,相互之间往往是经济交往;从不参加社区组织的活动,不主动与本地居民和居委会交流;

4. 大多经过熟人介绍来到 JH 工作,绝大部分与熟人保持联络,但因工作较为忙碌平时往往难以见面;

5. 基本上不太了解社区是否存在相关就业扶助和优惠政策,跟居委会接触较少,只有在办理营业执照和居住证明才与居委会进行短暂接触;

6. 无论是打工者或是个体经营者,物质经济的满足基本都是被放在首位,而对于文化娱乐和社会交往方面的需求较为缺乏。

（四）问题的原因

1. 时间资源匮乏：由于许多居民，尤其是外来流动人口，常常面临全年无休的工作状态，导致他们缺乏足够的时间和精力去参与社区活动，与当地居民互动，以及享受文化娱乐活动，从而阻碍了相互间的了解与融合。

2. 缺乏了解与交往平台：对当地居民的不熟悉以及缺乏有效的交流渠道和平台，使得外来人口及新迁居老人难以找到合适的方式与当地人建立联系，进一步加剧了彼此间的隔阂。

3. 社会交往的被动性：现代社会中，人情味的淡化以及人际交往的主动性缺失，使得个体更趋向于保持独立与封闭，减少了相互接触和了解的机会，不利于社区的融合进程。

4. 经济压力沉重：高昂的房租与生活成本，对外来流动人口构成了巨大的经济负担，迫使他们将更多精力投入于生计，无暇顾及社交与社区参与，从而限制了他们的社会融入能力。

5. 政策支持的不足：政府在为外来流动人口提供扶持政策和社会保障方面的不足，未能有效减轻其生活压力，影响了他们融入社区的积极性与可能性。

6. 社区管理的边缘化：社区居委会在管理和服务中，有时未能将外来流动人口视为社区不可或缺的一部分，导致他们在社区中的身份认同感缺失，居民之间也难以感受到彼此能够真正融合的可能性。

7. 文化与地域差异：地区方言、文化观念、生活方式等方面的差异，是阻碍社区融合的另一重要因素。这些差异不仅体现在日常交流中，更深刻影响着居民间的相互理解和接纳。

二、居民"社区融合"的需求

流动人口进入一个完全陌生的社区，他们需要相当长一段时间才能真正做到与社区融合。角木蛟社区是一个商业化比较明显的社区,大部分流动人口来到社区是出于经济方面的原因,也可以说流动人口的流入在很大程度上为角木蛟社区带来了发展的更多可能。在商业化气息中如何使流动人口与社区有更好的融合,需要从多方面着手推进,其中,流动人口的心理融合是最不可忽视的一部分。就业、居住、生活、制度的融合能够促进流动人口更好的心理融合,反过来亦是如此,流动人口对角木蛟社区有了归属感,有了更好的心理融合,那么也必然能够推动就业、居住、生活、制度的融合。

角木蛟有很多外来的个体经营者,经营一些餐馆、水果店、饮品店等。当下角木蛟社区流动人口社区融合问题解决的重中之重是解决角木蛟社区流动人口的心理融合问题,为流动人口创造与社区居民的交流契机、鼓励流动人口主动进行社区参与,借此增强流动人口的社区归属感、幸福感,推动角木蛟社区的持续发展。

社会工作团队了解了角木蛟居民的需求后,运用专业优势,设计一些专业的活动,让大家在丰富业余生活的同时,也能让更多的居民相互接触、交流与增进感情,更好地生活与发展。更重要的是,这些活动有助于满足角木蛟居民的"社区融合"需求,改变困境。

第十五章　妇女服务项目

第一节　乘风破浪的姐姐

根据前期对明堂社区的调研,再加上对进城女工的社区融入问题进行的分析,团队充分结合社区资源与自身能力范畴,为明堂社区的女性设计了"乘风破浪的姐姐"这一项目。

一、项目简介

妇女是物质文明和精神文明的创造者,是国家的重要建设者,更是推动社会发展和进步的重要力量。自党的十八大召开以来,党和国家尤为重视我国妇女事业的发展,倡导新时代中国特色社会主义妇女发展思想,重视妇女群体的地位,不断推动妇女群体在社会中发挥其独特优势促进社会发展与进步。"乘风破浪的姐姐"这一活动运用专业知识、专业价值、专业伦理和专业技能联合浙江师范大学社会工作专业的硕士研究生、该校的志愿者在专业老师的指导下,通过对三江街道明堂社区妇女的需求调查与评估后所开展的专题活动,以期助推明堂妇女提升自我效能感。

二、活动主题

"乘风破浪的姐姐——助力明堂妇女提升自我效能感!"

三、活动时间

2021 年 10 月—2022 年 1 月。

四、活动地点

三江街道明堂社区。

五、活动对象

本项目活动的直接受益人群为三江街道明堂社区内 35—60 岁的妇女群体。其特征为：业余生活单调无趣、现实生活压力较大，精神生活缺乏、社区参与能力不高，社会融入能力弱、自我效能感缺失，生活幸福感减弱等。

本项目间接受益人群为：三江街道明堂社区内 35—60 岁的妇女群体的家庭成员。

六、活动目标

（一）总体目标

提升明堂社区妇女群体的整体凝聚力和自我效能感，提高其物质及精神生活质量以及体现自我价值。

（二）具体目标

1. 营造社区舒适友好的活动环境；

2. 引导社区妇女群体之间建立朋辈支持；

3. 提供对社区妇女精神生活的支持；

4. 编写明堂社区妇女融入模式调研报告。

七、活动策略

1. 线上建立微信群——"明堂社区乘风破浪的姐姐"，在制作好活动名单以及拟好活动通知后，考虑到居民可能会有排外性，将链接和活动通知发给居委会的社区工作者，请她们将通知发到社区的居民群里邀请居民参与活动。

2. 制作活动的宣传单页，并将群二维码印了上去。在线下向居民宣传活动，吸引群众参与的同时也吸引活动的赞助者。

八、活动概况

第一次活动：绘生命之彩——手工DIY

1. 活动简介

第一次的活动内容是继破冰暖场小游戏"解开千千结"升温活动

场地氛围后,工作人员又组织了"扎染方巾"和集体成员"画布作画"活动。这些活动迅速吸引女性居民兴趣的同时,也在很好的拉近大家的距离。

2.活动内容

(1)活动项目

时间	目　的	内　　容	所需物资
5分钟	介绍小组活动的时间、注意事项	1.主领及协领工作人员自我介绍。 2.主领介绍小组活动的安排以及小组活动过程中的注意事项。	
10分钟	组员间相互熟悉,活跃气氛	【解开千千结】 1.站大圈(7—9人为一组)你的右手拉右边朋友的左手,你的左手拉左边朋友的右手。(记住左右的朋友) 2.松开手,在圈内自由走动,指导者叫停,成员定格,位置不动,伸手牵自己先前拉的"左手"和"右手",从而形成许多结,见到对面的朋友微笑点头。	口令
25分钟	扎染	分两个小组(7—9人为一组),分别根据教程完成扎染巾的制作。由分带领进组交流。活动过程中可以促进组员间沟通、互助。并与组员约定,扎染巾会以礼品形式送出。	教程、购置物资、场地、预算
25分钟	画布作画	美院同学提前在白色画布上设计画作雏形,之后交由小组成员进行补充、填色等工作。画作用于留念,也是建立小组契约的一种形式。	志愿者招募、油画材料、购置画布

(2)活动分工及日程表

主要任务	内容及人员分工	截止时间	具体负责人	备　注
文案撰写	1.方案书	11.17	缑同学	缑同学
	2.前期分工表	11.17		缑同学
	3.活动通知	11.18		尹同学(发送给社区工作者)联系场地、找到目标人群

（续表）

主要任务	内容及人员分工	截止时间	具体负责人	备　注
志愿者管理	1. 制作中期分工表 2. 招募 2 名学生志愿者 3. 志愿者线上培训	1—11.17 2—11.19 3—11.19	猴同学、尹同学	中期分工：现场各个环节安排
小组成员招募	招募 12—15 名小组成员	11.19	王同学	
活动表格、清单	工作人员签到表 志愿者补贴签收表 服务对象签到表 活动意见反馈表	11.19	尹同学	
物资采购与管理	罗列采购清单	11.19	猴同学 王同学	（颜料联系人猴同学）
	物资预算	11.18		刘同学负责
	清点物资	11.19		
	画布作画最终效果图	11.19		
资源链接	1. 提前链接家政资源 2. 链接美院志愿者资源	11.19	1. 王同学、尹同学 2. 吴同学、猴同学	
场地安排	合适的区域布置	11.20	全体	全体

（3）预计困难及解决方案

① 招募成员不足。提前进行线上宣传，若线上招募人数不足，尽早进入社区进行宣传，邀请社区中的妇女参加活动。

② 现场秩序混乱。招募志愿者维持现场秩序，做好分工表，安排好各自的任务，同时安排机动人员，全场调动配合工作。

③ 活动中污损场地。提前准备好桌布、手套等护具，活动时提醒成员注意保持场地整洁和自身衣物干净。

（4）物资预算

物　资	数　量	价格（元）
桌布	1 袋	8

物　　资	数　　量	价格(元)
画布	1 张	15
扎染工具包	2 套	15
扎染颜料	1 套	16
扎染手帕	20 张	20
奖品	待定	
总　　计		74

3. 活动成果展示（囿于篇幅原因，这里不作过度展示）

第二次活动：舞靓丽之姿——广场舞 pk

组织者通过精心挑选曲目，选择简单可记忆的动作，播放视频和邀请领舞者示范。活动参与者由刚开始的拘谨到逐渐的尝试再到积极的投入，很多人慢慢的喜欢上了广场舞，觉得自己平时也可以去跟着跳了，让成员们发现自己更多的可能性。

第三次活动：展女性之美——拍摄艺术照

这次活动首先邀请了参与者对自己过往照片背后的意义进行分享，同时还邀请了一些专业的化妆师向大家分享化妆技巧，共同完成成员的妆容，最后选择不同的场地进行拍摄。活动期间大家都表现得非常积极与活跃，组织者通过不断的肯定与引导让成员们发现着自己美，愉悦着身心的同时，也增强了大家的信心。

第四次活动：扬自信之帆——趣味运动会

趣味运动会是以团体的形式分组接力进行，大家都特别投入，增强活动感的同时，也在增强着成员们之间的凝聚力。这次活动旨在呼吁大家发现集体的力量，在生活陷入困境时，彼此能够守望相助。

【备注】因其余几次的活动有异曲同工之处，因此以上进行简单介绍，不再赘述全部内容。

第二节 "相遇相识、共建睦邻社区"

一、项目简介

随着国家的进步,社会的发展,"共建共治共享"是社区治理的基本原则,同时也在推动社区治理理念和社区治理机制的创新,因此,深刻认识社区治理深度融合的重要意义已刻不容缓。自疫情发生以来,人民的生命安全和经济发展都受到了威胁,为了打赢这场攻坚战,就需要基层中更多的群众参与进来,共同面对困难、解决问题。该项目由浙江师范大学法政学院社会工作专业团队的老师及同学开展,在经过对该社区一个多月的走访调查与问题评估后,最终聚焦于该社区的女性群体,期待通过女性视角达到角木蛟社区的居民融合目标。

二、活动主题

"相遇相识、共建睦邻社区——着力促进角木蛟社区居民融合"

三、活动时间

2020 年 10 月—2021 年 1 月。

四、活动地点

新狮街道角木蛟社老年活动中心。

五、活动对象

新狮街道角木蛟社区 30—50 周岁之间的女性群体,且固定生活在角木蛟社区。

六、活动目标

(一) 搭建外来流动人口和本地居民交流互动的平台;

(二) 帮助外来流动人口与本地居民在合作交流过程中建立联系、增加了解;

(三) 帮助本地居民和外来流动人口居民建立良好互助的支持关系,推进外来流动人口社区融合的进程。

七、活动策略

社区内人口流动量大的区域作为招募站点,如福泰隆超市门口。

八、活动概况

（一）活动基本信息

活动名称	相遇相识　共建睦邻社区	日期/时间	2020.12.20 14:00—15:30
服务对象	角木蛟社区流动人口及本地居民	服务人数	12—15 人
地点	角木蛟社区老年活动中心	单元(节)数	共 1 单元(节)
人员安排	主持——冯同学;观察记录——应同学摄影——赵同学;准备物资、机动——胡同学		

（二）活动时间规划和分工

囿于篇幅原因,在此不作赘述。

（三）活动内容

1. 开展自我介绍——抢数字

这个活动是从 1 到 15 开始报数,报数时需站起来,喊到相同数字或最后喊到 15 的人介绍自己的姓名、家乡、喜好、工作、年龄等。组织者尽可能的让每个人有机会介绍自己,遇到重复的,允许该成员邀请还未介绍的成员介绍自己。这个游戏通过轻松愉悦的方式让大家相互熟悉,增加彼此的亲切感与熟悉感。

2. 培养小组成员默契——你说我猜

这个活动通过戴着播放音乐的耳机分组传递歌词、诗句、谚语、日常用语等让大家学习了沟通技巧、加强了组员相互间的沟通,培养了小组默契。

3. 增强团队成员凝聚力——无敌风火轮

首先活动分为了三个小组,每个小组自行用报纸裁剪拼接成一个能容下所有小组成员的大环——风火轮。三个小组同时从起点出发,前进过程中报纸不能断开,若报纸断开,则回到起点重新制作风火轮,重新出发。最快到达终点的组获胜。其次邀请小组成员分享感受。最后主持人进行小结;并为获胜的小组颁发小礼品。这个活动不仅促进了团队合作能力、增加了小组凝聚力,而且也为组员培养了较为深厚的友谊。

4.巩固成果——我们都要说

组织者和成员们不仅分享了参与活动的感受与收获,也表达了自己更深层次的情感,成员们彼此之间相互理解、相互支持,并且乐于将这份情感用于以后的生活中,有助于成员之间守望相助。

(四)预计困难与解决办法

1.招募人数不足——多宣传、继续招募、及时调整分组情况。

2.迟到、不出席现象——打电话了解具体情况。

3.小组内冷场——社工及时介入、引导大家积极发言。

十、活动成果展示

图 15-1　活动宣传

图 15-2　活动讲解

图 15-3　活动过程图集

图 15-4　合影留念《不一样的"全家福"》

第十六章 反　　思

第一节　探索进城女工在社区
提升自我效能的路径

妇女能顶半边天——JH 市"乘风破浪的姐姐"项目经验

早在 1990 年任宁德地委书记时,习近平就对妇女在社会主义革命与建设中的重要作用给予了高度评价,充分肯定一些杰出女性为推动社会进步做出的努力和贡献。21 世纪初在浙江工作期间,他充分肯定和高度评价广大妇女在改革和建设中的"半边天"作用,认为她们与男子一样,同是社会物质财富、精神财富的创造者,同是人类历史前进的推动者。自党的十八大以来,以习近平同志为核心的党中央高瞻远瞩推进妇女事业,促进男女平等和妇女全面发展的政治主张不断变成具体的政策举措,妇女发展纲要有力实施,妇女发展环境极大改善,妇女权益得到切实维护,妇女作用得到充分发挥。现今是中国共产党成立 100 周年,也是全面建设社会主义现代化国家进程中特殊且重要的一年。为了更好的实现"十四五"规划和 2035 年远景目标,就需要包括妇女在内的全体中华儿女共同奋斗,充分发挥和利用妇女力量,致力于妇女自我效能的提升,竭力推动女性群体的发展。

然而现实中:一部分女性一面要忙碌工作,另一面还要照顾自己的家庭;另一部分女性将自己的全部重心放在了家庭上,她们为此放弃了工作和其他需求;即使还有一小部分女性选择了自由,可是在强大的社会舆论面前,她们的人生并不能实现真正的自由。伴随着工作和生活的双重磨砺,很多女性逐渐的失去了自我。有人为了吃穿跋涉,有人过着无趣生活,有人觉得精神乏味,也有人觉得自己一无所有。所以,要真正做到改变女性现状,维护女性利益、提升女性的幸福感和增强女性自我效能是很大的挑战。

作为社会工作者,运用专业知识与技能,在专业价值和伦理的要求下,为不同群体链接资源,解决问题,改变困境义不容辞。对于女性所面临的问题,社会工作者必须找准落脚点,紧跟党和国家倡导的新时代中国特色社会主义妇女发展思想,依靠妇女力量,不断挖掘与发展妇女群体在社区与社会中的独特优势。在探索妇女在社区提升自我效能的路径中,2021 年 10 月—2022 年 1 月 JH 市明堂社区成功实施的"乘风破浪的姐姐——助力明堂妇女提升自我效能感"项目提供了丰富经验。在这个项目中,该社区妇女的娱乐形式十分单一,她们基本上没有什么娱乐方式,带孩子、做家务就是她们首要的任务,唯一的娱乐方式可能就是和同样在家带孩子的母亲聊聊天、说说话,有时候吃完晚饭带着娃去社区周边的公园里简单的散散步。长期重复着同样而又繁重的家务与照料工作,她们难免会感到疲惫,甚至产生一系列的厌倦、自我怀疑的情绪。因此该项目聚焦于三江街道明堂社区的女性,以她们为主体,充分发挥她们的力量,由专业社会工作者联合社区工作者、志愿者、督导、老师共同为其提供服务,提高妇女的自我效能。

虽然该项目中女性的困境在社会中具有普遍性特征,但是具体的社会背景与环境难免出现不同。因此,这个模式在运用过程中,必须做到与时俱进,具体问题具体分析。在该项目中,社会工作专业团队首先就探寻了该社区的实际问题与需求:

一、为什么要做"乘风破浪的姐姐"

(一)时势造"姐姐"

近年来,国家和普通民众都普遍重视女性的需求与发展,不仅在不断地完善妇女保护的相关法律法规，同时也在关注与满足女性的各种物质与生理需求。而且在精神文化生活方面出现了许多喜闻乐见的文化作品，类似于《女儿们的恋爱》《乘风破浪的姐姐》《妈妈是超人》等女性相关作品不断增加。在此浪潮下，女性的角色与地位在不断地凸显，有越来越多的女性走出困境，发现了自己的价值。同时与女性相关的服务与项目也在不断地探索中走向成熟。因此，在明堂社区开展"乘风破浪的姐姐"是对政策与潮流的双重响应。

（二）立足于现实需求

"乘风破浪的姐姐——助力明堂妇女提升自我效能感"项目所在的明堂社区具备地理位置优越、交通便利、组织结构完整、基础服务齐全等优势。项目成员通过两个月左右的调查走访，立足明堂社区的实际情况，在对多个问题与需求进行评估之后，团队发现明堂社区内存在大量的外来务工人员，其中"进城女工"作为一个不可小觑的群体。这群"进城女工"面临着一个巨大问题：为了生计，许多女性家属跟随丈夫在外工作和生活。当有了小孩之后，她们的重心落在了操持家庭上，可是她们仍然有很多困难之处，收入低、住房开销大、享受的社会保障少、政治参与能力不高、社会关系融入困难等。这些问题都不利于女性的自身成长与发展，她们往往会感到生活无趣、意志消沉，不利于她们自身效能的提升，不利于社会推动女性的发展。

因此，在立足明堂社区基本情况的基础上，鉴于项目实施的可操作性，社会工作者团队将焦点聚焦于最响应政策、最迫切需要获得解决的妇女困境上，更深层次、全方位地确定女性问题，探索和分析出具体的需求，为下一步制定方案奠定基础。

综上所述，在明堂社区开展"乘风破浪的姐姐"项目是必然的，既符合时代的潮流，又符合社区的需求，这就有利于社会工作者团队更好的为"姐姐"们解决困境，让她们真正的"乘风破浪"。

二、为"姐姐乘风破浪"保驾护航

计划是对行动的先导,行动是对计划的执行,科学的计划能够更好的为"姐姐乘风破浪"保驾护航。

为了使服务项目取得更大的成功和更高的效率,该项目在明确了问题和需求后,精心制定了科学的服务计划。在行动环节的各个阶段,各项任务均实现了完美的契合。项目团队在深入调查并全面分析需求的基础上,于准备阶段就精心策划了详细的服务方案和计划。这些计划涵盖了小组成员的明确角色与分工,具体到每一次活动的各个环节;活动的宣传与赞助策略、方式和方法;与社区的对接以确保工作场地的顺利使用;以及活动预算等每一个细节。尤为值得一提的是,项目成员在活动开展之前,对所有涉及的活动都进行了预演,这种严谨的态度和专业的操作手段无疑为活动的顺利和有效进行提供了坚实的保障。

有了科学的计划,小组成员当天提前来到明堂社区布置现场,按照计划中的流程有序的开展了四次活动,分别是:绘生命之彩——手工 DIY、舞靓丽之姿——广场舞 PK、展女性之美——拍摄艺术照和扬自信之帆——趣味运动会。四次活动有序开展,每一次活动都是对上一次活动主题的升华。做手工是很多女性朋友的优势,以此开场,对的上"胃口";跳广场舞是趁热打铁,让刚刚形成的友谊迅速升温;化妆、拍艺术照是让参与活动的女性进一步的认识自我,发现自己的美,从而获得自信心;趣味运动会又是团体成员情感的凝结与升温,最后一次活动不用悲伤结尾,用汗水和热情以示轰轰烈烈,用来凸显女性的力量,从而让妇女们发现自身更多的可能性,并且将这种感情和力量传递与延续下去,从而不断地增强自我效能。

三、"新"风作浪——在社区提升自我效能的路径总结

本次"乘风破浪的姐姐"项目成功的经验,可以归纳成四个创新

点：新宣传、新活动、新领袖的培育和新的服务团队。这些创新点最终刮起大风，令明堂的妇女能够乘风破浪，这四个"新"也是以后其他社区在提升女性自我效能项目时的宝贵经验。

（一）新颖的宣传——充分利用社区资源

项目团队成员在活动的准备阶段制作了与"乘风破浪的姐姐"项目相关的宣传海报，以非常新颖的元素向大家介绍了主体、活动地址、活动次数等重要信息。团队成员作为"外来者"充分利用社区资源，借助了社区的工作人员作为"介质"帮助宣传活动，有效地增加了居民的可信度。

（二）创新的内容——拒绝单一和俗套的女性活动

项目成员在考虑了妇女受众群体的需求与可操作性后，结合并吸纳了过往单一与俗套的女性活动，力求设计出全新的社区女性自我效能提升活动。根据前文提及的四次活动能够发现此项目的确实现了很大程度的内容创新。与此同时，项目成员们还兼顾了妇女们的实际情况，除了游戏内容设计新颖这个要素之外，也考虑到了其年龄、兴趣和可接受的程度。例如"扎染方巾"活动中，方巾是大多数妇女喜欢的物品，可以当手帕使用，也可以当修饰品，还可以给小孩子用。同时扎染的过程简单可操作，使其适当的沉浸于游戏当中，获得成就感，从而增加自我效能。

（三）新的女性领袖——发扬妇女能顶半边天精神

在项目的招募、实施过程中，笔者及时发现妇女领袖者的存在。通过观察活动成员性格、活动参与力和领导能力，在活动的过程中注重对其的培养，例如请她帮助自己协助管理、维护秩序、摆放物资等小事。及时给予她们肯定，并且在人群中赞扬她们，最后可以让她帮忙带动周围群众的参与和互动，从而达到的目标。该项目活动招募时，巧妙地利用社区工作人员这些熟悉的面孔招募到了很多受众群体。

（四）新的志愿服务团队——提升助人者专业性

专业的活动需要专业人士，在活动项目的始终，贯彻着社会工作专业的价值与伦理。一场活动下来，不仅仅要让群众感受到娱乐性和受惠性，更重要的是要让群众发掘自身的潜力，积极的面对自己，实现真正的增权赋能。该项目是由社会工作专业的本科生为主要调研者与策划者，在专业老师的指导下，以及硕士研究生和学校的志愿者共同参与下开展，很大程度上运用到了专业的知识与技能，同时也受到了专业价值与伦理的指导，并且运用了社会融合模型、个体化理论、优势视角理论等理论基础，一定程度上将理论与实践相结合了起来，因此一定程度上也体现了专业性，这与其他专业所举办的活动是有所不同的。

总之，在社区中为女性真正的赋权增能，并且长期保持成果，是充满挑战的。就需要大量的人力、物力、资力，需要专业的团队和科学的手段，更需要全民的参与推动。

第二节　探索疫情形势下女性——
社区睦邻的有效途径

JH 市角木蛟社区"相遇相识、共建睦邻社区"项目经验

改革开放后，为了寻求更优质的生活环境和更广阔的生活机会，中国农村人口大规模地涌入城市，内陆人口纷纷迁往沿海繁荣城市，中西部地区的居民也积极向东部经济发达地区聚集。这一人口迁移趋势显著加速了城镇化的进程，为国家的经济发展注入了新的活力，并对全面建设小康社会产生了积极影响。

然而，由于政策导向和户籍制度的限制，许多外来务工人员并未能享受到与当地居民同等的社会福利和待遇。这种差异导致了半城镇化现象的出现，即人们在城市工作和生活，但并未完全融入城市社

会。这一现象不仅阻碍了个人的全面发展，也对我国经济与社会的可持续健康发展构成了挑战。

从微观层面看，半城镇化现象源于个体对经济和生活品质的不懈追求；而从宏观层面分析，它则反映了城乡与区域经济发展结构的不平衡。不论原因何在，其结果是许多群众成为这一现象的"受害者"。他们长期在外，家庭与工作地相脱节，看似拥有了两地的资源，但由于政策限制或信息不畅，最终往往处于城市的边缘，难以真正融入其中。

促进外来务工人员与本地居民的融合可以说是每一个社会工作者的使命与担当。但是如何利用现有的资源与力量，通过专业手段与方法为这些群体争取利益，是非常值得深思的。要想彻底的改变这一局面，不仅需要中央和地方政府的共同统筹规划，也需要社会工作者凭借自己的力量做出一些举措，用以促进居民融合。

围绕睦邻友好社区建设这一核心，在 2020 年 10 月—2021 年 1 月的 JH 市新狮街道角木蛟社区就开展过这一类型相关的活动："相遇相识、共建睦邻社区——着力促进角木蛟社区居民融合"。在这个社区中，有大量的外来人口为了生计与财富在高校附近经营着各种餐馆、超市、饮品店等。他们虽然有过困惑与矛盾，但是因为周围的学生基数大，消费人群庞大，所以大家都在忙于生活，也无暇顾及睦邻友好方面的需求。但是近几年随着疫情的突然冲击，之前的优势已经不再，随着疫情不间断与不确定性的来袭，很多商铺与个人的生活与生产受到了威胁。因此，浙师大法政学院社会工作专业的团队对角木蛟社区展开了详细的走访，并且进行了问题评估与需求调查之后，设计了相关的服务方案，对相关人群开展了活动。

但是值得注意的是，虽然后疫情时代，有很多地区或者很多群体有这样的遭遇，但是因为所处地区的政策要求、经济发展水平等因素具有差异性，因此不能将此模式全盘吸收，要根据实际情况而定。值得肯定的是,该项目在共建睦邻社区、促进社区融合方面还有很多经验值得参考的。

一、群众有需求,社工有回应

"相遇相识、共建睦邻社区——着力促进角木蛟社区居民融合"项目所服务的角木蛟社区位于 JH 市区城北,与国家级风景名胜双龙洞相毗邻,距离市中心 4 公里,东临浙师大附中 JH 二中,南接市区江北,西临驻 J 某部队,北靠浙江师范大学。角木蛟社区是人流集中、配套设施齐全的繁华商业区。该社区中有常住人口 10 000 多人,其中外来人口 9 000 多人,当地人口 1 000 多人,这些居民的主要职业是个体户与务工。社区内还有众多的商铺、超市、各种类型的餐饮店、水果店、菜市场、银行、物流快递点、学校和老年文化活动中心等。

虽然这个社区地理位置优越,拥有着丰富的社区资源。但是不难发现该社区中的本地人口与外来人口的比例严重失调。可以想象到当突发事件来临时,当"封控管理"作为主要手段的时候,这些依靠人流量生存的人会有多无助。

所以基于此,浙江师范大学法政学院社会工作专业团队在进行了详细的调查之后,充分地分析了他们的问题与需求。团队成员在调研中发现外来人员和本地居民之间,交流和接触都比较少。一方面是因为自身的参与性不高,不够积极,另一方面是觉得自己不是本地人,不知道怎么融入。同时在严峻的疫情形势下,很多商户受到了影响,因此需要有人为他们链接一些活动资源,让大家的业余生活更加丰富的同时,也可以让更多的人能够相互接触、交流与增进感情,更重要的是促进外地居民更好地融入角木蛟社区,更好地生活与发展。

最终项目团队选择从流动人口与本地人口的融合方面入手,帮助搭建外来流动人口与本地居民交流沟通的渠道,为其构建合作联系平台,进而引导外来流动人口在合作交流中增强自尊自信,提升社区认同和归属感,从而逐步改变外来流动人口"游离"于社区之外的现状。

二、方案应人而"计",活动以"心"促融

该项目的方案设计之初,项目成员访谈了多位社区居民,包括老年活动中心的长者们与多位店铺的经营者,正是在丰富调研的基础上,才有了紧密环绕服务对象与所处的社区展开设计的定制版服务。

(一)方案设计紧密环绕服务对象

该项目完全聚焦于社区群众,从与服务对象共同探寻角木蛟社区群众的问题开始,再到摸索该群体的需求,项目团队始终坚持以人为本的理念,把受众群体聚集起来,始终以他们的利益与合法诉求为先,充分发挥服务对象的主体作用。在服务方案的设计过程中,团队真正围绕服务对象,将服务方案与需求做到了真正的融合。

(二)方案设计紧密环绕社区

该社区进行方案设计之前,小组成员对社区的地理位置、社区的发展历史、社区居民、社区组织、社区资源、社区问题和社区群众的需求等方面进行了多次的实地考察,在全方位、深层次的了解情况的基础上制定了方案。

(三)方案设计紧密环绕专业主旨

该项目成员在社会认同理论、马斯洛需求层次理论和社会支持理论的指导下,进行了服务项目的方案的步骤、内容等的设计,这些设计均符合专业知识、专业技能、专业价值和专业伦理的要求。例如游戏环节以"开展自我介绍——抢数字"作为开场,不仅达到活跃气氛、破冰暖场效果,而且能让参与者积极主动地向大家进行自我介绍,让大家彼此相互认识,为接下来的活动奠定基础;同时,还能够通过大家彼此之间的互动,体现该项目活动"相遇相识,社区居民融合"的主旨。

（四）活动以心融心，拉近距离

该项目活动无论是在设计还是在具体的实施环节，团队成员在了解了居民的需求之后，都试图聚焦于心理，以流动居民的心理为突破口。通过开展活动，使得流动人口对角木蛟社区有归属感，有了更好的心理融合，从而推动她们在就业、居住、生活、制度等方面的融合。社会工作团队成员以饱满的精神状态去组织开展活动，营造良好的氛围，引导来访的人员积极参与，并且促进组员之间相互认识。通过沟通与交流，建立了良好的关系，拉近了距离，培养了信任感，从而促进了外来人口的社区融合。

三、探索疫情形势下女性—社区睦邻的有效途径

灾难时常以出其不意的方式降临，尽管人类在浩渺宇宙中显得微不足道，但也拥有难以估量的创造力。因此，必须时刻保持警觉，准备应对未知的挑战。无论是出于对疫情这类突发事件的深刻借鉴与反思，还是对社区项目的审慎考量，都应积极探寻在紧急情况下促进社区邻里和睦、和谐共处的有效策略。同时，作为社区工作者更应坚定不移地推动社区融合的发展，让团结与互助成为抵御灾难的坚实力量。

（一）女性——建设睦邻社区的突破点

该项目团队成员切实了解服务对象在制度方面的困惑之后，便把社区融合作为主题。在此基础之上，团队成员发现无论是流动人口还是本地居民，女性群体并不像男性那样需要持续劳动，因此拥有更多的空闲时间，更适合作为项目的直接服务对象。除此之外，女性更擅长打开心扉与他人沟通，这不仅能够在服务时与她们交流内心所想，也可以使她们在服务结束后将收获带给家庭与邻居，持续稳定地促进本地居民与流动人口的沟通与交流。

（二）平台——促进持续的友好交流

新冠疫情后，无论是本地居民抑或是外来人口的消息都没有之前那么顺通,由于疫情防控的影响,平时的交流更是少之又少。于是,项目团队在充分调研的基础上,在服务的同时,组建老乡群、活动群,呼吁他们发挥各自特长,在遇到突发事件时守望相助。项目团队通过服务,给了参与活动的居民友好交流的示范。不仅如此,微信群的建立更是为后续的互动提供了一个便利的平台,它让居民们在项目团队离开之后,也可以自行组织交流,或唠唠家常,或分享一些就业消息。此类借用现代互联网信息技术搭建平台和招募人员的方式,对于任何社区探索睦邻建设都是一个不错的途径。

总之,角木蛟的社区融合是根据现实需求所开展的项目,从社区基本情况的探索,到需求的评估,以及方案的设计和活动的开展,该项目团队成员做了大量的准备,多次进入社区查看与走访,和本地居民、外来居民分别进行了访谈,从而做出了不小的成果。美中不足的是,活动的需求评估与报告撰写不太明确,因此很难确定与聚焦活动的服务对象是否全部为角木蛟的外来女性人口。然而,这也完全能够理解。在活动筹备与进行的阶段,国内疫情的波动性使得活动的规模与参与人数受到了必要的限制。尽管如此,此次活动依然努力在确保安全的前提下,为参与者带来有意义且难忘的体验。因此,此项目不仅对于促进女性在社区中的融合具有深远影响,同时也为外来人口在社区中的融合提供了宝贵的经验和启示。它不仅为其他类似活动提供了有力的借鉴,更激发了对于如何更有效地推动社区融合进行深入反思和探讨。

第五编

社区留学生服务

在我国坚定推进"一带一路"倡议与全球化浪潮不断涌动的背景下，越来越多的外国友人选择来到中国，他们在此接受教育、游览名胜、组建家庭、繁衍后代，他们的生活与中国紧密相连，逐渐适应并融入中国的文化、生活，学习中文。其中，留学生群体尤为显著，他们是中国向世界展示自身魅力的重要桥梁。留学生们将在华的经历与感受分享给亲朋好友，通过长时间的学习与生活，他们深入体验中国的校园文化，感受师生情谊与社区氛围，领略中国独特的魅力。而与其他外国游客不同，留学生必须在中国完成学业，这一特殊经历使他们与中国人民的纽带更加紧密，不少留学生因此爱上了这片美丽的土地，选择留下。

鉴于留学生群体的生活方式和观念差异，他们更倾向于在校外租赁房屋。然而，这一过程中，他们往往会面临诸多挑战，如居民担忧潜在问题而不敢出租、作息差异导致的噪音或卫生问题、语言障碍导致的沟通不畅等。因此，加强留学生与社区居民之间的交流、增强社区凝聚力、促进不同文化间的和谐交流，对于打造双赢的社区环境至关重要。

每一位中国居民都肩负着与"一带一路"沿线国家建立经济合作伙伴关系、共同构建政治互信、经济融合、文化包容的命运共同体、利益共同体和责任共同体的使命，需要大家携手努力，共创美好未来。

第十七章　初　始　社　区

第一节　氏　土　社　区

一、社区的历史和人口

JH 市的氏土社区,位于市区迎宾大道"杭金衢"高速市区出口,北靠 JH 名山—尖峰山,东邻 JH 市委党校、西连浙江师范大学,是 JH 城市的北大门,有"婺北第一门户"之称,总占地面积 12.5 公顷,地理位置十分突出。氏土社区以 1956 年组成氏土高级社而得名,于 2008 年由章宅、邵宅、倪家三个自然村落组合而成。大生产时期,由于当地民风淳朴、居民勤俭节约,于是组成的生产大队名称为氏土大队,而后进行村改,自此更名为氏土社区。社区现总人口数为 1 157 人,现有 417 户,占地面积约 10 万平方米,党员 39 人,外来流动人口 400 余人。社区主任下设妇女主任以分管妇女、计划生育事物,治安主任分管社区治安、党建。氏土社区主要由支委、村委、财务三部分组成,村委代表主要以提议为主选拔。

自 2013 年左右以来,氏土社区内便有很大一部分外国人入住,目前约有 160 多名外国人入住本社区。由于之前其他社区的反映,氏土社区对外国住户进行了整改、建议,夜晚扰民情况得到很大改善。目前对于入境留学生是采取六方管理的措施(即由政府、社区、浙师大、派出所、房东、留学生自己联合管理)。

二、社区的制度和结构

（一）管理制度

奖励制度:社区对于优秀学生会有奖励,比如对于考入 JH 本地

重点高中的学生,村集体会给予其 2 000 元的奖励,而考上优秀大学的学生会得到 4 000 元的奖励。

留学生管理制度:为了加强对留学生的管理,社区和有关各方建立了一个"六方管理机制",联合学校、社区、派出所、留学生、房东、街道六方主体共同参与,并在党群服务中心楼下设置境外人员服务中心,为在社区的境外人员解决问题,协调矛盾和纠纷。氏土社区最创新的地方是建设了六方协作机制。2018 年 3 月由六方协作成立的外籍人员管理氏土站正式投入使用,填补了社区对外籍人员管理的空白,同时也完善了对流动人口的管理。因为氏土社区距离浙师大比较近,许多留学生选择在该社区内租房居住,前期曾与当地居民产生矛盾。为了更好地进行留学生的管理,该社区将浙江师范大学、WC区公安分局、新狮街道、社区(村)居委会、出租房东以及境外志愿者六个职能部门联合在一起,每个部门都有其相应的职能。在工作中,六方协作机制也有实体化的运作平台,在这个平台实现信息传递、信息共享、召开季度情报会商、智能教育培训等功能。教育培训不仅可以向留学生普及一些法律法规和风俗习惯,还可以提升基层工作人

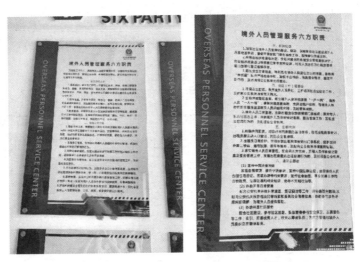

图 17-1　氏土社区境外管理服务六方职责

图 17-2　氐土社区境外管理服务六方职责英文版

员的英语水平。该社区还特别为留学生办理业务设立了一个工作台,有留学生志愿者和相关工作人员为境外学生服务。如果留学生遇到租房问题、经济问题、签证问题或是和居民产生矛盾等都可以在此求助。此外,社区还为留学生租房拍摄了相关的视频资料。(囿于篇幅,在此不作赘述。)

(二)社区的重要组织

1.社区的重要组织

氐土社区支部委员会、居民会员会、居务监督委员会、治安监控室、微型消防站、区域共建委员会、境外人员服务中心、社区就业服务站。

2.志愿者协会

茶花姐妹(妇联)、团员志愿队等志愿者联盟单位。

3.民办社会工作服务机构

老年活动中心、居家养老服务照料中心和悦欣社工机构。

(三)社区居民和阶层结构

居民大多数居住在自己建造的房子内,有一部分将房屋出租给外

来人员（外来务工人员、外籍人员、浙师大学生等），所以有一部分人以租赁的方式住房。青壮年以进城务工人员为主，社区内还有一些个体户以及出租房屋的房东，这些群体占比较高，部分村民属于农民身份。

社区集体经济主要来源靠出租社区尚存的零星土地，但社区集体经济收入现还较薄弱。

三、社区的基础设施

1. 教育设施

周围配备氏土育儿幼儿园、环城二小等学校。

2. 文化体育设施

老年活动中心、氏土公园、健身器材（有三处）等。

3. 商业服务设施

倪家饭店、倪家烟酒、水果店、蔬菜摊以及超市等。

4. 社区服务设施

社区综合服务中心、境外人员服务中心、居家养老服务照料中心等。

图 17-3　老年活动中心

5. 金融邮电设施

邮局(老旧)。

6. 行政管理设施

氐土社区支部委员会、居民委员会、居务监督委员会、治安监控室、微型消防站。

图17-4 居家养老服务照料中心

7. 市政公用

公共停车场。

8. 医疗设施

社区配备有广福医院。

四、社区精神资源

传统节日时,社区会举办活动,如:端午节包粽子、中秋节做月饼(会邀请外籍人员一起)。在重阳节和过年时,社区会给老年人发红包。平时,社区还会在操场放电影,组织居民观看。氐土社区并无固

图 17-5　广福医院

定的集体文化活动,多是由村民自身牵头,不定期组建临时唱戏队
伍,在社区内进行活动或表演。

五、环境设计与土地使用

"以人为本"是氏土社区的环境设计理念,力求居民住得舒适自
在。而为了响应 ZJ 省美丽乡村建设、美丽庭院建设等号召,几乎每
家每户的门前或者庭院中都会栽种各种类型的花草树木,观赏性极
强,同时也能够打造一种舒适的居住氛围。

但总的来看,社区内的环境一般。原因在于河流只有一条,且处
在社区的最东边;湖泊有两个,但大多居民用来洗菜洗衣服,这使得
湖泊很难发挥本身涵养水源的作用。最重要的是,社区内的绿化较
少,缺少灌木以及高大的树木等等。社区在土地使用方面主要将土
地划分为耕地和建设用地。耕地用来种植蔬菜瓜果,但占总体土
地的比重较小。主要是建设用地的比重较高,人们会在上面造起

自建房,最终使房屋布局大致呈正方形,两两之间间隙较小,整体而言比较密集。

图 17-6　氏土社区航拍图

六、商业服务和经济

(一)商业服务

商业服务以个人消费的服务为主,社区入口处商店聚集,例如倪家饭店、倪家烟酒、水果店、蔬菜摊以及超市等。但是商店的数量较少,规模也小,种类单一,中高端的商店几乎没有。比如入口处的蔬菜摊是氏土社区唯一一个能买到蔬菜的地方,但实在不能满足许多人的需求。于是居民选择到客运东站、昂星社区去买蔬菜,据调查,这对外国居民来说比较麻烦,对本地居民的影响较小。

(二)经济

社区内大量青壮年劳动力流失,社区集体经济收入现比较薄弱。

1. 收入来源：社区大部分劳动力进城做劳务或在社区内做点小生意，邵宅自然村的村民以种蔬菜为生。社区集体经济主要来源于出租社区尚存的零星土地，目前年收入 30 余万元。

2. 租房价格：在社区中有许多租房，单间的租价大约为 300—400 元，一室一厅租价 600 左右，两室一厅租价 800 左右，租给境外人员的价格会稍微高一些。

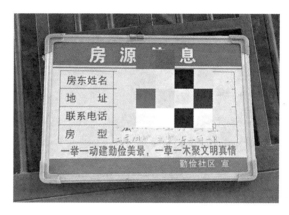

图 17-7　房源信息挂在门口

七、社区资源点存表

结合调研情况，氏土社区资源可以划分为社区已存在资源与社区现不存在两部分，绘制表 17-1。

表 17-1　氏土社区资源表

本社区必须运用的资源	已存在的资源			现不存在的资源	
	已使用的资源	尚未使用的资源	无法使用的资源	可开发的资源	无法开发的资源
人力资源 政府领导；党员；志愿者；专家学者；专业人士	党员联邻帮户；领导对社区进行关怀；志愿者联盟，如茶花姐妹（妇联）；该社区设有外国人服务管理中心，便于留学生的管理和交流			可以合理运用周围学校的专家学者，比如浙江师范大学的专业学者	

（续表）

	本社区必须运用的资源	已存在的资源			现不存在的资源	
		已使用的资源	尚未使用的资源	无法使用的资源	可开发的资源	无法开发的资源
物力资源	便民充电站；健身设备；小公园；老年活动中心	村口设有便民充电站，部分房子旁也设了充电桩；健身设备；小公园	老年活动中心只是挂着一个名字，居民几乎不去，且据居民所说，该活动中心是用来干活的地方	社区部分健身设备被居民拿来晾晒衣物而导致无法使用		
财力资源	政府，自营	该社区的房屋有许多拿来出租，此为其一的资金来源。许多年轻人在外打工或做个体户			无社会财力来源支撑	

第十八章　社区问题和需求

第一节　氏土社区问题

一、社区居民的娱乐问题

社区居民的娱乐生活现状显得颇为单一与局限。部分老年居民尤其表达了他们的心声,指出当前社区在提供多样化、积极健康且有益于身心的娱乐活动方面显得不足。社区活动的匮乏,导致了不少居民只能依赖传统的娱乐方式,如打牌等,来消磨时光,这无疑限制了他们享受更加丰富多彩的晚年生活。

图 18-1　氏土社区的休闲场所

二、社区管理问题

（一）社区综合治理有待加强

居民反映,社区内综合治理有待加强。因为出租户较多,人员复杂,加之有大量境外人士租住房屋,导致社区居民与境外人员之间的磨合较为困难,不同的文化交流也有待进一步调适。

（二）社区电路存在安全隐患

大多数路灯损坏，影响居民晚间出行安全。房屋间距紧密，有部分危房没有被治理。社区内有较多已打地基，但尚未施工的房子。

图18-2　氐土社区杂乱的电路

三、留学生管理问题

氐土社区约有200名留学生租住于此，留学生聚居密集。由于绝大多数留学生来自非洲国家，其中一大部分是来自也门、索马里、叙利亚等敏感国，主要采取交流合作的方式提供教育帮助。受成长环境、生活习惯等影响，有的留学生生性散漫、脾气火暴、自律意识弱，又对中国法律不熟悉，致使涉外警情时有发生，学校难以管理，房东不敢管，派出所管理力量不足，给社区社会治理带来困难。

这些留学生的活动时间昼夜颠倒，他们经常白天睡觉，晚上出门在社区的亭子等处聚集，大声喧哗，开展歌舞等活动，严重影响周边居民休息。晚上喝酒唱歌，前几年经常接到报警，警察来了之后他们礼貌地答应不会吵，但是警察走了之后依然我行我素。有些居民去提醒，外籍人员也会故意装自己听不懂。"他们这些外国人晚上不睡觉的，很吵的，大晚上还在唱歌、聚会，吵得让人睡不着觉，我们第二天还得早起的呀。""他们不是很喜欢那种声音很大的机车吗？每次路过声音太刺耳了。"超市里的附近居民在听到笔者问外国人时便开始闲聊了起来。

第二节　氐土社区需求

一、社区空巢老人日常起居饮食及精神生活需求

社区里的年轻人大多都在市区工作，或者外出做生意，老人在家无人照顾。社区为了照顾他们的起居饮食，专门设置了一个老年活动中心(门口还有一块牌匾)。中心的面积不大，大约 30—40 平方米，里面是几张长条的桌椅，中心隔壁紧挨着一个小厨房，是为老人准备午餐的地方。这里只提供午餐，10 元一顿，由社区内有闲暇时间的妇女轮流负责，不提供晚饭。除了餐饮，中心也并没有什么其他的文娱活动，更没有上门服务。

二、沟通的需求

多数居住在社区内的留学生都会基础的汉语会话，但也存在少数中文基础不太好的留学生，在日常生活、购物消费、出行等方面都遇到困难。社区内的境外人员服务中心内有外国志愿者，但他们并非是全职的。因此，留学生很少能在有困难时刚好找到志愿者，所以往往只能通过留学生互助解决。

三、对于不同的主体有不同的需求

(一) 留学生

留学生们满怀期许，渴望社区居民能够以更加平等和包容的态度与他们进行交流，努力消除任何潜在的偏见与误解，进而加深对他们的尊重与理解。他们期望通过增进彼此之间的深刻认知，搭建起一座理解与友谊的桥梁，让双方在相互尊重的基础上共同成长。同时，他们也希望能在需要时，获得来自社区的支持与帮助，这种互助

精神将进一步促进社区的和谐与凝聚力。

（二）普通居民

普通的当地居民希望正常生活不被留学生所打扰,拥有一个安静、舒适的社区环境。据居民反映,留学生由于作息不规律,白天睡觉,深夜进行聚会并大声喧哗,开展歌舞活动,较大程度上影响到了他们的休息。即使他们报警让警察进行处理,也未能完全阻止此类事情的发生。除此之外,留学生较差的行为习惯还表现为不遵守垃圾分类制度,经常乱扔垃圾。他们常常聚在一块聊天,一起喝饮料嗑瓜子,但事后很少打扫卫生。

（三）房东

部分留学生不被认可的原因还在于他们会损坏房间内的物品,拖欠房租和水电费等等。这极大地降低了房东对留学生的信任感,使得房东不愿意将房子租给外籍人员。房东希望留学生及时上交房租、水电费,爱护房间内的物品,不在深夜制造噪声。

第十九章 留学生服务项目

第一节 "佳节——氏土社区的中外文化节"项目介绍

一、活动概述

活动一:通过团体活动以及一些小型团建游戏,让彼此之间更为熟悉并且提升团队意识,以便于在之后的工作中能够彼此配合。

活动二:开展系列商讨会,就这一次项目要解决的问题、针对的人群以及一些项目内容进行商讨确定,并在这个过程中加深彼此之间的熟悉度。

活动三:【你的摊位你做主】举办主题摊位活动,旨在通过摆摊的形式,以多种有趣的方式进行东西文化对比,促进文化的交流与碰撞,思考文化差异背后的根源。参与者可以选取各自感兴趣的知识点进行外化展示,以更为直观的表现形式展示自己的学习和理解的成果。

活动四:【花好月圆——中秋佳节】举办小型文艺汇演比赛,要求中外两方合作完成,包括汉服穿搭教学,以及月饼制作。根据完成的情况颁发奖项。

活动五:【温情一家人】要求房东和境外租住人员合作参与,进行优点大轰炸,促进深入了解,同时回忆并记录难忘的温情时刻,建立友谊。

活动六:由小组工作人员进行抓拍,记录三个月活动期间的视频,照片。通过分组的形式由社区居民制作回忆录,并将其保存在境外人员办事大厅留作纪念。

二、活动基本资料

活动名称:佳节——氏土社区的中外文化节

活动目的:通过相关活动的开展,增强社区居民与境外留学生的交流与沟通,提高社区凝聚力。

活动目标:让社区居民以及外籍留学生了解并感受文化的多样性,丰富其娱乐生活的同时开阔眼界;通过实际参与的形式,增加双方的交流与沟通;发现文化交融点以及不同点,从而衍生社区特色并使其得以发展。

活动时间:2019 年 7 月 1 日—2019 年 9 月

活动地点:氏土社区广场

活动对象:社区居民,外籍留学生

活动招募方法:提前社区招募

活动程序:活动介绍——活动主题内容——活动总结

三、活动方案

活动时间	活动类别	活动内容(包括活动目的,形式,地点,参与人数等)
2019 年 7 月 1 日—2019 年 7 月 3 日	项目团队建设	活动一:通过团体活动以及一些小型团建游戏让彼此之间更为熟悉并且提升团队意识便于在之后的工作中能够彼此配合。活动二:开展系列商讨会,就这一次项目要针对的问题、人群以及一些项目内容进行商讨确定,并在这个过程中加深彼此之间的熟悉度。
2019 年 7 月 15 日—2019 年 9 月 30 日	碰撞	活动三:你的摊位你做主。举办主题摊位,旨在以摆摊的形式通过多种有趣的方式进行东西文化对比,进行文化的交流与碰撞,思考文化差异背后的根源。可以选取各自感兴趣的知识点进行外化展示,以更为直观的表现形式向展示自己的学习和理解的成果。
2019 年 7 月 15 日—2019 年 9 月 30 日	嬗变	活动四:花好月圆——中秋佳节。举办小型文艺汇演比赛,要求中外两方合作完成,包括汉服穿搭教学,以及月饼制作。根据完成的情况颁发奖项。活动五:温情一家人。要求房东和境外租住人员合作参与,优点大轰炸,进行深入了解,同时回忆并记录难忘的温情时刻,建立友谊。

（续表）

活动时间	活动类别	活动内容（包括活动目的，形式，地点，参与人数等）
2019 年 7 月日—2019 年 9 月	融合	活动六：由小组工作人员进行抓捕拍摄，记录三个月活动期间的视频，照片。通过分组的形式由社区居民制作回忆录，并将其保存在境外人员办事大厅留作纪念。

四、应急措施

1. 与社区部门、社区居民和留学生组织协调、沟通不够，导致活动无法顺利开展，或活动影响力不够，使宣传工作不达标。

解决方案：加强他们的支持和信任，借助其他成熟组织的宣传动员能力，保障活动顺利进行。

2. 团队资金、人手不足，在置备活动所需的物资设备时，可能出现短缺。

解决方案：积极与社区工作人员协商，并向社会其他人员寻求帮助，扩充资金来源。

3. 在大学生有意愿参与的情况下，仍有可能因为时间、场地等客观原因，使其没有真正参与。

解决方案：充分了解社区居民生活情况，掌握其比较空闲的时间，常去的地点，并考虑其生活习惯，简化流程，提高活动的趣味性，为他们创造相对较好的条件。写出详细、可操作的活动方案，与相关部门、组织积极合作协商，争取。

五、活动预算

序号	活动	物品	数量	单价	金额（元）	备 注
1		红枣	1	45	45	
2		戏服（租借）	1	500	500	
3	端午节	糯米	1	29	29	
4		荷叶	1	25	25	
5		猪肉	1	88	88	
6		咸蛋黄	1	23	23	

（续表）

序号	活动	物品	数量	单价	金额(元)	备　注
7	中秋节活动	纸笔	5	15	75	
8		灯笼	40	5	200	
9		彩绳	5	4.5	22.5	
10		小礼品	8	20	160	
共计					1 167.5	

第二节　"My friend My home"
——氏土社区留学生服务项目介绍

一、活动概述

活动一:暖场环节【破冰游戏——喊数抱团】

1. 所有成员围成一个圆圈慢跑起来;

2. 主领根据人数喊出数字;

3. 当主领喊出数字时,成员应立即按照所喊数字进行抱团;

4. 最后剩下没有抱团成功的成员则需要出来表演节目。

图 19-1　项目成员和留学生们进行暖场游戏

活动二:观看情景剧【情景剧表演】

1. 小组成员观看工作者表演的情景剧"开 party 扰民"(5 分钟)。

2. 并在小组内进行讨论,找出里面不利于交往的行为(7 分钟)。

3. 主领对情景剧中的不良行为进行总结(3 分钟)。

图 19-2　小组成员参与情景剧表演活动

活动三:【交叉手实验】

1. 规则:让小组成员按照自己的平时习惯双手交叉手指,记住是右手大拇指朝上还是左手大拇指朝上,然后在进行数次交叉后进行反向练习,让他们按照自己相反的习惯进行多次练习,3 分钟后笔者数三、二、一让小组成员立刻进行反向操作(5 分钟)。

2. 分享,主领总结(5 分钟)。

图 19-3　小组成员双手交叉进行练习

活动四:【角色扮演】

1. 针对之前的情景剧表演,小组成员进行讨论,找到正确解决矛盾的方法(7 分钟)。

2. 各小组中派出一名代表,将刚刚讨论的方法与工作者表演出来(10 分钟)对比两个组的方法,小组成员需要投出他们更认可的方式,并随机邀请 2 位成员进行分享(5 分钟)。

3. 主领总结(3 分钟)。

图 19-4　组员进行讨论,寻找解决办法

活动五:【寻宝任务】

1. 规则:通过抽签的方式,三人成组,每组配备一名工作人员。留学生自行寻找中国人并邀请他们一起完成任务。每组需要完成两个小任务,且每个任务的路人不同,必须在 15 分钟内回到原点,用时最短的队伍获胜(15 分钟)。

2. 邀请获胜的成员分享自己的方法,让其他成员能够从中学到与居民的沟通技巧(5 分钟)。

3. 邀请一组未完成的成员分享自己的经历,并让小组成员讨论提供解决的办法(5 分钟)。

4. 主领总结(5 分钟)。

图 19-5　组员完成任务、分享方法

活动六:【升华主题】主领讲述活动的核心内容,做一个简要的总结升华,鼓励组员成为更好的自己,并勇敢地与居民接触(5分钟)。

二、活动基本资料

活动名称:"My friend My home"——氏土社区留学生社区融入活动

活动目的:让留学生们能够认识不良行为,改变不良行为,加强与居民的交流,达到有效沟通

活动目标:留学生能够与氏土社区居民进行社区融入

活动时间:2020年12月26日14:00—17:00

活动地点:浙江师范大学26幢402

活动对象:氏土社区的留学生(具有一定的不良行为习惯)

预计参与人数:8人

出席活动人数:5人

活动招募方法:以发海报的形式进行招募

活动程序:活动介绍——活动主题内容——活动总结

三、活动方案(总时长约 105 分钟)

时间	主题	目标	内容	所需物资
5分钟	活动介绍	了解活动的主题与注意事项	主领介绍本次活动的主要内容及团辅过程中的注意事项,包括专注、倾听、分享、保密(5分钟)	
10分钟	暖场环节	活跃现场气氛	【破冰游戏——喊数抱团】 1. 所有成员围成一个圆圈慢跑起来; 2. 主领根据所有人的人数决定喊出数字; 3. 当主领喊出数字时,成员应立即按照所喊数字进行抱团; 4. 最后剩下没有抱团成功的成员则需要出来表演节目。	
15分钟	观看情景剧	认识到自己的不良行为	【情景剧表演】 1. 小组成员观看工作者表演的情景剧"开party扰民"(5分钟) 2. 并在小组内进行讨论,找出里面不利于交往的行为(7分钟) 3. 主领对情景剧中的不良行为进行总结(3分钟)	

（续表）

时间	主题	目　标	内　　容	所需物资
10分钟	养成习惯	认识到自己的不良行为是可以改变，经过自己的努力也能够养成良好的习惯	【交叉手实验】 1. 规则：让小组成员按照自己的平时习惯双手交叉手指，记住是右手大拇指朝上还是左手大拇指朝上，然后在进行数次交叉后进行反向练习，让他们按照自己相反的习惯进行多次练习，3分钟后主领数三、二、一让小组成员立刻进行反向操作（5分钟） 2. 分享，主领总结（5分钟）	
25分钟	对抗不良行为	改变不良行为	【角色扮演】 1. 针对之前的情景剧表演，小组成员进行讨论，找到正确的解决矛盾的方法（7分钟） 2. 各小组中派出一名代表将刚刚讨论的方法与工作者表演出来（10分钟） 3. 对比两个组的方法，小组成员需要投出他们更认可的方式，并随机邀请2位成员进行分享（5分钟） 4. 主领总结（3分钟）	
30分钟	走出圈子	走出留学生圈子，在实践中了解与人际交往的技巧，形成有效沟通	【寻宝任务】 1. 规则：通过抽签的方式，三人成组，每组配备一名工作人员。留学生自行寻找到中国人并邀请他们一起完成任务。每组需要完成两个小任务，且每个任务的路人不同，必须在15分钟内回到原点，用时最短的队伍获胜（15分钟） 2. 邀请获胜的成员分享自己的方法，让其他成员能够从中学到与居民的沟通技巧（5分钟） 3. 邀请一组未完成的成员分享自己的经历，并让小组成员讨论提供解决的办法（5分钟） 4. 主领总结（5分钟）	
5分钟	总结	对本次活动进行总结，对主题进行升华	【升华主题】 主领讲述活动的核心内容，做一个简要的总结升华，鼓励组员成为更好的自己，并勇敢地与居民接触（5分钟）	

（续表）

时间	主题	目标	内容	所需物资
5分钟	布置家庭作业	将所学技巧运用到实践中去，增多与居民的交流互动	【家庭作业】 活动结束后，分发给每位留学生一张纸，纸上有三个问题，留学生需要在活动后一周内完成。（5分钟） 规则：其中两个问题必须接触居民才能解决。完成后将问题的答案发在群里，并附上一张和帮助自己解决问题的人的合照	A4纸若干

四、活动物资

物资	数量	是否购买成功	是否带出	是否带回
A4纸	20	是	是	
零食和糖果	论斤	是	是	
饮料	10	是	是	
小礼品	3份	是	是	

五、风险预案

1. 招募的服务对象不足8人。

举措：除依靠留学生志愿者潘潘招募外，在潘潘的介绍下适当进行入户招募。

2. 活动过程中的语言不通问题影响活动进程。

举措：主领提前将主领稿译成英文版，另还需要找好负责翻译的留学生志愿者。

3. 留学生对活动设计不理解或者不配合。

举措：提前跟翻译志愿者讲清规则，请志愿者详细解释，并提前跟服务对象建立好信任和支持关系。

4. 当天天气不佳，可能会刮风下雨或是气温很低。

举措：提前查看天气预报，如果实在无法避免雨天，就换到教学楼开展活动。

六、活动预算

序号	支出类别	具体物资	预算金额	备注
1	活动物资	A4 纸、零食和糖果、饮料、小礼品、横幅	80 元	——
2	劳务补贴	餐补	20 元	——
3	交通费	——	——	——

第三节　浙师大留学生汉语学习项目介绍

一、活动概述

活动一:拼音教学。在本次服务中,志愿者需要教授留学生汉语拼音,并询问他们是否有中文名,如果没有,在征求其意见的基础上,帮他们取一个中文名。

活动二:分组进行"找拼音"活动,中文自我介绍。在本次教学服务中,首先对前一天学习的汉语拼音进行简单的复习。继而进行相应的测试活动,将留学生分为八组,每组四至五人,在志愿者念出某一拼音后,在分发的卡片中找出对应的卡片,查找正确卡片更多的小组获胜。成员可以得到一枚中国结作为奖励。最后,为了增进大家的进一步了解,要求在场的留学生用汉语进行简单的自我介绍。

活动三:复习上周内容,常用简单汉字教学。在本次教学服务活动中,志愿者提前领取培训所用的课件与纸张。五月十三日进行"一对一教学"服务,要求自备笔记本电脑。首先复习上周的拼音学习,然后按照课件的内容教授一些基础汉字。在教学完成后,将打印好的 A4 纸发给留学生,以备复习之用。

活动四:复习基础汉字并进行找字活动。在本次汉语教学服务活动中,志愿者首先带领大家复习昨天学习的内容,并随机读出某汉字,让留学生在昨天发放的纸张中进行查找,对表现积极的留学生发放中国结作为奖励。最后,将留学生们分为八组,在志愿者的带领下到附近寻找学过的汉字。

活动五:复习日常用语的教学、情景模拟训练。在本次汉语教学服务活动中,志愿者首先带领大家复习昨天学习的日常用语;接下来,将留学生分为八组,每组配备一位志愿者,各组按照抽取到的卡片构思对话,模拟场景;最后在课程的最后展示自己小组的成果。

活动六:复习常用词语的教学、用所学词语造句、词语接龙。在本次汉语教学服务活动中,志愿者首先带领大家复习昨天学习的基础词汇;接下来,由留学生根据一个或几个词语进行造句,对表现优秀的同学以精美书签作为奖励;最后,将学生分组,开展词语接龙的活动,获胜的小组奖励精美书签。

活动七:复习特定词汇内容,开展带有中国特色的手工活动。在本次汉语学习服务过程中,因为涉及特定的手工教学,过去几周的网络培训无法完成对志愿者的要求,所以项目团队会提前对志愿者进行培训。在活动当天,首先带领各位留学生对前一天学习的内容进行复习,然后将大家分为两组,一组进行中国结编制学习,一组学习剪纸。

活动八:简单梳理昨天所学写的内容,分组PK,学唱中文歌。在本次团体汉语教学服务过程中,要求志愿者首先将昨天所学习的内容进行梳理;接下来,将留学生分为八组进行PK,给定特定的汉字或者词语,小组成员商议后,在白纸上写下它的汉语拼音;最后,由志愿者带领大家学唱中文歌。

活动九:梳理所学习的内容、造句,找人进行交流。本次教学服务要求志愿者首先帮助留学生们复习所学内容,并提出几个成语让留学生造句。最后,将留学生们进行分组,在一名志愿者的带领下,走出教室,去找中国人进行交流。

活动十:答疑环节,总结所学,礼品发放。动员大家对本次服务活动或者其他方面提出自己的疑惑与建议,并为在场的每一位留学生发放带有其中文名的明信片作为纪念。

二、活动基本情况

活动名称:浙师大留学生汉语学习

活动目的:使外籍人员能够认识并书写常用汉语;能够准确读出所学的字词句;在特定情境下,能够理解他人所言并进行合理对话。

活动目标:外籍人员能产生对汉语学习的兴趣并提高学习的积极性;在实际日常生活中能使用汉语进行沟通交流;能轻松地融入中国本土生活,减轻因语言带来的异乡生活的不适感。

活动时间:2017 年 5、6 月

活动地点:浙师大 26-103 教室、26-105 教室

活动对象:外籍留学生

活动招募方法:随机招募

活动程序:活动介绍——活动主题内容——活动总结

三、活动方案

周数 日期	周　　六	周　　日
第一周	拼音学习	复习、自我介绍
第二周	复习、简单字初步学习	复习、听写、找字训练
第三周	复习、日常用于学习	复习、场景模拟训练
第四周	复习、词语学习	复习、造句比拼、词语接龙
第五周	复习、特定词汇学习	复习、手工活动
第六周	复习、汉字书写	复习、词语分组竞赛、学唱中文歌
第七周	复习、成语学习	复习、造句、交流训练
第八周	答疑总结	

四、风险预案

1. 留学生对活动设计不满意或者不配合。

举措:请志愿者提前跟服务对象进行详细解释,也要提前跟服务对象建立好信任和支持关系。

2. 活动教室被占用

举措:提前和教务工作人员联系,设计备案,出现突发情况要及

时采用预备教室。

3. 留学生因为其他事情无法到齐

举措:因为活动时间大多安排在周末,所以留学生们会因为一些事情无法每次都到场。由于不能耽误其他留学生们的学习进度,所以要安排相应的志愿者对接一定数量的留学生,在下次活动开展之前要将各位学生的情况进行汇总。如果能参加的留学生数量过少就考虑将活动延后;如果只是个别的留学生无法到场,就需要志愿者在之后找时间将落下的知识重新补充学习。

五、活动预算

类　别	明　细	单　价	数　量	小　计
宣传投入	宣传海报	2	20	40
采访礼物	中国结	0.5	350	175
课堂奖励	中国结	0.5	10	5
	定制书	2.8	10	28
	十字绣	5.2	10	52
	精美剪纸	2.28	10	22.8
	明信片	0.5	10	5
上课材料	A4白纸	0.05	260	13
	拼音卡片	0.1	80	8
	拼音打卡	0.1	20	2
	场景模拟	0.1	8	0.8
	汉字打印	0.1	80	8
	词语打卡	0.1	80	8
	剪刀	2.2	10	22
	红绳	0.5	30	15
	大红纸	3	20	60
	特定词卡片	0.1	80	8
	歌词卡片	0.1	20	2
	成语卡片	0.1	80	8
纪念品	特制明信片	1.2	80	96
合计				578.6

六、时间成本

类　　别	时数（小时）
方案讨论	2
采访留学生	15
志愿者招募	3
志愿者培训	2
两周一次总结会	3
课堂教授	30
总结会	1
总计	56

第二十章　反　　思

第一节　"破冰行动"：中外一家亲
——JH市氐土社区"氐土我心，社区共情"项目的经验

在我国积极推行"一带一路"宏伟战略的浪潮下，沿线国家纷纷与我国共同构建经济合作伙伴关系，外国友人的身影也日益频繁地出现在中国的土地上。构建一个基于政治互信、经济融合、文化包容的利益共同体、命运共同体和责任共同体，已成为我们每一位中国居民义不容辞的责任。正是基于对这一宏伟目标的深刻认识，JH市氐土社区于2019年4月至7月间成功实施了"氐土我心，社区共情"项目。

项目启动前，笔者深入走访了社区，对社区的基本情况、资源分布以及中国居民与境外人员相处的实际情况进行了详尽地了解与分析。笔者发现，社区最大的问题在于中国居民与境外人员之间的相处与磨合。因此，项目将焦点放在了社区居民与境外人员的交往沟通上。

经过对问题产生根源的深入分析，本项目充分利用社区现有资源，并结合可开发资源，制定了合理有效的方案。项目的核心目标是通过一系列精心策划的活动，增强社区居民与境外留学生的交流与沟通，进而提升社区凝聚力。项目希望通过这些活动，让社区居民及外籍留学生能够更深入地了解并感受不同文化的多样性，丰富彼此的娱乐生活，同时拓宽视野。

本项目鼓励社区居民与外籍留学生通过实际参与的方式，增进

双方的了解与交流,共同发现文化交融的亮点与差异,从而培育出社区独特的文化特色,并推动其持续发展。这一项目不仅促进了社区内部的和谐与团结,也为"一带一路"战略下的文化交流与合作贡献了力量。

一、认识社区

"氏土我心,社区共情"项目所服务的氏土社区,各项管理制度以及服务设施较为完备,社区活动和志愿服务频繁,社区所拥有的和能够调动的内外部物质、精神资源也相对丰富。从社区人口组成方面分析,社区内以老人、儿童以及浙师大学生、外籍人员等外来人口居多,老人主要务农,并照顾孙子孙女;外来人口(不包括学生)则主要从事自由职业,经营一些餐馆、超市等小生意;本地其余居民或是作为房东,通过出租房屋获得收入来源,或是进城务工,还有的会在本地开店铺或者服装类的加工厂。

氏土社区,凭借其优越的地理位置、便捷的交通网络、相对完善的设施配置和丰富的服务资源,本应是居民和谐共处的温馨家园。然而,在这片土地上,居民与留学生之间的矛盾却日益凸显。由于多数留学生来自非洲国家,特别是也门、索马里、叙利亚等敏感地区,社区通过交流合作的方式为他们提供教育援助。然而,这些留学生中不乏家境贫寒者,他们的成长环境、生活习惯等多重因素使得部分人性情散漫、情绪波动大、自律能力较差,加之对中国法律的不熟悉,涉外纠纷与警情频发。学校的管理难以全面覆盖,房东因顾虑而犹豫不决,派出所则因资源限制而难以全面应对,这些都给社区的社会治理带来了严峻挑战。

此外,调研还揭示了社区居民娱乐活动的单调性。部分老年居民反映,社区内缺乏积极健康、有益于身心健康的娱乐项目,以至于他们中的一些人只能以打牌作为消遣。这种"同一个社区,两个生活圈子"的现象,不仅加剧了社区内部的分裂,更对社区的和谐融合构成了严重威胁。

氏土社区最大的特色在于非常多的境外人员居住于此,因此该项目将目光聚焦在社区居民与境外人员的交往沟通上。通过深入了解问题产生的根本原因,利用社区现有资源以及可开发可利用资源的整合,做出较为合理有效的方案。该项目的总目标是通过相关活动的开展,增强社区居民与境外留学生的交流与沟通,提高社区凝聚力。又因为这群境外居住人员大多为浙江师范大学学生,所以该项目可以借助学生力量开展具体的文化交流活动,为年轻人之间搭建不同文化和谐共处相互交流提供平台,从而打造氏土社区与浙江师范大学合作共赢的局面。

二、创新与坚持

以社区实际为基础,"氏土我心,社区共情"项目在氏土社区相继开展了中外互助计划、团体游戏、文化汇演比赛、中秋活动等一系列服务活动。作为一个关注留学生服务的社区社会工作项目,该项目旨在通过相关活动的开展,达到增强社区居民与境外留学生的交流与沟通,并提高社区凝聚力的总目标。为了实现这一目标,项目团队还动员了其他社区居民,以兴趣为依托,开展了合唱班、舞蹈班、丝网花、电影赏析等小组活动。在活动中,团队挖掘社区骨干并进行培训,积极寻找社区内外资源,鼓舞有意愿和有能力的社区居民加入,这样既丰富了社区居民的业余生活,也给予居民参与社区活动、增加与留学生接触的机会,从而在增强社区居民与留学生的交流与沟通的同时也能够提升社区居民的自我价值感,共建协商自治机制。

该项目也让社区居民以及外籍留学生了解并感受不同文化的多样性,丰富其娱乐生活的同时开阔眼界,发现文化交融点以及不同点,从而衍生出社区特色并使其得以发展。为了实现这一目标,该项目借助端午节这一中国传统节日,不仅使留学生感受到中国传统节日的欢乐氛围,还激发了留学生与社区居民之间的亲近感。

　　显然,上述努力与只单纯服务留学生的项目不同,它在保留了为留学生服务的宗旨的同时也关注到了整个社区的发展,让留学生了解了中国传统节日、文化同时还拉近了留学生与社区居民的距离。留学生通过活动感受中国传统文化的魅力,在与社区居民的沟通与交流中认识到彼此之间的文化差异,认识到自己应该遵守该地区的制度规章从而形成良好的生活习惯。同时,项目团队在活动中观察并挖掘出适合社区发展的社区骨干,为促进社区融合和发展奠定基础。

三、反思与经验

（一）相互携手,共度佳节

　　该项目举办期间正值端午节,这对于服务设计而言是一个极好的契机。所以该项目以端午节体验活动为出发点,与社区及社会联动,充分整合连接社区资源,以传统为文化为依托,结合大型节假日,配以丰富有趣的活动形式及内容,让留学生们亲身体验包粽子、做月饼、猜灯谜等中国传统活动,让他们在休闲娱乐的同时也能够较深刻地感受中国传统文化的魅力。这不仅可以提升他们对中国传统文化的理解,而且还可以在制作手工艺和食品的同时缩减他们与当地居民的距离,提升社区参与意识和对社区的归属感、幸福感。

（二）发掘潜力,发挥自主性

　　该项目相关活动不单单依靠工作人员、参与活动的志愿者以及服务对象来完成,其顺利开展还需要大量社区工作人员以及居民来参与以促进项目顺利完成、实现目标。所以该项目的相关人员在进入社区调查期间,就制定了链接大学生志愿者的计划。大量学生志愿者的加入得益于氏土社区毗邻高校的地理位置,也得益于项目成员们的广泛宣传与动员。这才使项目团队最终成功组织开展了合唱组、舞蹈组、丝网花、电影赏析等小组活动。在小组活动期间,团队还注重骨干的挖掘和培育,积极寻找社区有意愿或有能力参与社区治理的居民,在丰富居民的业余生活的同时,提升居民的自我价值感,促进居民对社区活动的参与,为搭建协商自治机制奠定基础。

第二节　JH市氐土社区"My friend My home"
——氐土社区留学生服务项目的经验

近年来,随着中国"一带一路"建设的倡议和"构建人类命运共同体"思想的深入人心,来华学习的非洲留学生数量增加了许多。中国和非洲各国文化差异巨大,所以非洲留学生在社区当中不可避免地会与当地居民有着各种互动,生活方式也不得不受到新环境的影响,这意味着他们或多或少都会遇到跨文化适应问题的挑战。且众多留学生因为语言、生活习惯及其他外在因素的影响与居民存在矛盾或者在关系上较为疏离,对社区的依赖与归属感不强,但为了更好地学习与生活,真正融入社区、从各方面获得当地居民的支持却是他们所迫切需要的。

2020年10月至12月在JH市氐土社区成功实施的"My friend My home"——氐土社区留学生服务项目从上述背景出发,深入社区,了解社区问题、认清需求,本项目前期通过在氐土社区为期一个月的调查,从社区居民与留学生的利益出发,针对两者间存在的文化差异、沟通不畅、易发生争执等问题,以及由此产生的留学生融入社区问题,设计了一系列的服务,该项目的总目标为帮助留学生在改变自己的不良习惯且增加与社区居民的互动沟通频率,改善其与居民间的关系,增强他们对社区的归属感,促使其更好地融入社区。

一、认识社区

本章第一节已对氐土社区做了详细介绍和认知,"My friend My

home"——氐土社区留学生服务项目将着重点放在留学生的需求——希望社区居民用更平等的方式跟他们交流,减少对他们的偏见,彼此间有更深入的了解,并在适当的时候能够提供帮助。

二、融合与发展

通过前期的调研,项目人员添加了社区留学生志愿者潘潘的微信,通过与他进行交流协商,利用其在学校和社区的人际网络资源,找到了一些符合要求且愿意参与活动的服务对象,再运用滚雪球的方式,招募到了更多的服务对象。在留学生能够与氐土社区居民进行社区融入的项目总目标的指引下,该项目举办了很多不同类型的活动。虽然这些活动较为简单,但是考虑到该项目的主要服务对象是留学生,如果活动内容过于复杂,留学生们理解起来也会有困难。为了巩固这些活动所得到的效果,该项目在结束之前为参与活动的留学生们布置了一些简单的任务。这些小任务旨在帮助留学生们在活动结束之后能自主融入社区,并且改变社区居民对他们的固有看法。

作为一个关注留学生服务的社区社会工作项目,该项目将留学生能够与氐土社区居民进行社区融入作为总目标。项目通过网上招募、开展志愿者的派对、线下招募等方式吸引留学生们的主动参加,激发他们的主动性和自主性,并且积极挖掘社区内外的相关资源,为留学生提供良好的服务环境和服务方式,在丰富课余生活的同时也能让他们感受到活动带来的积极影响。

该项目也将认识到自己的不良行为与态度、改变自己的不良行为、掌握与居民人际交往的技巧以达到有效沟通作为重要目标。每次活动都将留学生们集中在一起,组成一个小组,由工作人员带领他们进行相关的游戏,如表演情景剧并进行讨论、寻宝活动、交叉手实验等,让留学生们参与进来,提高他们的积极性。活动结束后,还会给他们留有能力范围之内(像询问房东喜欢吃什么之类)的小任务,并且询问任务进展情况。这些小任务可以促进留学生与邻里之间的关系，帮助留学生与社区居民之间更好地交流和沟通。

显然，上述努力的确渐渐让留学生认识到自己的行为对于社区来说是一种不好的行为，并且能够有意识的去改变这些不良行为。在改变行为的同时加强与社区居民的交流与沟通，在这个过程中改变"一个社区、两个圈子"的现状，促进双方共同理解、进步，促进社区不断融合。该项目的实施符合社区实际情况，而且具有可操作性。现如今留学生数量不在少数，而且每年都有新的留学生来浙江师范大学求学，所以该项目也为之后其他类似的服务奠定基础，将该项目的目标和主题得以延续发展下去。

三、总结与经验

"My friend My home"——氏土社区留学生服务项目在项目设计与具体实施的过程中还存在着不少其他的可容圈点之处，而这些亮点以及从中"提取"出来的经验也在一定程度上为今后进一步探索社区融合的有效途径提供了新的思路，同时也使笔者对于社区社会工作有了更多反思性的认识。

（一）破除万难，互通心意

由于项目的服务对象是留学生，而这是一个非常复杂的群体。他们虽然在中国读书但是仍然还是遵循着自己民族的习惯和文化准则，与中国的情况存在差异。因此，要想和他们建立友好关系是非常困难的，但是该项目克服了这一困难。该项目起初通过社区志愿者招募了 20 位留学生，但是彼此之间都不太熟悉，大家也都不太放得开，可以说关系尚未建立。随后，项目成员通过与一个留学生交朋友，建立起紧密的关系，加入了留学生们的烧烤派对当中。在一种放松娱乐的环境下，成员和许多留学生都有了更深入的接触，通过聊天收集到了大量信息，还添加了一些人的微信，收获要比通过互联网招募来得多。

（二）认识自我，完成目标

该项目从行为这一便于观测的指标入手，在活动中让服务对象认识到不良行为并改变这些不良行为，使服务对象有信心去努力养成良好的习惯。此外，项目中还包含教授留学生们与当地居民交往技巧的环节，通过现场模拟帮助他们更快的学习有效沟通的方法并运用。

（三）巩固成效，双向奔赴

该项目的另一个特点在于活动举办完后，为留学生们留有巩固效果的小作业，对于留学生来说这些只是起到休闲娱乐的作业，例如询问房东喜欢吃什么、向房东打招呼"你好，你吃饭了吗"等等，对于热情好客的中国人而言这些行为却是友善交往的象征。所以如果有外地人或是外国人问问题，中国人都会热情地进行解答。氐土社区的社区居民之所以对这些留学生评价不高，是因为他们的生活受到影响，如果留学生能够改变这些行为，社区还是会欢迎他们入住的。本次项目为日后留学生与社区居民沟通交流，彼此都改变自己的看法，共同打造和谐社区奠定了良好的基础。

第三节 "一起学习中国话"
——JH 市浙师大留学生汉语学习项目的经验

当前，浙江师范大学坚持开放办学的理念，先后与 5 大洲、50 余个国家和地区的 140 余所高等院校或教育机构建立了合作和交流关系，与 30 余个国（境）外大学确立了校际学生交换项目。学校已培养了近万名留学生，现有留学生 2 000 余人，主要居住在浙江师范大学留学生公寓、启明公寓、国际交流中心等地，涵盖本科生、研究生、博士生。其中，面向本科生招生有 75 个专业，面向研究生招生有 78 个专业，面向博士生招生有 25 个专业，扩大了国外留学生的招生范围，意味着有更多的留学生可以选择浙江师范大学。而浙江师范大学本身又具有招收长、短期来华留学生资格。因此,随着国外留学生群体在浙江师范大学的壮大,其将会成为需要得到重视的群体。为了让留学生们更好地在中国生活、与本国学生交流,学校每周都会提供一到两节汉语课,发放中文期刊等资料来提升他们的汉语水平。

这里的留学生主要是指正在国内学习的外国学生,一般分为两类:一是带着抱负前来,学有所成后,为中外交流发挥自己的作用;二是"被留学型",多为"官二代"或者"富二代",他们来这里是为了娱乐、旅游。汉语学习对于外国人来讲一直是一个很大的困难,汉语在经历了几千年的历史发酵以后慢慢成形于此,每一笔看似简单,但组合起来又能形成深刻的含义,再加上一字多义,更是使其难度加大。由联合国教科文组织发布的《世界上最难学的十大语言排行》汉语稳居第一,是世界上最难学的语言,在实际教学中,汉语也享有殊荣——据美国外交学院的排行,汉语被划至最难的第五级,母语为英语者至少要学满 2 200 小时才能达到精通水平。

一、保持乐观态度、深层次理解

(一)为浙师大留学生提供学习汉语的平台

在调查中笔者了解到,一些留学生之所以汉语水平不高,主要有两方面原因:一是课程较多,留给学习汉语的时间不多;二是因为留学生们大多是住在一起的,没有学习语言的大环境,汉语能力提高缓慢。针对这两点主要原因,没有办法做出实质性的突破,但是本项目可以通过招募志愿者的方式,在周末或者节假日这些空闲时间,给他们提供学习汉语的平台。在这个平台开展汉语学习服务要参考他们的想法协商确定,比如这种服务课程要在哪天上、上课时长以及班级人数多少才最合适等细节问题都要进行协商决定。项目目标是让他们能找到学习语言的动力,愿意继续学习下去,激发这个活动的生命力。

（二）多种方法并存的学习方案

在中国学习最有效的方法是集中上课，但是针对留学生这种方法却不一定适用。因此针对这些留学生要采取多种学习方案并存的方式，这样既活跃了课堂气氛，让留学生们以一种轻松愉悦的心情学习汉语，也使志愿活动顺利进行，收到可观的效果。比如在访谈过程中他们所提到的一对一教学、活动教学、课堂教学等等。在最终确定方案的时候要确保每种方案能够实际操作、留学生能够接受以及留学生能够在参与活动的过程中提高他们的汉语水平。

（三）进行针对性教学

中国文化博大精深，汉语也是高深莫测，对于汉语底子不好的留学生来讲，学习汉语的"说"和"写"也就成了一项不小的挑战。首先"说"这一方面，教学一开始要从最基本的教起，比如留学生最头疼的声母、韵母以及音调。对于这些问题，在设计方案时，要进行针对性的解决，想出一些切实可行的方法来让他们更加容易地说出来；其次就是"写"，汉字的书写对于他们来讲，困难程度是不亚于"说"的。因此活动着重于书写训练，多组织一些书写汉字的练习，让他们在能说的基础上会写；最后，在进行教学的过程中，不可避免会遇到学习进度不一致的情况。有的留学生学习能力比较强，学得比较快，有的则相对较慢。因此教学人员要注意到这些问题，并及时解决，比如可以开展互帮互助的小组活动，也可以对进度慢的同学进行适当的加练等等，争取让每个留学生都能在这项活动中习有所得。

二、多方投入，准备充分

本次所投入的人力、时间、财力等都是足够、充分的。在活动前期准备过程中，我们就着手招聘志愿者并对他们进行专业的培训。因为服务对象是留学生，所以所招聘的志愿者必须能够和留学生进行交流，即对英语十分熟悉；在培训过程中，不管是项目成员还是志愿者，都需要对中国语言对应的英文翻译十分熟练，并且发音也要十分精准。在活动开展期间,项目成员和志愿者要全力以赴,对留学生提出的问题要及时解决并且满足他们的需求,不仅要教授他们中国日常生活用语以及使用场景,还要教会他们成语的含义和运用,并且每次活动都会组织相应的复习工作,这可以加强留学生对于知识的巩固情况。活动对于留学生而言,提升了他们对汉语及中国文化的喜爱和基础汉语表达能力,便利了他们的日常生活;对于志愿者而言,用自身的行动促进了汉语和其他中国传统文化的传播,一定程度上提高了自己的口语表达能力;对于活动成员而言,提高了自身组织统领全局的能力和口语及文字表达能力,用自身行动传播了中国文化。

三、形式多样,成效显著

在教授留学生学习过程中,团队采用"一对一教学"服务和"团体教学"服务相结合的方式,并且每次讲授之前都会进行相应的复习。这些不同的方式可以给予留学生们新的学习体验,提高他们学习中国语言的兴趣,通过复习可以及时巩固他们之前所学习的知识。另外,还会采用小组 PK 的方式巩固大家所学,赢了的队伍会有奖励,这样可以激励输了的队伍成员努力学习。此外,团队还会进行情景模拟,让留学生们能够真正的和中国人进行汉语交流,通过交流可以让留学生们对比他们的发音并了解汉语含义,增进自己对汉语的理解。

教授留学生学习中国汉语的活动,除了为在中国留学的外国人提供一定的生活便利以外,还可以促进他们和中国学生进行交流,减少距离感。因为中西方文化的差异可能致使留学生们的举动、生活方式引起中国学生和居民的不适,但是通过交流可以相互理解。留学生们在分享自己生活习惯的同时,也可以让中国学生和居民了解西方生活习俗,促使他们意识到双方生活存在差异。这有助于留学生更轻松地融入中国本土生活,提升其对中国文化的兴趣,学习和理解中华优秀传统文化,促进中国文化向国外传播。